新时期高校学生教育探究

王月英　马浩然◎著

吉林大学出版社
·长春·

图书在版编目（CIP）数据

新时期高校学生教育探究 / 王月英，马浩然著 . -- 长春：吉林大学出版社，2022.3

ISBN 978-7-5768-0452-2

Ⅰ.①新… Ⅱ.①王… ②马… Ⅲ.①高等教育—教学研究 Ⅳ.① G642.0

中国版本图书馆 CIP 数据核字 (2022) 第 170607 号

书　　名	新时期高校学生教育探究
	XINSHIQI GAOXIAO XUESHENG JIAOYU TANJIU
作　　者	王月英　马浩然　著
策划编辑	殷丽爽
责任编辑	殷丽爽
责任校对	安　萌
装帧设计	李文文
出版发行	吉林大学出版社
社　　址	长春市人民大街 4059 号
邮政编码	130021
发行电话	0431-89580028/29/21
网　　址	http://www.jlup.com.cn
电子邮箱	jldxcbs@sina.com
印　　刷	天津和萱印刷有限公司
开　　本	787mm×1092mm　1/16
印　　张	12
字　　数	200 千字
版　　次	2023 年 1 月　第 1 版
印　　次	2023 年 1 月　第 1 次
书　　号	ISBN 978-7-5768-0452-2
定　　价	72.00 元

版权所有　　翻印必究

前 言

学生教育是高校管理的重要组成。伴随社会的快速发展，高校学生教育工作面临着诸多挑战。要想适应当下形势的发展变化，高校就要与时俱进，改变教育管理工作传统做法，促进教育管理工作理念的创新。现代教育不断强调以人为本，即人与人之间要做到相互尊重、互信互助，对高校教育管理系统与发展国际化教育管理机制均有重大意义。与此同时，大数据时代的到来为各行各业带来了发展的机遇，对于高校教育管理工作也不例外，大数据时代的到来，为高校教育管理工作者开展个性化的教育提供了技术上的支持。目前，高校学生多为"90"后和"00"后，这些年轻群体对网络社交平台的依赖性较高，主要包括QQ、微信、微博等，尤其是在移动终端高度普及的今天，高校学生将大量的时间和精力投入其中。但站在另一个角度而言，大数据技术的普及应用，降低了信息发布和获取的门槛，学生很容易在外界信息的影响下迷失自我，并形成错误的思想认知观念，有甚者还会做出违法乱纪的事情。针对此类现象，高校教育管理应发挥大数据的优势作用，通过数据存储、分析和共享等功能的实现，加深对学生的了解和掌握，促使高校教育管理朝着微观的方向发展。个性化、创新化和现代化发展目标也会因此而实现，以促进高校学生教育管理效果的增强。

本书第一章为导论，主要从新时期人才需求概述、新时期高校教学环境解读等方面出发。本书第二章讲述了新时期高校学生教育之教学方法，主要从情境教学、自主学习、引导式教学等方面出发。本书第三章为新时期高校学生教育之教学内容，对于文化知识教育、思想道德教育、心理素质教育、创新创业教育进行了一定的分析。本书第四章为新时期高校学生教育之教学模式，主要从灌输式教学模式、"互联网+"教学模式、混合式教学模式、探索研究型教学模式这四方面展开。本书第五章是新时期高校学生教育之教学改革，从加强实践教学体系建设、加强高校师资队伍建设、借鉴国外高校教学经验几方面展开了论述。

在撰写本书的过程中，本书共五章，长春金融高等专科学校马浩然承担了两章一节，共 6 万字；吉林省经济管理干部学院王月英承担了两章三节，共 15 万字。作者得到了许多专家学者的帮助和指导，参考了大量的学术文献，在此表达真诚的感谢。本书内容系统全面，论述条理清晰、深入浅出，但由于作者水平有限，书中难免会有疏漏之处，希望广大同行及时指正。

作者

2021 年 11 月

目　录

第一章　导论 ··· 1
　　第一节　新时期人才需求概述 ·· 1
　　第二节　新时期高校教学环境解读 ······································ 7

第二章　新时期高校学生教育之教学方法 ····································· 20
　　第一节　情境教学 ·· 20
　　第二节　自主学习 ·· 23
　　第三节　引导式教学 ··· 30

第三章　新时期高校学生教育之教学内容 ····································· 33
　　第一节　文化知识教育 ·· 33
　　第二节　思想道德教育 ·· 46
　　第三节　心理素质教育 ·· 82
　　第四节　创新创业教育 ·· 119

第四章　新时期高校学生教育之教学模式 ····································· 128
　　第一节　灌输式教学模式 ··· 128
　　第二节　"互联网+"教学模式 ··· 130
　　第三节　混合式教学模式 ··· 138
　　第四节　探索研究型教学模式 ·· 144

第五章　新时期高校学生教育之教学改革……………………148
　　第一节　加强实践教学体系建设……………………………148
　　第二节　加强高校师资队伍建设……………………………166
　　第三节　借鉴国外高校教学经验……………………………174

参考文献……………………………………………………………180

第一章 导论

大学生是民族的希望和未来,加强学生教育管理是当前高校工作的重点。随着社会、经济、科技的发展,人才需求与培养都发生了较大变化。本章内容为导论,主要从新时期人才需求概述、新时期高校教学环境解读两方面出发论述。

第一节 新时期人才需求概述

一、大数据环境下人才需求趋势

人才需求从中高端人才不断向应用型人才过渡。目前大数据相关技术处于落地应用的关键阶段,大数据研究开发初期需要大量中高端人才,而在落地应用阶段就需要许多的应用型人才,这些应用型人才能把大数据技术快速落地到广大传统产业当中。早期的大数据技术应用都集中在技术为主的场景,其中包括算法设计、大数据技术开发、搭建大数据技术平台、呈现数据分析结果、可视化等内容,而未来伴随大数据技术与传统产业的密切结合,大数据教育将进一步结合到具体的产业。而具备产业背景和知识的大数据专业人才将受到各企业的欢迎,因为不同产业知识的应用是大数据技术转化实际应用中的主要环节。

在此过程中,大数据专业分析将在未来成为专业技术人才需求的一个重点,因为大数据分析技术不仅体现了数据中蕴含价值的重要性,并且广大传统产业也会不断关注大数据分析这一新型技术领域。大数据分析方向的高端专业人才需求将不断带动大数据技术开发和大数据技术运维方向的专业人才需求,物联网的深入发展也将进一步带动大数据行业的技术发展。物联网与大数据等新兴技术不断交会融合,新一代 5G 通信标准的落地与推广,未来移动通信互联网、物联网、传统产业、大数据技术将更加深度交会融合,这些大数据技术将作为未来产业互联网中主要组成部分并且能同时服务于传统产业。

二、国际化环境下人才需求趋势

随着全球化进程的不断推进，符合国际化需求的人才培养成为提升国家核心竞争力的重要因素。在《国家中长期教育改革和发展规划纲要（2010—2020年）》中明确指出，我国要培养大批具有国际视野、通晓国际规则、能够参与国际事务与国际竞争的国际化人才。由此可见，国际化已成全球发展格局，世界各地的师生、科研、技术人员等高级生产要素之间的流动频繁，其国际化、科研性以及融合度都对我国的教育和人才结构产生重大影响。特别是"一带一路"倡议的提出与实施，对高素质、复合型国际化人才的需求高涨，国际化人才的培养成为高等教育人才培养的风向标之一。

改革开放以来，我国高等教育的水平随着经济社会的发展不断提高，高等教育的普及保证了经济社会对人才数量和能力水平的需求，但高校毕业生是否能够满足日趋国际化的人才需求，还有待对此维度的人才培养水平做出衡量。早在2009—2012年麦可思发布的《大学生就业报告》蓝皮书中，就提到中国毕业生就业存在着结构性失衡现象严重的问题。也有研究表明，大学毕业生往往不能很好地满足国际化公司对人才的期望。究其原因，其中之一是因为大学就业能力结构的不足与偏差。

人才需求是就用人单位而言的概念，因此，国际化人才需求则可以从国际化用人单位的需求来考量。国际化企业主管看中毕业生的全球化视野、外语能力以及在其他社会文化中的生活与工作经验，以便他们能够适应在世界各地的工作。在国际化企业中，广阔的知识面和对多元文化的适应能力远比考试成绩更重要。Diamond（2011）的研究针对每年招收3500多名毕业生的12家大型国际化企业展开，他通过对这些企业的主管进行调研，发现对多元文化差异的适应与融入，并在不同环境中进行团队合作的能力是最受关注的。[1] 当然，上述需求是针对国际化所提出的，除此之外，国际化人才首先是从"人才"出发，在具备一般环境人才就业能力知识体系下拥有的跨文化能力。

三、乡村振兴环境下人才需求趋势

（一）新型职业农民

乡村振兴战略实施过程中，只有突破人才培育的瓶颈，让更多的农民成为在

---

[1] DIAMOND A, WALKLEY L. FORBES P, et al. Global graduates into global leaders[J]. Paper presented by the AGR, CIHE, and CFE research and consulting, London, 2011.

土地生产方面有能力，经营上有方法，精神上有需求的新型职业农民，才能为推动现代化农业建设提供良好的人才基础。新型职业农民是指，以农业为职业、以农业生产经营为主要收入来源、具备有关专业技能且达到相关水平的农业从业人员。以全职务农、会管理、有文化、善经营、能创业等为基本特征的新型职业农民，可分为专业技能型新型职业农民、生产经营型新型职业农民、社会服务型新型职业农民三种不同的类型。

乡村振兴战略实施过程中对新型职业农民的培养要求主要包括以下几个方面。第一，培育项目创新。在新型农民培育方面，应多项并举，从生产理念，职业水平、文化素质等方面入手，不但要向农民灌输科学知识，还要引导农民树立自我发展与可持续发展理念。第二，因材施教，合理设置培育内容。培育前应充分做好调研工作，从农民实际需求出发，合理设置符合农民利益的课程内容。力求内容简单朴实，通俗易懂，实用性强，满足不同层次农民需要。第三，制定完善机制，加强动态管理，根据教育培训以及扶持政策等方面的变化情况，对新型职业农民培育信息档案和数据库进行及时更新和动态完善。建立健全农业从业资格准入制度，逐步将持有职业农民资格证书作为从事农业职业的基本条件和获得相关政策支持的主要依据。

（二）专业技术人才

乡村振兴战略实施的过程中，专业技术人才是决定成败的关键因素。通过学习接受某方面技术知识，具备该专业技术能力的人员称为专业技术人员，其中较为突出的，熟悉相关技术，并具有自主创新能力的称为专业技术人才。这些人才能够为乡村产业兴旺、文化振兴及宜居乡村建设提供良好的技术支持。

乡村振兴战略的顺利实施，关键在于破解人才瓶颈制约。这要求相关部门要把人力资本开发放在首要位置，畅通智力、技术、管理下乡通道，造就更多乡土人才，聚天下人才而用之。通过人才振兴推动产业振兴、文化振兴、生态振兴、组织振兴等各方面的振兴。这要求首先培育产业职业经纪人、经理人等专业技术人才，实现农民增收渠道的增加，加快城乡融合发展的步伐，推动农村现代化建设。其次，培养非遗传承人、乡村工匠等专业技术人才，充分发挥在乡村文化创作、研究、传承方面的能力，力求令农民文化生活更加丰富多彩。最后，乡村振兴战略实施过程中，生态宜居是内在要求，这要求培养大量高素质乡村教师、乡村医生等专业技术人才，为农民群众提供更好的教育、医疗服务。

(三)科技支撑人才

乡村振兴的过程本质上是农业农村现代化的过程。世界经验表明,科技创新是推进农业农村现代化的根本动力,能够为乡村振兴提供技术创新攻关、科学研究支撑、成果推广转化、人才培养提质等方面的支撑。高质量打赢脱贫攻坚战,绘好乡村振兴美丽画卷,迫切需要科技创新的助力。这要在几方面作出努力:第一,从我国农业农村的科技现状及需要入手,创新布局,在绿色有机农业食品、农机装备配置、农村环境整治、农业污染防治等方面加大科研力度,构建各类创新主体协调互动和创新元素高效配置的农业科技创新体系;第二,积极促进农业科学技术和产业之间的有效融合,加大力度推广应用农业科技成果的转化,并致力于孵化培育一批农业高新技术企业,力求形成带动性强、特色鲜明的农业高新技术产业集群;第三,各级各部门积极协作,制定合理有效的培养模式,保障创新科技成果能够真正在"田间地头"有效运用。

四、新时期习近平人才观的科学解读

人才判断的客观标准和人才集聚、人才培养、人才资源管理以及人才环境的营造等是习近平人才观科学内涵的主要内容。

(一)人才判断的客观标准

习近平人才观以深刻的辩证思维,为我们开展人才工作提供了客观标准。习近平总书记指出,要坚持正确的用人导向,坚持德才兼备、以德为先、任人唯贤的人才标准。那么,何谓"贤"?习近平总书记认为,"人才是创新的根基,创新驱动实质上是人才驱动"[1]。由此可见,所谓人才之"贤",除了道德含义以外,主要指人才在工作中的创新能力。创新,是人才的核心要义。能不能根据社会主义现代化建设的需要,发挥创造性思维,出色地完成本职工作,这是人才判断的首要标准。"人才是指具有一定的专业知识或专门技能,进行创造性劳动并对社会做出贡献的人,是人力资源中能力和素质较高的劳动者。"[2] 在人才判断中,习近平总书记从人才的功能入手,把人才归结为创新的根基和核心要素,紧紧抓住了人才的本质,大大推动了马克思主义人才理论的发展。人才与创新是辩证统一

---

[1] 中共中央文献研究室编. 习近平关于科技创新论述摘编[M]. 北京:中央文献出版社, 2016.

[2] 人民出版社编. 国家中长期人才发展规划纲要 2010–2020 年[M]. 北京:人民出版社, 2010.

的关系。坚持创新在人才工作中的核心地位，发挥人才的主观能动性，突出了人才作用的本质，充分体现出唯物辩证法关于社会意识对社会存在能动的反作用的原理。人才是创新的主体，创造性劳动是人才的本质属性。因此，开展人才工作，培养人才、集聚人才、使用人才，都必须把能否创新作为基本标准之一。

（二）集聚创新人才推动创新发展

人才集聚，是人才工作的主要内容之一。创新发展，这是新时代中国特色社会主义建设的必由之路。习近平总书记以马克思主义哲学视域审视人才集聚与创新发展的辩证关系。第一，人才集聚要集聚"创新人才"。创新人才集聚是创新发展的前提，要实现创新发展，就要牢牢树立"创新人才"的理念，并将其置于人才资源开发工作的核心位置。第二，人才集聚要自觉应用量变质变原理。习近平总书记十分注重人才工作中质与量的辩证关系。根据唯物史观的观点，个人是渺小的，群众是历史的主体，中华民族的伟大复兴是人民群众的事业。因此，习近平总书记认为，要实现创新发展，就必须要有规模宏大、结构合理、素质优良、具有世界水平的创新型人才队伍。第三，人才集聚要求领导干部切实提高工作能力。要集聚天下英才，领导干部不仅应有为人民服务的坚定党性，而且应有深刻的创新观念；不仅能够慧眼识才，还应有良方聚才；不仅立足国内，也放眼世界；不仅服务当下，更着眼未来；不仅集聚科技人才，而且集聚政治、经济、军事、文化等各类人才。只有掌握系统思维，统筹做好各方面工作，才能真正做好人才的集聚工作，把人才资源的"聚宝盆"变成社会主义现代化建设的"创新源"。

（三）培养创新人才筑牢创新事业根基

习近平人才观包含着系统的人才培养理论。习近平总书记认为，人才的集聚，应引育并举，克服片面的以引为主思维。单纯的人才集聚，并不能从根本上解决人才短缺问题。因此，相对于人才集聚而言，人才培养是一个更为根本性的问题。人才培养，既有量的要求，更有质的内涵，既着眼于当前的紧迫需要，也包含着对中华民族伟大复兴的长远考量。从量的角度来说，应进一步扩大社会主义现代化建设的人才队伍，特别是应更大规模、更有成效地培养改革开放和社会主义现代化建设的急需人才。从质的角度来说，应加大对创新人才，对高精尖人才的培养力度，在创新实践中培养人才。对青年人才培养的重视，是习近平人才观的重要特点。

（四）坚持党管人才是人才工作的关键

在人才资源的管理上，习近平总书记明确提出了党管人才的基本原则。把党管人才作为人才资源管理的基本原则，紧紧抓住当前我国人才管理中的主要矛盾，这是习近平人才观鲜明的时代特色，也是我们在新时代、新阶段做好人才资源开发的关键一招。同时，习近平总书记不仅要求各级党组织、党的领导干部高度重视人才工作，而且要求全党应把战略思维、系统思维、辩证思维融入人才工作中。在人才资源的战略谋划上，统筹中华民族伟大复兴战略全局和世界百年未有之大变局。在人才资源的开发上，要有前瞻性眼光，加强全局性谋划，善于统筹国内国外两个大局，不能关起门搞建设。在人才的使用上，能知人善任，不拘一格。在人才的考察和评价上，习近平总书记历来反对片面思维，主张辩证分析，不能一叶障目，要坚持全面、历史、辩证看干部，注重一贯表现和全部工作。考察政绩，坚持辩证思维，既要看发展又要看基础，既要看显绩又要看潜绩。

（五）人才环境建设是人才工作根本举措

创新的人才需要创新的环境。坚持系统思维，以制度建设为抓手深化人才发展体制改革，打造以人才制度为核心的具有强大国际竞争力的人才生态环境，这是习近平人才观的逻辑必然。在习近平人才观中，人才环境至少包括四个层面的含义。第一是强烈的人才意识。只有全社会特别是领导干部从马克思主义人才观的高度对人才的本质、作用有了深刻的认识，才能有"爱才的诚意"，为在全社会营造高度重视人才的社会氛围打下扎实的思想基础。第二是突出的工作能力。领导干部只有对我国人才工作的内在矛盾有深刻的了解，才能有"识才的慧眼"和"聚才的良方"，这是人才工作的方法论基础。第三是良好的工作作风。没有良好的工作作风，就不可能有"爱才的诚意"和"容才的雅量"，也不可能有真正的用才胆识。第四是完善的人才制度。人才评价、使用、奖励、培养等各项具体工作，最后都必须归结到制度治理的高度。完善的制度体系，是人才环境的最本质内容，是人才工作持续发展的内在动力。相反，如果缺乏人才工作的系统观念，头痛医头，脚痛医脚，必然会顾此失彼，难以保证人才工作的均衡发展。例如，针对有些地方存在的人才激励简单化倾向，习近平总书记指出："用什么人、用在什么岗位，一定要从工作需要出发，以事择人，不能简单把职位作为奖励干部的手段。"[①]

[①] 中共中央文献研究会编. 习近平关于全面从严治党论述摘编[M]. 北京：中央文献出版社，2016.

第二节 新时期高校教学环境解读

一、多元文化背景下的高校教学环境

（一）道德标准模糊化

进入新时代，尤其是近年来，不确定性因素逐渐增多。多元文化扩散到人类社会生活的多个领域，不免会给大学生还没有成熟的思想体系渗透一些不良思想和规范误差。新时代的生活观在引导学生思想道德时，可能会招致学生对传统价值观的权威怀疑；特色化的生活理念在突破旧思想时，也可能扰乱固有的道德准则。

大学生恰逢思想极不稳定的阶段，追求新奇别致的事物，好奇感受惊险激动的情绪，但其三观还没有定型，因此通过百般方式得到了多个领域的内容，这些内容泥沙俱下，犬牙交错，如果被大学生所吸收，就会成为他们的一种恶性阅历，继而演变为大学生进行判断和选择的一种凭证。倘若大学生没有顽强的抵抗力，持续地接受外部有害内容，则其有可能触碰道德准则红线，甚至越入道德雷池。这种道德模糊还表现在大学生的学习行为上：一些文化媒介平台提供大量短平快的信息，而信息的泛滥会扼杀信息，也会扼杀人的精神生活。大学生将不再思考，而是一味地收集和堆积各种数据，不做任何阐释。缺少系统的学习和知识的传授，使得大学生并没有得到真正的知识自由，反而使价值观出现混乱和迷失。这种道德模糊正反映了大学生应对新生潮流的力不从心。在此境况下，如果不从问题根源上解决问题，即使用大量社会主义核心价值观教育内容试图融入大学生心、脑，也可能导致事倍功半。

（二）理想信念世俗化

现如今的大学生追求独立自主，他们善于独处的理智能力符合社会发展的节奏要求，给了大学生展现发明创造能力的机会。但还有一些大学生在集体观念上高挂重私欲、与己无关的旗帜。自市场经济制度发挥长效机制以来，一些大学生把本该应用于经济领域的原则应用于生活中，一切向"钱"看齐，一切以自我为中心，以交易为准则应付群己关系。

价值选择动态决定着人们的观念和举止。大众传媒作为多元文化的传播工具

之一，其展现的迎合性、欢快性、浅近性、市场性能使人们通过简单操作就可以获得轻松愉悦的体验，但发展不平衡的重形式轻实质、重欢快轻庄重、重市场轻人文的媒介设置会导致变本加厉，严重污染了大学生成长的社会环境，部分大学生以一些外在的虚名、虚荣作为人生的信条，价值观向利益、坐享其成、权力等偏移。以往的理想主义价值观被虚无主义、求功求荣的价值观所占领。一些大学生将校园生活过成了市井生活，在人际交往过程中，纯粹的初心消失殆尽，多了左右衡量、内外评估、充分思量而形成的所谓全面的思考和见解。这种过于现实的指导思想和行为准则也是由于一些文化通过在大学生生活的领域处处渗透，而最终形成其稳固的认知素养。这种意识形态自然是与奉献精神和以集体利益为原则的价值观相悖的。理想信念的世俗化，是一种缺乏使命、漠视责任的表现，与国家对于大学生的期望大相径庭，不利于民族团结进步。

（三）感情日益平面化

多元文化价值取向的多样化，会不可避免地出现价值观念上的无序与冲突。价值观冲突会涉及每个人的生活，尤其对于初入社会的大学生，他们更容易对这种价值无序与冲突表现出无奈、迷茫的感叹和疑惑。大学生的这种情感体验是由于多元文化的包容性过于宽广，这种宽广不仅体现在不同事物的横向范围，还包括同一件事物的纵向跨度，即大学生无法用自己的传统价值尺度界定现实的事物，因为在当下自由的文化环境中，没有人可以用绝对权威的说法为某件事物划定界限。大学生失去了可参照的标准，对周围充斥的各类信息容易缺乏反思和评价，使其思想和行为逐渐"平面化"。

现如今的大学生被贴上了"上网""游戏""娱乐"等标签，从侧面都反映出文化的作用。科学技术的不断探索更新，为大学生应用各种媒介提供了载体，有形有色的图样自然更能吸引大学生的眼球，声色具备的内容也成为大学生的首选。对生动体验的追逐让一些大学生重视浅在其表的领悟体会，却轻视了实质性的内涵，审美认知显现感性化特点。它会一点点地销蚀大学生对世界、人类社会、真谛、公理、道德、奉献、人格、意义等概念的深入研究和思量，将导致大学生思考维度发生偏颇，而变得"平面化"，甚至连情感宣泄也变成"佛系"式的自我调侃。在价值选择上，大学生也会尽量避免与社会标准规章产生强烈分歧，而是采取与社会要求相一致的价值选择。大学生并不是通通将对社会的服务作为自己的价值选择，也不是彻底拒绝参考市场的导向，完全以自我选择来认定价值取向，而是综合考虑两方面的因素，加以联合考虑。这种"不偏不倚"的价值选择实际上是"平面化"的另一种表现。价值判断准则呈现为圆滑和庸俗,价值判断表现为包容谅解,此类包容表露出对所有现象的"接受"。大学生承认并接纳现有的事物,更甚者,把一些不正当的情景局面也视作"正常",揭示了一类该当引发社会重视的过分宽容的消沉判断。

(四)国家认同趋势弱化

多元文化会弱化国家认同。多元文化发展的后果之一就是削弱主流文化的地位和作用,直接产生弱化国家认同的作用。尤其是随着现代化信息传播方式的发展、交通工具的便捷和人们交往活动范围的不断扩大,形成了大批"国际公民",推动了文化的无国界传播,淡化并消解着公民的国家认同。同时,多元文化的发展使强权政治乘虚而入,催生出文化霸权主义。文化霸权主义是依靠其在社会其他领域的话语权,想要让自己的文化登上核心位置,试图用某种观念、思潮、价值理念制造单方面或一元主导的境况。其本质在于用文化价值观为介质,利用互利共赢的经济和先进技术为引子,在全球领域内实施其在别国政治和文化领域的阴谋。从某种意义上讲,这种行为对"国家"的概念构成了威胁,弱化了公民对国家的认同。

总体而言,多元文化受到来自经济全球化带来的技术、信息、文化等的传播方式的冲击与影响,在全球范围内正在消解"一体"理念,淡化国家认同观念,使"一体"理念发生从文化领域、经济领域到政治领域的量变,最终达到以全球政治与经济为基础的国家认同观念的淡化与分解。

二、亚文化背景下的高校教学环境

(一)主流文化和亚文化的概念

要想深入研究高校亚文化的相关问题,就必须首先要把相关的概念梳理清楚,众所周知,文化形态呈现出多元化、复杂化特征,存在主流文化、边缘文化、亚文化等不同的类型。其中,在文化结构中,对社会文明建设和经济发展起到决定性作用的是主流文化;而其他起到辅助或补充作用的则是边缘或支流文化。主流文化随着时代的更替而发生变化,其传播和发展具有稳定性,就我国而言,主流文化就是社会主义文化,它不仅占据着主导地位,还被广大人民群众所接受与认可。在每一个时代都有与之相对应的主流文化,还有与之相对应的亚文化存在。所以主流文化就是在一个国家占据着支配地位,在社会上发挥着主导作用的文化,主要体现主流意识形态和主流价值观念，主流文化是代表了一个时代的主流意识形态，是一个社会及其发展的组成部分。

在社会中与主流文化相对应的一种支流文化就是亚文化，"亚文化"一词最早是在1886年被提出来，然后在1947年著名美国学者弥尔顿·戈登在其研究报告中系统而深刻地阐述了"亚文化"的基本内涵，认为它是基于经济发展水平、种族等不同要素而形成的分支文化，是区别于主流文化的一种特殊文化形式。[1] 美国的芝加哥学派最早开始对亚文化进行了学科化的研究，主要是应用于新兴城市中的越轨群体。西方亚文化的产生与传播与当代西方资本主义的发展是密不可分的，并且随之不断地完善和发展。20世纪80年代亚文化传入中国，国内学者就对亚文化展开了研究，主要聚焦于青年亚文化。因此，对于亚文化的定义学者也是各有论述。笔者主要认同的是《教育大辞典》关于"亚文化"的观点，即它是社会总体文化不可或缺的构成部分，是对主流思想和价值理念的一种补充，是具有特殊生活方式、价值理念、语言体系、群体个性等不同要素的文化形态，是相对于"主流文化"而言的。[2] 亚文化，是指与主流文化相对应的非主流文化现象，是在整个文化结构中处于边缘地位，主要反映的是少部分群体的价值取向、理想信念等。在亚文化群体中，成员以特有的形式表明自己的价值观，并通过这种价值认同形成"亚群体"，游离于主流文化之外。不同于社会的多数群体，这些亚文化的群体所遵循的社会规范、价值信念等均具有边缘性、小众化特征。综上所述，笔者认为亚文化是包含于社会总体文化的范围之中的，相对于主流文化而言，在文化整体中处于从属、次要地位，与主流文化既相互联系又有区别的，一种局部的文化现象。主流文化与亚文化都从属于社会文化，都是社会文化体系中的一个分支，亚文化对于主流文化不仅具有补充的功能与作用，还能激发主流文化的创新活力，它的存在，既拓宽了社会总体文化的外延，也丰富了社会总体文化的内涵。

（二）高校主流文化与高校亚文化的关系

大学校园文化包括高校主流文化和高校亚文化，高校亚文化是校园文化中的一部分，是与校园主流文化相对应的，然而高校亚文化作为高校校园中的非主流文化，必然要受到高校主流文化的辐射与引导。现如今在文化多元化发展的背景

---

[1] GORDEN M M. The Concept of the sub-culture and its application[J]. Social Forces, 1947, 26（1）: 40-43.

[2] 顾明远. 教育大辞典[M]. 上海：上海教育出版社，1998.

下，高校亚文化已然成为高校校园文化中不可忽视的一部分，并且随着高校亚文化的不断发展，进一步影响着大学生的个性与价值取向，甚至在一定程度上动摇了主流文化的绝对主导地位。

因此，要想科学深刻地认识到当代高校亚文化对学生思政教育的影响，就必须要优先厘清与认识高校主流文化与高校亚文化的关系。在笔者看来，高校亚文化是高校主流文化的补充，它首先必须要服从、服务于高校主流文化的发展，同时也需要高校主流文化对其进行及时的正确引导。

高校主流文化与高校亚文化具有明显的区别。第一，代表的群体不同。高校主流文化主要反映的是校园大多数人所遵循的道德规范、价值理念等各方面的总和，代表了校园绝大多数群体的共同利益，体现的是高校教育核心价值观；然而，高校亚文化则代表的是校园边缘群体所遵守的价值理念，代表的是少部分人的利益。第二，发展的方式不同。高校主流文化是以马克思主义先进理论和中国特色社会化理论为指导，是为了传播社会主流价值观，为国家与社会培养德、智、体、美、劳全面发展的社会主义合格建设者与接班人，代表着积极的、健康的文化形态。而高校亚文化则是受外在社会文化和高校师生信仰共同作用的影响，是高校师生群体自发组织而形成的边缘文化现象，体现的是一定社会历史时期大学生所共有的价值观念、伦理道德和其他方面所表现出的特征的总和与概括。

同时，高校主流文化与高校亚文化具有紧密的联系。第一，二者都是高校校园文化的重要构成部分，均体现了当代大学生的思想动态和文化精神。从校园文化的整体来看，高校主流文化是占据主要领导地位的，而高校亚文化是处于次要的、从属地位，高校主流文化与高校亚文化都深深植根于社会文化的土壤之中。第二，两者的关系是可以相互转化的，高校主流文化与高校亚文化的关系是随着社会的发展、时代的变化而不断变化的，当积极的高校亚文化具有与高校主流文化相同的价值观念时，就有可能被高校主流文化吸收，成为高校主流文化的重要组成部分，反之，当不良的、消极的高校亚文化盛行，并动摇威胁主流文化的地位时，则会遭到严厉抵制。

从本质上而言，高校亚文化并不具有替代性作用，无法真正取代高校主流文化的地位，仅仅只是扮演着补充者的角色，弥补特定历史时期主流文化的不足。因此，高校作为给社会培养人才、输送人才的关键场所，在文化多元化激荡的时代背景下，应该积极探索高校主流文化和高校亚文化的整合与互补，积极弘扬社会主流文化，传递社会主义核心价值观，同时还要加强校园主流文化的建设，引导健康的高校亚文化发展，消除不良高校亚文化带来的负面影响。

三、网络舆论环境下的高校教学环境

（一）网络舆情对大学生教育的积极影响

网络在大学生教育过程中充当着工具和手段的角色，网络舆情的出现有其必然性和合理性，会对大学教育的教育主体、教育手段、教育功能和教育资源带来一定程度上的积极影响。

1. 实现教育主体多元化，推动全员育人

网络舆情可以扩大教育主体，助力高校全员育人。习近平总书记指出"办好教育事业，家庭、学校、政府、社会都有责任。"[①]在网络舆情发展过程中，参与主体主要有网民、网络媒体、意见领袖、政府和社会组织这五大类，因而其能够推动专业社会组织、公共服务机构等社会资源支持和参与思想政治教育，共同担负大学生成长成才的责任。如此一来，教育主体不再局限于校内教师，可供利用的教育主体大大增加，这在一定程度上减轻了高校教育者的压力，弥补了教师的缺口。

以"张桂梅校长反对学生当全职太太"为例，在这一网络舆情事件中，此标题一在网络上传开就引起社会各界的热烈讨论，针对该话题，一场围绕"全职太太"的争论，引发了关于女权、教育浪费、女性职业等不同对立的观点，使得作为全国第一所全免费女子高中的校长陷入舆论旋涡。后来，共青团中央发布一则话题"张桂梅不是中国特蕾莎"，宣传她作为一名中国共产党党员的榜样形象。复旦大学社会学系副教授沈奕斐在微博号上发布视频对此事件发表自己的观点，引导网民理性看待。这让原本零碎的理性意见有了可依靠的力量，越来越多媒体、网民为张校长发声使得舆情逐渐平息。在这次事件的处理过程中，主流媒体共青团中央、复旦大学教授等起到了很好的导向作用，使得公众对张校长的理解与支持占据了主流，他们对网络舆情的引导，传播了社会主义核心价值观、传达了思想政治教育内容。张桂梅校长燃烧自己照亮了大山深处几千名女孩子的梦想，这更是教育主体应有的担当和作为。此事件中，共青团中央、复旦教授、张桂梅乃至为事件理性发声的网民，其实就是在对包括大学生在内的网民群体进行思想政治教育，所以他们也可以成为大学生思想政治教育能够利用的主体。

2. 创新教育手段，拓宽教育阵地

网络舆情主要依托网络平台传播，这些网络平台将话语权交给每个用户，为

---

① 习近平总书记在全国教育大会上的重要讲话增强社会各界办好教育的使命感、责任感、紧迫感——共同担负起青少年成长成才的责任 [N]. 人民日报，2018-9-14（2）.

个体争取到话语空间。每个大学生都可以在网上自由选择相关浏览内容，并对自己所感兴趣的事件表达自己的观点，这把大学生教育从传统的时间和空间的束缚中解脱出来。多元化的表现形式能够满足大学生的多种需求。在网络媒体的影响下，网络舆论的表现形式愈发丰富，再加上各大网络平台的不断研究和创新，更为网络舆论提供了多种表现渠道，如QQ群、微信群、微博等。当代大学生有着极强的主体意识和个性特征，对于网络舆论的表现形式自然也是大不相同。多元化的网络舆论表现形式迎合了大学生的个性化要求，使其参与的积极性显著提升。

2020年5月25日，第十三届全国人民代表大会第三次会议听取了最高人民法院和最高人民检察院的工作报告。自5月1日起，最高人民法院通过官方微博推出《60秒，看法院》系列宣传策划，每天一个主题介绍人民法院系统工作，受到网民高度关注。此外，"两高"报告宣传工作综合运用了文字、图解、视频、直播等多种传播形式，取得了显著的传播效果，如最高人民法院将增强显示技术与3D动画技术结合起来，让法院工作在不同场景下的三维模型立体化演绎中得以生动展示，对工作报告的解读也以此方式进行。最高人民法院微信公众号连续推出文章《认识一下，最高法报告中那些案件的承办法官》，以"图片+文字"的方式，介绍了上海、广东等各地承办大案要案的法官群像。从"两高"报告的舆情观察中，首先可以看到网络传播符号的丰富性。网络传播打破了传统以语言、文本为载体进行大学生思想政治教育的限制，通过图片、文字、视频、动画、直播等新颖的形式，能够实现思想政治教育信息的生动化、立体化，便于大学生的直观、深入地理解。其次，还表现出其故事性的叙述方式。"故事"一直是人们喜闻乐见的一种叙事方式，网络舆情通常都是以案例形式展现在大众面前，一个个案例就是一个个鲜活的故事。大学生教育信息以故事化的方式传递给大学生，更容易激起他们的兴趣，且起到启发和加强记忆的作用。最后，传播技术的先进性，填补了传统教育的空白，其技术优势能够使得大学生教育信息同时传给多个受众，渗透到高校的各个角落，为大学生群体所认知和接受。

3. 凸显主流价值，发挥引领功能

网络舆情能凸显主流价值、起到引领作用，主要体现在突发事件网络舆情中政府和相关组织、个人的作为中。由突发事件引起的网络舆情会激化社会矛盾、冲击社会主义核心价值观，影响社会的和谐稳定和群众安全。政府、相关组织及个人在突发事件中的积极作为，将能够在网络上唱响主旋律，让网络舆情充满正能量，从而帮助教育者稳定大学生的情绪，让教育功能得以更好地发挥。

2020年最大的突发事件网络舆情莫过于至今尚未消散的新冠肺炎疫情。以

"新型冠状病毒"为主议题，衍生出众多子议题，2月1日至6日，疫情网络舆情日均有效数量约80万，主要涉及疫情数据和疫情防控这两个话题。疫情暴发后，以习近平同志为核心的党中央迅速安排部署，坚持以人民为中心，一声令下，346支医疗队4.26万名医护人员驰援武汉，10天时间建成能容纳上千个床位的火神山医院，全国百姓居家隔离，共同抗疫。"90"后护士单霞许下"用我长发及腰，换你健康平安"的最美承诺；"95"后护士李慧发出"如有不幸，请捐献我的遗体研究攻克病毒"的真情流露……这一件件上到政府、组织，下到工作人员和百姓的正能量网络舆情事件，其塑造与传播凸显了主流价值，使公众看到了党和政府以人民为中心的不懈追求，看到了医护工作者救死扶伤的正面形象，使得民族精神和时代精神得到彰显，这为我国培育和践行社会主义核心价值观营造了良好的社会风尚，有助于大学生思想政治教育发挥引领功能。教育者在大学生教育实践过程中，可以以此为契机，在大学生中宣扬我国以人为本、生命至上的核心理念，从而引导大学生坚定"四个自信"，提升大学生教育的实效性。

4. 丰富教育资源，提升教育成效

开放又互动的网络舆情中裹挟着大量的信息资源，为大学生教育带来了丰富的教育资源。在2020年11月的网络舆情事件中，引发网络热议的有教育文化类、科技类、法治类、社会类等事件。这些事件都与大学生教育内容有很强的关联性。如引起社会广泛关注的"明星代孕"事件，表面上看是网络舆情个案，但这起个案背后涉及重大的社会伦理道德和法律问题，正是给大学生及其他社会群体进行了一次深刻的教育。此类由明星引发的网络舆情在大学生中关注度是很高的，这无疑为大学生教育提供了弘扬社会主义法治理念、精神、价值的鲜活教材。教育者在课堂上可将其与教材内容中的理论知识串联起来，通过这些现实的网络舆情信息为理论知识的正确性增加论据，还可以用理论知识来对当下出现的负面网络舆情进行分析和批驳，提高大学生对教育内容的认同感。同时，大学生教育者也可借助官方舆论场和民间舆论场的呼声，准确把握网络舆情走向，借势传播社会主义核心价值观和先进文化，为大学生营造健康向上的网络舆情氛围，促使教育达到"润物细无声"的教育效果。

可见，网络舆情所带来的突出问题恰恰是教育在信息时代所要解决的问题。这一个个层出不穷且实时更新的网络舆情事件为大学生教育内容提供了丰富的正反案例支撑。案例素来有促进规则之治以确立良好社会风尚的引领作用，以及在运用法治解决道德领域突出问题上的示范作用。网络舆情将成为教育者切实发挥案例的引领和示范作用的重要资源库，以案例作为大学生教育的生动载体和有效路径，从而提升教育成效。

5. 强化主体意识，提升大学生教学地位

网络是一个虚拟世界，充斥着虚拟的人物、虚拟的姓名和住址。在虚拟的世界中，面对当下发生的热点事件和社会新闻，大学生能够畅所欲言，表达自己的看法和情绪。如此一来，大学生的主体意识就会显著增强，进而有助于提升教育的实效性。以往在大学教育中，教师习惯照本宣读，将书中的内容传授给学生，然后就某一重点列举实例，这种枯燥无味的教学方式会引起部分学生的反感，导致教学效果不佳。而在网络舆论视域下，不仅能够使传统教学方式发生改变，还能增加师生之间的互动交流。因为在互联网下，教师和学生都能掌握大量及时有效的信息，通过学习平台或在课堂上进行讨论，这样既调动了学生的积极性，建立和谐友好的师生关系，又能提升教育的实效性。

（二）网络舆情对大学生教育的消极影响

当然，网络舆情也会对大学生教育产生一定程度的消极影响。网络舆情本身所包含的主体多元，且涉及的内容庞杂，其中不乏一些消极、负面的价值取向。这些消极因素容易激发大学生网民的负面情绪，引发群体极化现象，甚至改变大学生对社会的基本态度和看法，从而对教育环境、教育工作、教育内容以及教育者权威提出挑战。

1. 侵蚀教育环境，弱化教育影响力

网络舆情侵蚀大学生教育环境，弱化教育影响力是舆情反转导致的结果。网络舆情反转即随着报道不断深入，事件的真相被更加客观、全面地呈现，媒体最初报道的网络舆情事件向相反方向转变，网络受众的立场也随之逆转，网络舆情表现出与之前截然不同的现象。在 2020 年的网络舆情事件中比较典型的反转事件有"罗冠军事件""苟晶事件""于慧鑫事件"等，这几个事件中主人公报复性的心理、虚构的故事情节、编造的谎言在网络上激起了网民的负面情绪，导致群体极化现象，加速了网络舆情的蔓延，这些真假混淆的传播内容破坏了网络环境，也侵蚀着大学生教育环境。

网络舆情反转严重影响着大学生的价值判断和价值选择，从而弱化了大学生教育效果，"苟晶事件"就是一个很好的例证。这位以高考乱象受害者形象出现在公众视野的女孩，一开始获得全民声援，而调查结果却显示，她的实名举报存在虚假成分，但真相一出来，苟晶本人第一时间做出回应，对真相表示认同，对调查组也表示了感谢，然而在她的微博底下却是大量带有侮辱性的评论，盖过了之前的正义和善良。可见，在网络媒介语境中，网络舆情环境越来越复杂，真相与真相的界定模糊难辨。在"苟晶事件"的网络舆情反转上，苟晶本人、部分网民和媒体等主体，没有将事实内容完整地呈现出来，而是以煽情、情绪化、带有偏见的方式对现有信息进行传播，使主流媒体和网络受众陷入被动局面。尤其苟晶本人在真相出来后，不仅没有对之前为她发声的网民表示感谢，反而对其发出十分冷漠的言论，这极大消解了大学生群体对网络维权者形象的信任。在这样的网络信息环境下，若下次再有类似的弱者发声事件，还会有大学生愿意相信网络上来自陌生人的控诉或求助吗？这在某种程度上，对大学生教育环境造成了破坏。回到事件本身，其背后的利益链牵扯到学校、公安、政府等多个部门和官员，在结果公开前的任何一个阶段，媒体所掌握到都是部分真相、局部事实，是经过挑选的真相，可能符合道德，也可能具有欺骗性。在这样的舆论环境下，大学生对问题、对舆论的思考能力被弱化了，这很容易让他们断章取义，产生错误的认知，从而使大学生教育的影响力得不到有效发挥。

2. 加大教育难度，阻碍教育工作的开展

对网络舆情而言，复杂的舆情信息和错误的引导会使公众的态度和意见偏离社会主义核心价值观，导致网络舆情与大学生教育之间的互动是被动的、消极的，从而给大学生教育增加了难度，阻碍着教育工作的正常进行。

一方面，网络舆情加剧了大学生某种程度的情绪波动和行为失范，增加了教育工作的难点。如疫情防控期间，面对网络空间纷至沓来的疫情信息、事件以及网民评论时，大学生的心理活动往往会变得更加复杂，从而产生心理冲突和情绪波动。他们作为微博热搜的"常驻嘉宾"，一边为那些舍家卫国、冲锋一线的逆行者而感动，另一边又为"劣质口罩事件""恶意传播病毒事件""野生动物事件"等负面消息而愤怒。当看到抗病毒的重大研究成果，疫情即将迎来拐点时，他们又变得开心和期待，然而与日俱增的确诊人数又让他们不得不担忧和恐惧。在这样长时间的忧喜交加中，很容易引发大学生的心理健康问题。再加上长时间的宅家，大学生只能通过反复地刷手机，持续不断地关注微博、微信、抖音等互联网平台上发布的疫情消息来消除对疫情的不确定感。他们的注意力多聚焦在与疫情相关的新闻消息上，这很容易受到网络舆情中来路不明、未经证实的虚假谣言的影响，做出评论、跟帖和转发不实信息，甚至跟风发表不当言论等失范行为，这就给教育工作带来了挑战。

另一方面，网络舆情的不利引导，也容易造成大学生思想矛盾。如"李心草死亡事件"让我们看到，在当前法治观念已深入人心的背景下，普通公众不是依靠政法机关来协助维权,而是通过网络维权来倒逼官方作为,再加上媒体对此次网络舆情事件的错误引导,使得司法公信力降低。此类校园案件引发的网络舆情可以说是和大学生关系最密切,最能引起大学生高度关注的事件之一,在整个事件的发展过程中,政府、媒体、学校的一举一动都牵动着大学生的心弦。在此案件中官方的不利引导,既激发了大学生的负面情绪,也损害了国家和政府在其心中的形象,即使后续通报再权威、再公正,不信任的种子已经在他们心中种下,难以拔除。

3. 冲击教育内容,影响价值认同

在如今的网络社会,网络舆情所传递的信息量是传统媒介所无法比拟的。但这其中有来自四面八方的信息,既有健康、积极的信息,也不乏落后、腐朽的信息,总之,各种信息和思想观念糅杂在一起,时刻作用于大学生网民的感官,侵蚀着他们的心理环境。许多教唆、反动的宣传等有害信息,潜移默化地影响着广大网络受众,尤其是正处于价值观形成阶段的大学生群体。

从郭美美炫富、"我爸是李刚",到翟天临学术造假、仝卓学历造假,再到上海名媛拼单、清华学姐、郭敬明抄袭、郑爽代孕等网络舆情事件,其中体现的虚荣、虚伪、虚假等与大学生教育所倡导的社会主义核心价值观大相径庭,这极大地弱化了价值观教育的效果。2020年10月19日,国家互联网信息办公室公示第三季度全国网信行政执法工作,我国网信系统对网络上存在的违法违规行为进行依法查处,目前累计约谈了1 211家网站,受到警告的网站有954家,停更的网站489家,被取消网站许可或备案甚至关闭的违法网站多达8 868家,共向司法机关提供相关案件线索1 569件。[①] 这些被关停的网站,主要存在传播淫秽色情、虚假信息、恶意营销、暴力视频等问题,严重影响青少年健康成长。大学生经常游走于各种各样的网站,网站上新奇有趣、生动活泼的信息,与大学生教育所传递的理论性、学术性的教育内容相比,深受大学生的青睐,这就在无形中降低了大学生教育内容的吸引力,影响大学生对我国社会主义核心价值观的认同。

四、互联网环境下的高校教学环境

(一)教学管理信息化

1. 数字化

数字化也称为数据化,我国很多新技术都是在数字化基础上逐渐发展起来的,

---

① 中国网信网. 三季度全国网信行政执法工作持续推进[EB/OL]. (2020-10-19) http://www.cac.gov.cn/2020-10/19/c_1604669613427802.htm.

如数字网络、新媒体等。数字化是高校教学管理信息化的主要特点，不论是何种语言表达结构，只要通过信息技术编程都能够转换成简洁的数字信息，高校应以此为契机，提高信息传递速度，提高教育质量。

2. 知识化

随着科学技术的发展，传统教学模式已经很难满足学生的学习需求。传播知识是教育的根本性质，高校要尽最大努力满足教育需求。提高知识传播的效率和质量是高校信息化管理的最终目标，高校可借助先进的信息技术丰富并完善教学内容，提升学生学习兴趣，开阔学生眼界。

3. 网络化

当前，网络技术已经在人们的学习和生活中广泛普及，高校管理工作也应充分利用网络信息技术，实时传递并共享相关数据和信息。互联网可以实现教师与学生的零距离沟通，丰富的互联网资源能够帮助学生更好地学习。

（二）高校智慧教学

1. 新型智慧教学模式

为了保证学生学习的主体地位，提升学生学习过程的参与感和体验感，高校鼓励和督促学生提升主体意识，采取多种策略构建新型智慧教学模式，充分发挥学生的主观能动性。高校通过举办讲座、组织学生开班会等形式，帮助师生树立正确的以学生为本的教学理念，改变学生被动学习的状态，实现师生角色的转化。教师逐渐明确自己教学引导者的地位，保持教学的耐心和恒心，当学生遇到学习问题时，引导学生按照正确的学习策略解决学生的问题。教师巧妙地运用学校提供的智慧设施，实现师生之间的密切沟通，不断引导学生主动学习。教师也通过不断学习，为学生树立良好榜样。

信息技术的发展带来了海量的信息，为了迎合时代发展的要求，建设社会主义现代化强国，学生逐渐形成终身学习的意识，不断提升自己的综合素质，积极主动地从互联网上获取新知识，构建完善的知识体系，不断训练和提升自身的专业技能。高校逐渐建设完善的信息资源库，增设信息设备，为学生提供海量多元的多媒体教学资源，让学生根据自己的需求选择合适的学习资料，满足不同层次学生的学习诉求，并且根据学科知识体系的更新，不断完善学校的教学资源。此外，高校还开设了针对性较强的信息技术课程，加大宣传力度，将信息检索等专业技能教授给学生，为学生的主动学习提供技术支撑。

2. 教师信息素养的提升

为了构建高校智慧教学环境，高校负责人不仅关注学生，也关注教师的成长。首先，高校科学规划信息资源建设，合理分配学校的信息资源。为了减少对教师正常教学活动的干扰，高校建设了完善的智慧校园平台，聘请专业的技术人员管理学校的信息设备。部分高校也成立专门的信息化领导部分，做好顶层设计和综合管理。高校结合学科发展和教学需求，技术人员积极引进最新的教学资源，不断更新教育教学资源，及时更新学校信息资源库，对信息资源进行科学规划和分类，保证教师和学生都能享有充足的教学资源，为教师成长提供坚实后盾。

其次，高校还综合考量教师的工作内容，建设新型教学团队。高校可以举办培训会和答疑会，组织技术人员对教师展开专业培训，帮助教师迅速掌握高校的智慧教学设备，鼓励教师主动学习和探究信息基础知识，提升自身信息素养，综合提升教学实效性。

再次，高校还逐渐完善对教师的考评模式，采取灵活机动的考察机制，适当削减或者改良一些硬性规定，要强调智慧教学的形式不应大于内容，教师应用智慧设备应该是出于自身教学的需要而不是应付学校检查的需要，教师应该实现教学内容和智慧环境的有机融合而不是机械整合。

最后，许多高校教师需要完成多项教学任务，教学压力比较大，高校可以通过引入慕课资源、实施翻转课堂等教学策略，适当减轻教师的教学压力，给教师留出更多的时间和精力，提升教师信息素养。

3. 互联网教学技术日益完善

信息技术没有人的理性，关键在于应用技术的人。高校帮助学生树立深度阅读和深入学习的理念，改变学生的不良阅读习惯，提倡深度学习。学生需要构建完善的学科知识体系，主动进行知识归纳和总结，不断训练和提升自己的专业技能，利用智慧化设施突破限制，联系现实生活，了解更多专业信息，提升自己的专业素养。

为了帮助学生集中注意力，减少信息设备对学生的干扰，高校将智慧化的教学工具引入课堂，例如，教师可以利用智能教学设备进行随即点名和抽查作业；在课程进行过程中，教师随时推送学习测试和学习打卡来提醒学生专注课堂；教师可以增设弹幕、评论等互动功能，提升师生互动频率。教师不断完善自己的课堂教学环节，课前做好充足的准备。学生也需要明确学习的主体地位，树立正确的学习理念。

第二章 新时期高校学生教育之教学方法

教学方法对完成教学任务，实现教学目的具有重大意义。本章节内容为新时期高校学生教育之教学方法，主要从情境教学、自主学习、引导式教学三方面展开全面论述。

第一节 情境教学

一、情境

"情境"与"情景"同义，《现代汉语词典》释为某个场面的情形，现象或场景。从概念中可以看出，具象、可感、可视性是情境的独特之处。心理学表明，情境是直接作用于人的外部感官，对人的心理产生刺激作用的具体的外部环境。一千多年前，在《文心雕龙》一书中，"情境"一词崭露头角，李吉林认为，情境教学的由来由此产生。[①] 就教学而言，教学情境应是利用科学有效的教学手段，调动学生的眼、耳、口、鼻等各种感官，构建形成的学科环境，从而使学生感知、掌握教学知识的一种情境。乔纳森在书中，也曾详细阐述了"情境"一词：其指的是以一种自己熟知的、感兴趣的参照物为基础，将学习者将要探寻的知识与选定参照物联系到一起，引导其建立两者之间的联系，从而建构起自己的知识体系，并对这些知识做出合理的解释和说明。[②]

二、情境教学

情境教学是为提升教学质量，改善教学品质服务的，它是在已有情境或是设

[①] 李吉林. 情境课程的操作与案例 [M]. 北京：教育科学出版社，2008.
[②] 乔纳森. 学习环境的理论基础 [M]. 郑太年，任友群，译. 上海：华东师范大学出版社，2002.

计基于学习目标的创新情境来服务课堂教学的。它指引教师在教学过程中有计划地创造一个适合本节教学内容的、有一定情感价值体现的生动、有趣又有深度探究意识的场景，以此来使学生获得一定的情感体验，继而帮助其对新知内容准确分析，确保其心理机能取得应有的发展。它通过在课堂上作用于情感目标来服务于日常教学。情境教学，是基于某种情境，对学生产生认知和心理上影响的一种教学方式，比如音乐的渲染、环境的刺激、游戏的指引、语言的描绘、肢体的创作等，这些情境本身并不是影响学生的因素，但是由此刺激的学生的各种感官的变化，直接作用于学生的大脑，将这些教学内容于无形中融入学生感兴趣的情境之中，那么孩子自然而然也会对知识进行加工和处理，进而体现知识的习得和迁移。

三、情境教学理论基础

（一）建构主义学习理论

建构主义（constructivism）理论出现于 1900 年以后，但相关理论直至六十多年后才被瑞士学者 J. 皮亚杰（J. Piaget）提出，后经过大量学者的研究，得到了不断的丰富和完善。皮亚杰在《发生认识理论》一书中提到了建构主义，他认为儿童的认知在发展过程中要经历"同化"和"顺应"两个环节，其中"同化"主要是指新出现的事物与儿童原有认知的差别较小，儿童自主将新旧知识进行整合的过程，而"顺应"主要指新出现的事物用儿童原有认知无法解释或者新旧两种知识无法融合时，需要儿童将原有的知识体系进行重构、升华和优化的过程。其实学习的过程也正是"同化"与"顺应"二者相互迭代、相互转移的过程，因此在教学过程中，要恰当利用学生已有知识，构建合适的教学情境，让新旧知识彼此呼应，这样个体就可以在"同化"和"顺应"的共同作用下建立新的知识结构体系，进而让认知层级从低水平向高水平发展。

继皮亚杰之后，维果斯基（Vogotsgy）指出社会文化历史背景在学习者知识的建构过程中扮演了重要的角色，并创建了"文化—历史"的相关理论。同时他强调周围环境对未成年个体的认知结构也会产生重大影响，这些个体在与他人的交往中对世界的认识、自身的思维能力均会得到发展。上述所谓的周围环境也就是各类真实情境，在这些情境的刺激感染下，未成年个体获得新的知识和经验。综上所述，建构主义学习理论是情境教学不可或缺的理论支撑，作为教师应该注重利用情境的创设来激发学生学习兴趣，促使学生主动建构有价值的知识结构体系。

(二)情境认知学习理论

情境认知学习理论认为知识是学习者认识和改变社会、自然的有力工具,并在认识改变的过程中得到不断的发展和完善。换而言之,学习的实质是学习者与所处环境、其他个体相互感染的最终结果。学习者是学习活动的主体,在学习过程中要积极参与知识的构建,这样才能更好地掌握知识并运用知识。该理论还指出知识处在一定的情境当中才有价值和意义,如果脱离了情境,知识仅仅是死板的概念、表现客观世界的事实。其次,知识本身就是一种工具,新知识需要学习者在已有认知基础上进行思考、加工而获得。基于情境认知理论,可以看出:学习就是学习者在原有认知基础上,通过一定的教学情境积极主动参与知识的构建的过程。

(三)人本主义学习理论

教育的目的是让学习者能够顺应社会的发展和变化,学生有意义的学习不仅是知识层面的增加,还需要将所学知识融入自己的行为和意识之中,切身感受和了解这个世界,加深对世界的认识,达到自我实现的最高目标。因此,教师要密切关注学生在课堂中的具体表现,扮演好教学引路人的角色。在实际课堂中,教师可以充分借助情境素材来展开相应的教学活动,打开学生智慧的大门,引导学生从学科角度来寻求新问题的解决办法,进而使其学习潜能被激发,思维能力和学科素养得到提高。

(四)最近发展区理论

在苏联,心理学家维果茨基最早开始对最近发展区理论展开了相应的研究,他认为每个学生在发展过程中都存在"现有水平"和"潜在水平"。其中,前者是指学生目前具备的认知水平,并能够根据已有认知解决一些实际问题,后者是指学生需要在其他人的帮助下才能达到的较高层次水平,学生现有认知水平与潜在的高层次认知水平的差异就是最近发展区。由于学生"潜在水平"需要借助外力才能实现,因此在教学活动中,教师要选择合适的教学方式让学生通过最近发展区,达到潜在水平。而情境正是将学生已有水平激发到潜在水平这座很好的桥梁,但关键是教师创设情境时一定要考虑到情境的"适合性",所谓"适合性"就是指创设的教学情境蕴含的知识难度适中,既不让学生骄傲自满,又不让学生灰心丧气,最好是既合理又富有挑战性,让学生跳一跳就能有一定成就感,这样才能既达成教学目标,又调动学生的学习热情,该理论也为本课题情境创设提供了理论基础。

四、情境教学环节设计

李吉林是我国最早提出情境教学法的教育者，她认为情境教学应包括以下三个阶段："感知""理解"和"深化"。其中"感知"是指教师利用相关学习素材创建一定的教学情境，让学生形成感性形象，并产生进一步学习的欲望。"理解"是指学生深层次地进入教师所创设的情境之中，挖掘其中所蕴含的科学知识，并得到情感上的体验。"深化"是指教师复现开始创建的情境，让学生想象力和情感得到进一步的升华。总结起来，"感知"即教师创设情境，引发学习者产生兴趣的过程；"理解"即教师导入情境，引发学习者思考的过程；"深化"即教师再现情境，加深学习者知识理解的过程。虽然这三个教学阶段主要针对语文学科，但对于其他学科同样适用，本书沿用李吉林提出的情境教学的三阶段，并结合不同学科核心素养特点，对情境教学进行适当的优化和改进，提出了基于化学核心素养的情境教学主要教学环节包括：创设情境、导入情境、再现情境、升华情境。如图 2-1-1 所示为情境教学的主要教学环节。

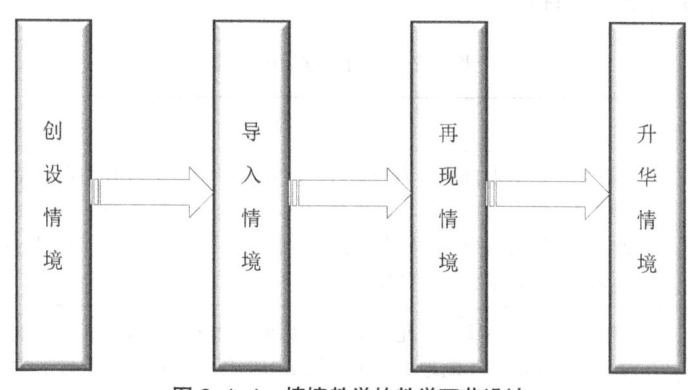

图 2-1-1　情境教学的教学环节设计

第二节　自主学习

一、自主学习的界定

自主学习的界定从教师的角度来看，是教师应该对学生进行总体教学目标的指导教学,并在实际的教学内容中选择与教学基础相关的策略进行具体的实施;教师在教学过程中要加强对学生的引导作用,从而保障教学目标的顺利进行。从学生的角度来看,学生要接受教师的教学指导,并且明确自己的学习目标,从自己的学习基础和知识结构出发,对自己的学习进行有计划的安排。学生在自主学习的过程中,还应该学会自我管理和约束,并在学习过程中进行自我调节。事实上,学生的自主学习还是逐渐积累学习经验,掌握学习技能的一个发展过程。从群体的角度来看,教师、学生、学习者共同构成了学习的体系,这些成员共同参与到学习的过程中,并且共享学习的资源,从而构成了一个相互交错的学习环境。在群体的学习过程中,所有的学习成员都有共同的学习目标和美好的学习愿景,力图在平等、信任、安全的学习环境中发挥每一个学员的学习潜力。从个体的角度来看,自主学习还是学习环境、学习主体、学习行为共同作用的结果。学生在对不同的学习因素进行选择的过程中,包括对教师、学习资料、网上资源、校外专家等不同学习因素的选择,都可以使得学习者本身在完成学习目标的同时形成自主学习的过程。

二、自主学习的特征

表 2-2-1 自主学习的特征

序号		内　容
1	主动性	自主学习是学生自发行为的学习,因此学习者对学习有一定的需求,就会主动地对学习内容进行学习。自主性的学习还是一个持久的学习过程,并不像教师要求或者是被迫的学习那样具有短暂的学习性,因此要使学生形成自主性学习,教师首先要培养学生的学习兴趣。
2	主体性	学生是学习的主体,因此对学生尊重就是对学习主体的尊重,教师应该以学生为学习的中心,不断地给学生提供学习的机会,培养学生自主学习的能力。所以在自主学习的过程中,教师的主要任务就是培养学生的自主学习能力,并以学生的活动要求为依据为学生提供辅导。
3	能动性	培养学生的自主学习能力,首先是要对学生的学习能力进行肯定,并尊重学生的主观能动性,从而体现学生在整个学习过程中的学习性能。
4	独立性	学生的独立性培养与学生的依赖性是截然相反的两种概念,因此要求学生一定要对自己的学习能力有信心,并且不断地加强自己的学习能力,以应对不同的学习策略。学生还应该独立地开展一些学习活动,如果在自己的学习能力范围内能够解决的问题就自己独立解决,不断地加强自己的独立性。

续表

序号		内　容
5	创新性	创新性顾名思义就是要求学习者能够自主、开放、独立地完成学习任务，并且在学习的过程中要勤于思考、多向思维，从他人的学习经验中总结教训，形成自己的学习理论，并且不断地超越自己的经验，对学习内容进行创新，从而创造性地解决学习中遇到的问题。
6	相对性	自主学习是界定于绝对性的自主学习和绝对性的不自主学习之间的一种学习方式，对于学校中的学生而言，学生受到学校作息时间、学校规定、学习内容等多方面的限制，因此对于自主学习有一定的局限性。并且学校的学生受到自己学习能力的限制，有一些问题不能够自己解决，需要教师的辅导才能够达到理解学习内容的目的，因此对于学生的自主性学习，应该立足于学生自主学习的地位，判断学生在学习过程中的一些制约性的因素，从而需要教师对学生的自主性学习进行帮助。
7	自控性	在自主性学习过程中，自控性体现了学习者的学习责任感，并且在学习的过程中，自控性还体现了学生不断完成自己的学习计划，对自我进行控制、调节，用自我评价、自我约束的方法规范自己的行为的一种学习特征，从而保证了学习的高效性能。
8	策略性	自主学习的策略性主要指的是学生在学习的过程中，对学习方法和学习技能的掌握，从而实现学习目标的一种策略。自主学习的策略性包括两个方面的内容：首先，学习主体对学习内容的内部心理的控制，包括情绪、记忆、思维等方面，从而使得学习主体能够保持良好的学习心态；其次，学习主体在学习的过程中能够有效地控制学习的内容，并能够根据学习的内容进行情绪的调控、学习方法的调控、学习技能的掌握等，从而不断地拟定学习计划，将自己的学习成果与以往的学习成果相比较，不断地进行学习完善的过程。

三、大学生自主学习行为的理论依据

（一）人本主义学习理论

人本主义的心理学理论诞生于 20 世纪五六十年代的美国，而马斯洛的基本主张经过延伸之后就形成了人本主义的学习理论。人本主义的学习理论主张从学习的基本理论入手，主张学生从喜欢的知识入手进行学习，不主张教师对学生进行知识的灌输。在人本主义学习理论中，罗杰斯的学生中心理论是比较出名的，他主张自由的学习原则，让教师安排好学生的活动之后，剩下的就由学生自己在这个活动的范围之内自由地选择自己所需要的学科进行学习，从而让学生自己发现知识，探索其中的奥秘，教师只负责辅助指导。只有学生自己主动地学习，并发自内心地自己去探索其中的知识的时候，才能够使学习的效果达到比较良好的成效，而一个合格的教师应该尊重学生的这种学习成果，并且设身处地地从学生的角度出发，理解学生的各种不同的见解，并最大程度地发挥他们的潜能，从而与学生和谐相处。这样的学习环境能够使得学生的精神放松，更容易潜心学习，进行学术的研究。所以从人本主义的学习理论出发，教师的主要任务不是传授知识，而是与学生建立一种和谐的关系，为学生创造一种良好的学习氛围和安全的学习环境，从而促使学生能够进行自我指导和自我学习。同时人本主义学习理论还主张学生对自己的学习结果进行评价，从而不断地进步，不断地养成自我独立思考和不断创造的习惯。

（二）建构主义学习理论

建构主义学习理论认为，知识不是单纯地靠感官的交流就能够获取的，而是通过学习主体对知识的认知中不断地反省来主动建构起来的。也就是说，例如"数学知识不可能以实体的方式存在于个体之间"一样，如果学习者想要真正掌握一门知识的话，必须要通过自己之前建构起来的学习经验和知识积累才能够不断地学习知识。建构主义学习理论的学习观念就是强调学生是学习的主体，而学生只有主动地学习才能够获得知识的积累，教师在这个主体学习的过程中，担任的是提供学习资源、学习环境、学习资料、学习经验的任务，并且从学生的学习过程中观察学生的学习动向和对学习的辨认、规划等活动，从而协助学生完成知识的学习的过程。因此建构主义的教学过程可以通过五个方面来完成：第一是创设情境；第二是确定问题；第三是自主学习；第四是协作学习；第五是效果评价。教师通过这一系列的教学过程，帮助学生学习知识的建构。

建构主义的学习理论比较适用于现阶段的新课改的教学要求，主要以学生为学习中心，不断地让学生在学习中发挥其主观能动性，让学生有更多的机会接触不同的情境并在其中应用他们所学到的知识，并且通过反馈回来的信息，形成对客观事物的评价，并解决自己在学习过程中所遇到的问题，最后得出学习的结果。同时，建构主义学习理论还对意义建构有着重要的作用，他认为，建构主义当中的情境可以帮助学生利用自己已有的知识结构和经验，对当前所学习的知识进行新的认识和学习，从而达到新知识的意义建构。

（三）社会认知学习理论

社会认知学习理论认为学生在整个学习过程中都是一个积极参与、主动发现的主体。在这个过程中，学生改变了以往被动接受知识的情况，让学校为学生创造良好的学习氛围的同时，给学生一个全新的学习环境，从而让学生能够有选择性地学习自己所想学习的知识，重新对所学内容进行建构，并融入自己的知识结构中，加强对知识的实践运用，从而帮助学生全面地发展，促进学生知识结构的丰富和掌握。

（四）行为科学学习理论

行为科学学习理论是在 20 世纪 30 年代形成的一门专门研究人类行为的一种新的学科，并且随着这种理论的不断发展，这种学科已经发展成为国外管理研究中的主要学派之一，也是管理学科中的重要组成内容。行为科学学习理论通过对人的心理活动的研究，不断地掌握人们的行为规律，从而找到属于学习中的一种新的方法和提高学习效率的有效途径。

行为科学学习理论是综合了心理学、社会学、经济学、政治学、历史学、教育学等各种学科以及管理理论的方法，对人类的行为进行研究的边缘学科。这种理论主要研究的是人类行为的产生、发展和演变的过程以及规律，从而预测人类的行为，并且控制人类的行为。

四、自主学习实施途径

（一）激发自主行为动机

首先，学生的自主性学习需要对他们的心理需求进行满足，从而为学生的自主行为提供依据。对于高校的教育者而言，可以从以下几个方面对学生的心理需求进行满足：第一，要掌握学生的心理发展的年龄特点，从而真实地了解学生在自主学习中的心理需求；第二，要勤于观察，教师在课堂中和课下都要加强与学生的交流，从而了解他们的真实行为特点，确定他们的心理需求；第三，通过与学生谈心、参与活动等一些互动行为了解学生的真实内心需求。

其次，教师需要积极引导学生进行自主学习。教师在课程开展的过程中，不仅要卸掉自己的威严感、权威性，还要营造一种民主、和谐的学习氛围，并对学生的自主学习行为进行鼓励和指导，从而激发学生自主的行为动机。而且教师还应该对学生的自主学习行为予以支持和鼓励，让学生能够真实地表达自己的学习观点。此外，教师要学会对学生进行关心。教师不仅是学生学习方面的引导者，更对学生的思想道德有着重要的引导作用，而学生在教师的关怀中更能够激发学生对自主学习的欲望，从而激发学生的自主行为动机。

最后，教师要积极与大学生开展沟通交流，多参与到大学生的自主学习之中。虽然自主学习更多的是要依靠学习者本人，但是教师的积极参与会在一定程度上提高学习者的学习效果，因此自主学习中，教师的角色不可或缺。大学生学习阶段，导师的作用超越了普通教师，某种程度上来说，他们决定了大学生的研究方向甚至就业方向的选择。因此，大学生导师应该加强与其学生的交流，给予学生专业，学习以及生活上的指导和建议。另外，频繁的交流还有助于增强学生的信心和自我效能感，使其能够更积极地开展自主学习。

（二）采取适当的激励措施

首先，从学生的感情需求出发进行激励。人有生存、安全、尊重、自我实现等方面的需求，而实现人的这些需求就要让人获得情感的体验，获得自我认同感。教师可以从学生的生理需求和心理需求两个方面对学生进行激励：从生理安全角度而言，可以加强对教师在物质设施和结构方面的安排；从心理角度而言，教师应该鼓励学生加强团队合作精神，形成良好的心理氛围。可以定期地举办一些师生的恳谈活动，学生的联谊活动等，让学生通过这些活动来对自己的行为负责，从而强化学生的自尊心来激励学生。

其次，高校还要着眼于整个教学过程进行激励。学生最主要的活动还是学习，因此，在教学过程中需要对学生进行适当的激励。其中，教师对学生的激励可以分为两个步骤，第一个步骤是从教学的开始阶段，这个阶段可以从态度和需要方面进行展开。例如教师可以倾听学生的意见，并热情地对待学生，从而唤起学生对知识的渴求；也可以让学生进行一些特殊的考试，例如为成绩较差的学生编写一些特殊的题目，内容要简单一些，通过这种肯定学生的方式来激发学生形成积极的学习态度。第二个阶段是从教学的中间阶段进行的，可以从刺激和感情两个方面对学生进行激励。例如在教学过程中，教师可以利用声音、动作、道具等方式来提高学生的学习兴趣。

最后，高校可以利用教师自身的热情进行适当激励。教师的热情对于学生而言是一种积极向上的力量，这种热情会传递给学生一种精神，让学生激发积极的感情。在教学的过程中，教师要利用自己的热情，使学生产生一种高涨的、兴奋的情绪，从而对学生的自主学习有一定的推动性和激励性。

（三）充分利用学习资源

首先，学生要明确自己的学习目的。自主学习的动机包括很多种，并且利用自主学习可以学到很多有用的知识，对学生以后的工作、提升等方面都有着重要的作用。然而，学习价值观念的不同将从根本上影响学生的自主学习的意识。通过自主学习，学生明确了学习不仅仅是为了一纸文凭，更重要的是可以使他们学习到更多有用的知识，而后者更能够激发学习的自主学习的欲望。所以大学生要达到自主学习的良好目的，就首先要树立明确的学习目标，并树立明确的学习观念，从而将学生学习的重点转移到知识的积累方面，并让学生为这一目标不断地努力。

其次，大学生要明确学习的内容。大学生应该充分利用有限的学习资源，加强自己专业课程之外的科学知识的学习，丰富自己的学习内容，为日后的工作打下良好的基础。具体来讲，学生的学习内容设定应该包括以下三个方面。第一，专业知识的学习。大学生都有自己学习的专业，学好专业知识是学生在未来的竞争市场中可靠的保障。因此大学生首先要学习好自己的专业知识，掌握专业课程的技能和方法，建立良好的专业知识架构。第二，感兴趣的知识。每一个人都有自己的爱好，而对自己所喜欢的知识进行学习和研究，对于大学生而言更可以开阔他们的视野，利于他们从不同的角度看待问题，活跃他们的思维，还可以起到缓解学习压力的作用。同时，对感兴趣的知识进行学习，也是为了给自己日后的工作提供更多的选择，从而能够使学生适应瞬息万变的社会环境。第三，公共技能知识的学习。大学生可以不断地加强自身的文化素养，对计算机知识进行学习，这也是公共技能知识的一种掌握。例如全国计算机等级考试，全国大学英语四、六级考试等，从而让大学生在未来的工作中能够具备最基本的素质和能力。

最后，大学生还应该明确自己的自主学习行为。高校应该从学生一进入大学开始就向学生灌输，并逐渐地养成学生自主学习的习惯，才能为后期的自主学习打下良好的基础。因此大学生可以从以下几个方面来利用学习资源。第一，制订学习计划，合理分配学习时间。为了培养大学生的自主学习能力，对学习计划和学习的时间进行合理的分配是十分必要的。因此，大学生在大学期间，一定要明确自己的学习目标和学习方法，不断地增长自己的知识，掌握一定的技能，为以后的职业生涯创造有利的条件。第二，讲求方法策略，提高学习效率。大学生在自主学习的时候，要充分利用学校提供的有利资源，从图书馆、网络、导师演讲、学术沙龙等各种渠道中，汲取自己所需要的知识。同时，在利用这些学习资源的过程中，学生还可以利用一些图像、关键词、表格等学习的技巧，来使自己的学习达到事半功倍的效果。学生在自主学习中遇到难题的时候，还要及时地请教教师或者同学，尽快地解决问题，从而提高自己自主学习的效率。第三，注意总结反馈，及时查缺补漏。大学生在进行自主学习的同时，要不断地对自己所学的内容进行总结和归纳，对学过的知识进行梳理，查缺补漏，使自主学习达到预期的效果。

（四）创造良好的学校环境

首先，高校可以根据学校师资力量的实际条件出发，尽量实行一定的导师制度，让辅导员对学生的学习进行辅导。而且在学术指导过程中，教师不能够单纯地对学生的选课进行简单的指导，还需要根据学生的发展特长为学生量身定制多样化的发展机会，这样更有利于学生进行自主学习。而且通过教师对学生正确的学术指导建议，不仅能够帮助学生理解学校的课程设置，并还能够帮助学生制订短期的学习计划，从而为学生创造了良好的学习氛围和学校环境。

其次，高校可以建立一些学习指导中心，为学生提供免费的自我监测和自我认识的建议，对学生的学习策略、学习计划、学习目标等进行合理的建议，并帮助学生不断地了解自己，从自己的实际情况出发，找到适合自己发展的学习目标和学习方法。同时，学校还可以组织一些专业的讲座，帮助学生树立良好的自主学习的风气，找到自主学习方面的学习技巧。

最后，在对资源的合理利用方面，高校可以加强对学校基础性设施的建设，特别是图书馆等一些公共的、为学生提供自主学习机会的场所，要提高这些场所的利用率。而且高校还应该加强对校园网络的建设，通过网络的连接，让学生能够更多地与教师进行交流和互动，从而督促学生进行自主学习。

第三节 引导式教学

一、引导式教学法概念

引导式教学法是指：教师将所要教授的知识点设计成一个个小问题，并将问题嵌入特定的教学情境中以激活学生的思维，激发学生求知欲及问题意识，课中以问题为主线，给予学生一定的思考时间与提示，使学生在教师的引导下进行自主学习或小组合作探究问题情境以获得相关知识，进而实现教学目标的教学方法。

在引导式教学中，一方面，教师要设置一定的教学情境，并依托教学情境提出"问题"。由于教材各章节间的各知识点之间具有一定逻辑性，因此，教师设计的一个个小问题应注意问题之间的衔接性。同时要以学生学习的引导者、帮助者、协助者和监督者身份加入学生的探究活动，积极与学生交流，形成双向互动，帮助学生树立积极的世界观、人生观、价值观，引导学生更加积极健康地参与政治、经济、文化生活，帮助学生更好地吸收与掌握政治、经济、文化、法律、哲学等知识内容，不断提高知识理论与道德水平，努力做合格的社会主义事业的建设者与接班人。另一方面，学生通过问题情境的探究，不断提升探究问题及解决问题的能力、不断提高创新意识和问题意识、提高参与学习的积极性。

二、引导式教学法的特征

从引导式教学法的概念界定中可以看出引导式教学法构成要素主要有问题、教师、学生、探究、互动等几个方面，因而问题引导式教学法具有以下基本特征。

（一）问题设计的有效性

"问题"是问题引导式教学法的主线，是唤醒学生问题意识的开端。可以说，一定的问题能够激发学生学习知识的欲望，激发学生主动解决问题、寻找答案。传统的"教师问、学生答"的教学方法中，教师通常会直接抛给学生一些简单的"问题"，学生一般不需要深入思考就能回答，这种缺乏对问题深入思考的问题，难以促进学生对知识的深入理解。而在问题引导式教学中，教师通过充分思考、反复推敲知识内容来设计问题，并将设计的问题嵌入相关情境之中，课中再以问题为线索，以情境点燃学生学习的"火焰"，让学生快速进入思考的状态。同时给予学生一定的思考时间，组织小组进行交流、探究与解决问题以获得相关知识。问题引导式教学法中设计的"问题"能够使学生对"问题"有一个深入的思考与探究的过程，让学生先探究然后才揭示其知识原理，吸收与掌握知识。这也体现出问题设计具有有效性这一特征。

（二）教师作用的引导性

我国著名教育家叶圣陶强调："教师一定要善于引导学生、启迪学生，而非让学生被迫聆听、接受。"主张发挥教师在教学中的引导作用，而不是强迫学生聆听、接受知识。在引导式教学法中要求教师在教学中以引导为主，直接给予为辅，侧重于教师在教学中的引导作用，具有引导性。其引导性主要表现在引导学生参与问题情境的探究及引导学生掌握科学的学习方法。一方面，在学生探究问题情境时，帮助学生分析问题情境、给予学生适当的提示，引导学生利用所学的知识去思考问题。另一方面，当学生遇到难题时，及时与学生交流、了解学生的动态及自身能力水平，以协作者与监督者的身份加入学生的探究问题解决活动，不断鼓励引导学生积极思考、引导学生利用所学知识去探究与解决问题，从而获取新知识。在整个教学过程中，学生是课堂的主人，教师则是学生学习的引路人，体现出教师作用的引导性。

（三）学生之间的探究性

在传统的"灌输式"的教学方法中，教师通常是将书本知识直接灌输给学生，学生没有经过深入思考与探究的过程，对知识的理解变为知其然不知其所以然，导致学生难以深入理解、灵活运用与长时记忆。养成依赖教师、依赖教材、问题意识薄弱、学习积极性不高、主动性不强的消极局面。与传统的教学方法不同，引导式教学法更加注重学生之间的探究性。在课堂中，教师提出问题后，通常以小组的形式使学生主动参与问题情境的探讨，并且学生只有通过探究才能解决问题，获得答案，体现出学生之间的探究性。让学生对知识的理解有一个深入交流与探究的过程，以此加深对知识的理解与运用，这也体现出了引导式教学法注重学生之间的探究性这一特征。

（四）师生之间的互动性

良好师生互动是引导学生掌握正确的学习方法、提高学习能力的努力方向。而在问题引导式教学法实施过程中，十分注重师生之间的互动性，要求改变传统教学中一贯以教师提问、学生回答的教学风格，让提问的对象可以是教师向学生提出问题，也可以是学生向教师提出问题。并且在教师结合学生实际情况向学生提出问题之后，并不是把自己"摘干净"或站在一旁等着学生回答问题，而是要与学生进行互动、耐心聆听学生的答案、结合所学知识给予学生引导，将学生的回答引到所学知识点上，全过程与学生进行有效互动，扭转了传统教师只负责提问、学生只负责回答的师生单向"发声"的局面。教师不再是单一的知识提问与传授者，学生也不再处于被教师"牵着鼻子走"及"按着牛头吃草"的被动接受局面，学生能够在与教师的互动中，积极表达自身的想法，激发学习的积极性。同时通过与教师的交流互动，学生逐渐掌握思考问题的方法，由要学习到会学习转变，充分发挥主观能动性，激发求知欲。

第三章　新时期高校学生教育之教学内容

新时期，我国教育事业得到突飞猛进的发展，其教学内容也发生了较大变化。本章内容为新时期高校学生教育之教学内容，分别从文化知识教育、思想道德教育、心理素质教育、创新创业教育四方面进行全面分析。

第一节　文化知识教育

一、高校文化知识教育现状

（一）课堂气氛较为沉闷

在高校教学中，由于课堂中教学内容较多，而课堂时间短，教师和学生之间缺乏互动，课程内容的推进比较缓慢，还存在一些学习能力较差的学生会跟不上课程开展进度的情况。而且由于一些专业课程内容较为枯燥，会发生教师在讲台上滔滔不绝，学生在课下窃窃私语的情况，不能引起学生的学习兴趣。所以，这就需要通过教学改革，改变传统课堂的教学模式，转变高校教学中教师的主体地位，提升学生在课堂中的参与感，让学生拥有更强的学习自主性。

传统的教育对知识的传授就只是"灌输"。然而，当今时代的教育也还存在"满堂灌"的现象。首先，上课成为学生的一种外在的强制，在课堂上，很多学生经常玩手机、睡觉、聊天等。与此同时，当考试来临时，很多学生选择临时抱佛脚。因此，上课成为一种外在的强制。归根到底是教学方法未能引起学生的兴趣和共鸣，没有能让学生真正去接受，去认同。其次，课堂被教师"垄断"。"因材施教"中深刻体现了要发挥学生的主观能动性，但是在现实情况中，整个课堂几乎都是教师在控制，学生主观能动性没有得到充分发挥，导致整个课堂气氛沉闷。最后，教学方法缺乏针对性。不同学生的理解能力、认知能力、学习能力都是有差异的，不能搞"一刀切"。许多高校教学方法较为单一，难以激发学生的学习热情，增加他们的参与感。

（二）学生的专业水平存在差异

在高校的教学中，小班教学的教学效果要比大班教学有着明显的优势。但是由于教师的数量较少，并且教学安排较为紧凑等原因，高校教学班级还是存在人数较多的情况。在同一个班级中，不同的学生学习行为习惯和学习的能力、认知的水平有着较大的差异，这会对整个班级的教学质量产生影响。并且高校的学生在刚刚进入大学校园时，对将要学习的专业课程非常陌生，而且部分学生也从未接触和了解过这些较为深入的知识，存在基础薄弱的问题。

（三）高校教学资源库应用中存在的问题

在目前的高校教学中，使用到的教学资源只有教材。但是在具体的教学中，由于信息科技的发展，学生对于枯燥的教材内容提不起兴趣，而且只凭借一本专业课程教材难以提升高校的教学质量，也无法提升学生的综合水平。随着互联网的推进，在教学中应有效利用丰富的互联网教学资源和网络中多元化的教学信息。

1. 教学主体不明确

教学资源库建设的主要目的是融合我国各地的优秀教学资源，从而促进高校间的资源共享，实现教学质量的提升。教师要将学生作为教学主体，形成统一的教学规范。但在高校教学资源库的融合过程中，部分高校管理意识不强，其资源库整合具有不规范性，进而导致一系列的问题。到目前为止，我国的高校资源库整合中多采用 IEEE 的对象及数据为规范整体，将资源库融合及整理，提升资源间的融合性。随着教学内容规范的发展，我国高校信息化教学模式逐渐成熟，但在此过程中高校资源教学具有一定的不确定性，其资源库建设及运行中存在着一定的问题，资源库的系统整合不规范、发展不科学影响着我国高校资源信息库的整合，造成信息化发展滞后。我国高校资源库教学多以"小手工作坊"的形式为主，其教学模式具有不规范性的特点，教学资源库建设多为学校为了某节课而临时制订，不利于信息资源的现代化建设及发展。资源不规范性管理不利于资源库间的融合，造成信息资源系统间互通性差的现象，从而降低了资源共享的效率。

此外，IEEE 的学习对象数据规范间存在着互通性强、融合性高的特点，但高校进行信息化教学时，对学习对象的规范具有不确定性，进而导致其教学质量的滞后性。信息资源库中 ADL 的 SCORM 规范中的内容操作具有不确定性的特点，导致高校教学中信息化教学策略及过程的忽略，不利于高校教学的现代化发展；同时，部分学生在使用教学资源库学习时，学校缺乏监督，导致学生在应用上存在着问题，从而降低了教学资源库的利用率。

2. 教学内容分散，教学模式不规范

教学资源库的建立包括投影、幻灯片及录音带等，将不同的信息进行汇集，从而实现资源的整合。教师在进行教学资源信息化教学时，部分学校的资源整合较分散，教学模式也具有不规范性，因此要结合高校资源库的教学与整合，实现教学资源间的共享。部分高校具有一定的局限性，不利于资源的整合与规范，降低了资源运行的效率。部分高校的资源库建设宣传具有不规范性，高校师生对其了解不全面，从而导致了高校的资源浪费，降低了教学效率。同时，高校之间缺乏连通性也不利于教学资源的联通，不利于我国高校教学的现代化发展。此外，建立教学资源库的过程中，部分教师的技术操作不到位，降低了教学资源库的建设效率，师资队伍中也存在着人员不足等情况，这些都阻碍了教学资源库的建设及发展。

3. 资源共享性差

资源共享需要将教学内容与时代发展相结合，进一步提升教师与学生之间的融合性。但部分高校中的教学资源库与其教学目标存在着不统一的现象，其宣传力度不足，教学资源的交互性较差，导致高校教学资源间的不共享，从而降低了教学的效率，这不利于教学方式的转变。此外，部分高校的教学资源与教学模式间不具有联通性，进而导致高校信息化教学体系的不合理性，造成了一定程度的资源浪费。

（四）管理理念及管理方式陈旧

在当前新时代发展背景下，高校文化知识教学管理要结合当前的时代需求，实行以人为本的教学发展理念，深化落实新型教学理念模式，全面促进学生学习成长。在当前的高校教学管理过程中，还依然沿用以往的教学管理方式，学生依然处在被动管理的状态之下，在这种模式中学生基于以往的师生关系，对教师往往有着一种隔阂感，在思想上不能够对这种教学管理方式产生认同感，这就导致了学生对抗情绪的产生。大学生由于都已经成年有自己的思维想法与行为方式，在这种硬性的条例规则下，学生难免会产生负面的情绪，严重的将导致学生与教学管理者产生较深的矛盾。在新教学发展理念的背景下，这种教学管理方式已经很难适应时代的发展要求，具体的教学管理成效亦不能发挥出真正的价值，难以达到教学管理的工作目标，也不符合当下教学管理理念。

（五）灌输式教学法

对于开展高校教学工作，我国高校长期以来一直采用灌输式的教育方法，这是我国各大高校最普遍、应用最广泛的教育方法。灌输法具有操作的便捷性和传播的方便性，但这一教学方法也存在很大的不足，一味地对学生进行灌输，既不能调动学生的积极性，也没有让学生进行充分的思考，更不能了解学生品德方面存在的实际问题，只是流于形式，一味地灌输。在灌输式教学中，教师往往是以一种固定的模式来传授原本丰富多彩的知识，学生无论认知水平如何，都必须跟着教师学习，这就导致了优秀生原地不前，后进生跟不上步伐，学习效率极其低下，没有尊重学生的个人差异。随着科学技术的不断加速更新发展，高校工作者应该积极探索新的教学方法。作为高校的教育工作者，要善于利用时代赐予我们的机遇，结合时代发展的要求，勇于创新工作方法，善于从现实需要中发现方法和技巧，为我国社会主义现代化建设培养一批又一批理想信念坚定的合格人才，为实现第二个百年奋斗目标而贡献出当代青年应有的力量。

（六）忽略学生的个性

我国许多大学的教学往往采取一种统一的方法，没有注意到和理解到不同学生的主体性差异。现实中，每一个学生都是独一无二的个体，如果不去了解每个学生的不同点，而是一味地采取一成不变的方法和手段，久而久之，会导致高校教学的实际效果不佳。当代大学生有想法，有活力，有个性，面对枯燥的思政课堂难以集中学习，作为新时代的高校教学者，必须花费一定的时间去关心、关注每一个学生，只有了解到每个学生的不同点，然后"对症下药"，激发出他们身上的潜力，教学工作才能不断地在实际中取得成效。相反，如果不注重学生的差异，而只是一味地照本宣科，那就不可能达到教学的目的，也不可能为我国现代化建设培养一批又一批合格的人才。要做好高校教学工作，高校的教学者必须有敏锐的观察力，发现学生的特点，经常和学生谈心，成为学生的良师益友。这样学生的潜力才能被挖掘出来，我国高校的教学工作才能取得实质性的效果。

通常来说，不同专业的学生在思维方式、学习方法、处事风格和兴趣偏好等方面都存在较大的差异性，因此他们的学习需求也不相同。例如，课堂上，管理类专业的学生需要更多的案例分析或小组展示等环节来锻炼自身的思维能力、语言表达能力、协调能力等，进而提升专业素养；文学类专业的学生则需要更多的文学作品鉴赏环节来丰富自己的知识储备；工学类专业的学生则依赖于反复的实验操作提升熟练程度。

然而，目前的高校课堂教学过程中，还存在着同一门课程在不同专业班级的讲授差异性不大，且没有根据不同专业学生学习的特点有针对性地更改教案以及调整教学内容和形式等各种现象。产生这种现象的原因主要有以下几点。第一，高校教师对课堂氛围的期望值不高。大学教育区别于初高中教育很重要的一点在于给予了学生充分的自主性，学生可以自主规划大学生涯，不再单单以课程分数的高低来衡量一个学生的综合素质。基于此，课堂上只要学生做到不干扰正常的教学秩序，不影响其他同学的学习，教师便不过分强调课堂纪律。第二，教师的个人精力有限。高校一线教师的工作除了上课备课，还涉及科研任务，如承担项目、实践调研、撰写学术论文、学术交流、指导学生论文等。其中每一项任务都消耗了大量的时间和精力，留给教师备课和教学的时间并不多，导致其在备课中无法投入充分的时间和精力去思考怎样有针对性地进行课堂教学。第三，教学方式缺乏创新。传统课堂仍然使用讲授式方法对大学生进行课堂教学，形成了教师的"一言堂"的现象，教师缺少与学生的互动交流，学生在课堂中缺乏参与感。部分教师选择新兴的课程教学辅助工具，如雨课堂、云班课等开展课堂教学，在一定程度上提高了学生的学习兴趣，然而随着时间的推移，学生的新鲜感会逐渐消退。

（七）大学生自我管理意识不足

在当前的高校教学管理过程中，由于学生主体已经发生了改变，当前学生大多是"95"后，由于受教育环境不同，他们在学习生活中深受互联网信息影响，与之前的学生有着较大的不同，更加追求自由与激情，对新鲜的事务总是充满着强烈的好奇心，思维想法活跃，且有着强烈的叛逆心理，在处理问题的过程中由于缺乏一定的生活经验，遇到问题往往容易产生偏激的情绪，缺乏运用理性思维思考的能力。根据当前的教学管理反映出，部分学生进入大学生活后，由于脱离了父母的管束，在学习上摆脱了高中的学习压力，从而在思想上彻底放松自我，在对自身的约束上往往选择放任的态度，对待学业不够认真。大学校园作为半开放式的教学环境，学生在此学习生活中不可避免地受到外来社会环境的干扰，在当前信息化时代的发展过程中，由于各种思想理念层出不穷，学生很容易受到这些问题的干扰，这表现在当前教学管理中，部分学生由于自我管束能力欠缺，造成逃课、旷课、沉迷网络等现象，更有甚者受到社会价值观念的影响，提倡超前消费，在这种消费观念下，学生由于缺乏一定的社会法律意识，造成了大量的网贷现象的发生，这对学生未来的学习成长及人生规划有着一定的消极影响，部分学生在心理作用下一次次地妥协，最终酿成不可挽回的悲剧。在当前的信息化时代发展背景下，不乏看到各种大学生负面新闻，这些无一例外都是由于在思想认知上没能够形成正确的观念意识，从而导致悲剧的发生。因此，在当前的高校教学管理过程中，教师要明确教学对象，积极转变教学管理方式，以便有效地促进学生学习成长，使学生养成正确的思想文明意识。

（八）大学生心理问题相对突出

在当前的教学管理过程中发现，随着生活水平的逐渐提高，学生在实际生活中有着优秀的学习条件，这对当前学生的学习来说是一件好事，但同时应该注意到当前学生由于缺乏对生活的实际体验，面对困难挫折时往往束手无措，心理承受能力差，在面临当前的人际交往及学习就业、原生家庭方面的问题时容易产生大量的负面情绪，不能够从思想上对自己进行正确的疏导，从而留下了心理上的创伤。在当前高校教学管理工作中，相对缺乏专业的心理咨询疏导，学生在心理上的问题得不到及时有效的疏通，这对当前学生的学习成长具有严重的影响作用。

高校教学作为教学育人的重要场所，不仅仅应该教导学生基本的知识概念，更应该培养学生正确的人生态度，从思想上对学生进行教学引导。当前大学生由于缺乏实际生活体验，心理承受能力差，这对当前高校教学管理工作是一项严峻的挑战，在这一方面势必要引起社会学校家庭方面的共同关注。

（九）互联网信息时代的精神冲击

随着互联网电子信息技术的不断发展，学生在日常学习生活中对手机电脑的依赖程度日益加深，学生只要通过手机移动端就可以了解到当前各种热门事件。但值得引人注意的是，当前网络安全问题并未得到彻底的清除，在经过处理的信息中还存在相应的负面信息，当前学生并未完全形成自主的人生观，对待问题不能够有着清晰的认知，加之当前大学生自我管束能力较差，很容易受到来自网络负面情绪的影响，从而形成错误的价值观念，以至于在学习生活中不能够很好地解决人际关系，从而为教学管理工作增添了难度。

（十）针对一线教师教学的激励方案亟待完善和丰富

从强化理论视域出发，目前高校针对一线教师教学的激励方案侧重于以物质奖励为主，即使用正强化物如奖品和奖金等进行强化，但忽视了其他激励因素以及负强化物的影响。具体原因有以下几点。

第一，在选择正强化物中忽视了精神激励的影响。相较于物质上的奖励如奖金、奖品等，精神方面的激励，如提供培训和晋升的机会等更能激发高校教师的个人潜能。为了跟上时代的步伐，各行各业都要树立终身学习的理念，高校教师作为知识的传播者，更需要通过不断的学习培训机会等精神激励，丰富自己的知识储备，拓宽眼界，保持创新性，站在时代前沿，以保证自己教育出的学生能够满足未来社会发展的需要。而目前高校对教师的精神激励还不足，教学培训和通过教学成果而晋升的途径相对较少。

第二，没有重视负强化对高校教师教学过程中不当行为的规避作用。高校一线教师的工作本身具有高度的专业性，高校教学工作部门针对教学的监控管理更是充满挑战性。针对教学过程中出现的不当行为，高校更侧重于对教师采取事后的惩罚措施如通报批评等，而忽视了负强化在其过程中带来的预防作用。通过事先的培训，告知其不当行为可能引起的教学后果，发挥负强化的作用，更能起到相应的规避作用。

第三，没有较好地利用信息反馈增强强化效果。高校教师由于职业的特殊性，其工作成就感往往来自学生的认可。目前看来，高校人力资源部门和教学工作部门对一线教师的管理限制较大，过多地关注于对教学事故的处理而忽视优质典型教学案例的传播，使高校教师难以接收到学生的正向反馈，从而在调动高校一线教师的教学积极性方面有所欠缺。

（十一）普遍重视科研成绩而忽视教学成果

部分研究型大学的定位，决定了教师个人目标是朝着科研项目和论文的方向努力的，形成了一种"目标—行为—后果"的强化模式。在重科研、轻教学的大环境下，高校在人员招聘方面，会倾向于引进科研水平高的员工，给予其更高的待遇。同样，在绩效考核阶段，高校也会加大科研的权重，给予科研成果丰硕的教师更多的奖励；对教学成果丰富而科研成果一般的教学名师，却缺乏相应的鼓励措施；更有甚者，会对科研成果不达标的教师采取相应的惩罚措施，如扣除相应的绩效工资、失去职称评定资格等。久而久之，更多的高校教师会将时间和精力投入科研项目及科研论文中，只剩少部分时间精力放在考核权重不高的教学备课环节，从而难以提升教学授课水平。当一线教师运用在教学上的时间被压缩时，制作教案、上课、批改作业、答疑等日常教学工作将处于低质量水平，而课堂上教师的状态和精神风貌在一定程度上决定了学生学习兴趣的高低，这种对教学质量低要求、对学生参与低期望的行为对现阶段高校教学管理的健康发展是极为不利的。

（十二）教育者的理论功底较薄弱，不能透析教材

新时代，扎实的理论功底是衡量教育者专业水平的重要标准。但在高校教学中，教育者理论功底还较为薄弱，对教材的把握还不够全面，难以激起学生的参与感，导致教学质量不佳。可见，教育者缺乏扎实的理论基础，难以提升教学的质量。

（十三）教育者的教学内容空洞，不能联系实际

近年来，高校教学在教学内容方面有很大改善，但还存在不少教学内容比较空洞和脱离实际的现象。首先，教育内容偏向教材。教育者在教学过程中过分依赖教材，偏向智育，没有将教材与学生的具体实际结合起来，使得教学内容枯燥乏味，成效甚微。其次，教学内容脱离学生实际。在实际教学中，为了追赶进度，教育者将教育内容一笔带过，没有结合学生成长规律、接受程度、兴趣爱好等，导致学生课堂参与感被剥夺，造成教师的"教"与学生的"学"相分离。最后，教育内容脱离现实生活。一切的教育都来自现实生活，在今天的教学中，理论脱离实际，没有将教材与实际联系起来去组织教学的现象还屡见不鲜，使学生在教学过程中未能获得更好的发展。

二、高校文化知识教育优化策略

（一）加快高校教学管理工作创新

1. 完善管理机制，树立育人教学观念

在当前新时代教学发展背景下，教师要能够及时地针对学生目前学习生活中存在的问题进行解决帮助，从实际出发，在教学管理实践中基于以往的教学经验，并且多学习他人的优秀教学管理经验，逐渐探究出一条适合当前学生学习成长规划的教学方针。坚持以人为本的教学理念，在教学过程中注重对学生进行教学启发，从而促进学生能够身心健康全面成长。校方在管理制度方面要与时俱进，尊重学生的各项需求，完善创新教学发展理念工作要求，深刻领会新时代教学发展要求，在制定教学管理规定的同时根据学生的心理特征，从学习生活实际出发，进行人性化教学管理新途径。

同时在教学管理过程中，注重"德育"教学工作，教师在平时的教学活动开展过程中，要尊重每一位学生的个体性差异，引导学生养成积极的人生观，并且在日常的教学管理过程中，当学生出现错误时不能一味地进行批评指责，要从思

想上使学生明白自己的错误，用情感教育感化学生，同时注意掌握批评教育的尺度，让学生明白自己犯下的错误，并且在今后不再犯相同的错误，以此达到教学管理的工作目标。

2. 加强学生思想教育意识，提升自我管控能力

大学生活对学生的成长具有重要的促进作用，由于脱离的父母管束，学生在自我学习生活中表现出来的态度对今后的影响具有重要意义。因此高校要开展思想教育工作，对学生进行思想观念的正确引导，并且将思想政治教育渗透到教学管理工作当中，从内心深处对学生进行教学引导，使学生养成正确的思想观念，从而有效地提高学生的自我管控能力，从而激发学生的自主性，实现人性化教学发展理念。在具体的工作安排中，实行课堂教学到寝室辅导的教学规划，教师通过日常在课堂教学活动中对学生进行思想品质的教导，以全新的教学模式对学生进行教学引导启发，通过课堂教学，培养学生养成正确的自我管控能力，加强法治文化教育工作，使学生树立起正确的法治意识观念，且作用于日常生活，养成遵守校纪校规文明习惯，定期组织开展班级会议，针对学生近期的学习生活情况进行沟通交流，使学生通过与教师同学之间进行有效的互动交流，增进彼此之间的情感，以便在教师的引导下进行共同学习成长。同时作为教学管理的重要工作者，辅导员在日常的工作中，不仅认真完成院校安排的教学管理工作，更要深入学生当中，积极与学生之间进行沟通，针对学生在学习生活中存在的问题做到及时有效的指导帮助，提高学生的自我管理意识，加强教学引导工作。

3. 开展心理辅导，提高学生的身心健康

在当前的高校教学管理中，校方要积极筹措教学心理咨询相关工作，为学生提供完善的心理疏导机构，对外聘请职业的心理医生及专家，对学生目前心理上存在的问题进行疏导帮助。在组织形式上，可以多线推进工作安排，通过线上构建网络心理咨询平台，学生运用移动端或者网页客户端与相关的心理医护人员进行线上沟通，学生在需要的情况下可以申请线下一对一的心理学专项辅导，这样极大地方便了学生的学习健康发展，学生可以随时随地通过网络进行心理咨询，对当前学生的心理状况有着极大的帮助作用。另外，校方要组建相关心理咨询室，聘请优秀的心理专家，以此强化高校综合教学管理能力，对学生的心理健康成长及教学管理创新发展具有重要意义。

（二）借助孔子教育伦理思想

1. 因材施教——注重培养大学生的方法

按照马斯洛的需求层次理论，人的需要分成生理需求、安全需求、社会交往需求、尊重需求和自我实现的需求。可见，孔子"因材施教"符合人的不同需求。在孔子的教育伦理思想中，"因材施教"始终是一个不容忽视的重要教育原则。当今时代的青少年有个性，有思想，追求自由，各有不同的特点。高校教学工作者必须充分认识每一位学生的个体差异性，深刻认识当代大学生的个性特征，才能有针对性地开展高校教育工作，才能取得理想的效果。传统的教育方法将学生视为没有区别的统一体，看不到学生之间的区别，这种一成不变的传统做法已不符合时代发展的要求，也必将被时代抛弃。教师采取因材施教的方式开展高校教育工作，对学生有针对性地了解，了解到每个学生的不同点和特长，发挥他们自身的优势，教师只有对学生有针对性地了解，才能更好地对学生进行教学。

2. 有教无类——对所有学生都是平等的

子曰"有教无类"。孔子教授的学生，不分国界，就其地理位置而言，既有来自鲁国的上等贵族，也有来自其他国家的平民，如卫国、宋国、吴国、楚国、秦国等；既有家庭富裕程度较高的上等贵族，但更多的是生活在社会底层的平民；既有智力超群的学生，也有反应迟钝的学生，学生的种类参差不齐。作为已经步入新时代的中国，"有教无类"的教学方式给我们今天的高校教育工作者带来了一个很重要的启示，那就是要公平、公正地对待所有的学生，不要受其他外界因素的影响，比如学生的家庭背景。在现实中，很多教师会受到学生的家庭背景的影响，考虑学生是不是官二代、富二代，而对这些学生进行特殊关照，更有甚者，为了利用学生家里的资源而去讨好学生。这样做对其他学生是不公平的，其他学生也只会对这样的教师越来越疏远，学生更会对高校教师产生不好的印象，这不利于高校开展教育工作。另外，现在更不能有性别歧视，不要把男女学生区别对待。公平、公正地去对待每一位学生，这个是大学教育者最需要重视的一点，只有这样，才能有更多的学生选择信任教师，高校教育工作才能取得成效，高校教育工作才能实现其初衷。

（三）完善高校教学资源库建设与应用

1. 转变教学方式，以学生为主体

高校教学资源库的建立需要将教学方式作为主要目的，从而提升教学效率，实现二者间的融合发展。教学资源库要将学生作为主体，进而实现其教学方式的

现代化发展，提升教师的教学效率，提升学生的学习兴趣，进一步保障高校教学的规范性发展。高校在进行教学资源库建设时，相关人员要考虑到高校的教学内容，从而进行资源的合理性建设，使其满足教学要求，实现高校教学的现代化发展；同时，高校要以学生的兴趣和性格特点为依据进行建设，有针对性地开发资源库，完善高校的教学模式，保障其现代化的发展。此外，高校教师要将课堂的内容进行整合，促进教学内容符合课程内容的要求，帮助其建立教学内容间的关联。资源库建设有利于帮助学生建立完整的学科知识理论体系，将新旧知识进行串联，提高学生的逻辑思维能力。教学方式的转变能够增强学生的心理认同感，提升高校教学质量，满足现代化教学的使用率，提升教学效率。

2. 以内容为核心，规范教学模式

教学内容是高校教学的主要内容，要将其进行规划整合，以实现高校教学的现代化发展。一般而言，我国高校教学中多将学校分为学院分层教学，其相互间的连通性较少，进而导致教学资源间的连通性较差，不利于教学资源库的整合。因此，高校要转变教学理念，保障其建设及开发的规范性，提升高校教育的高度，从而保障教学资源及效率的发展。高校要根据自身的特点，进行教学方式与内容的规范性制订，围绕教学的目的及手段展开，进而形成统一、有序的教学手段，实现现代化教学的应用。例如，部分高校可以参考成功的案例进行教学资源的整合，从而进行高校的现代化建设及发展。中山大学"博学工程"的建设就是将教学资源库进行整合，将化学及计算机领域引入信息化的技术，提升高校教学效率。例如，教师进行"建筑识图"教学时，可以使用教学资源库查找资料，并将课程内容与信息化技术相结合，将书本上的知识立体化，转变教学形式，丰富教学模式，更加便于学生的理解。

3. 实现资源库集中管理，形成资源共享

资源的集中性管理能够转变高校教学方式，将资源库进行整合，进一步实现数据的现代化发展。相关人员在建设教学资源库时，要形成数据的统一性，进而形成数据库建设标准，满足高校发展要求。目前，我国的资源库建设分为两种方式，从公司购买已开发的资源或高校组织教师及技术人员共同开发，实现资源库建设及发展的现代化。我国高校教学中存在着教学资源少、范围小的特点，因此要转变教学形式，实现信息化资源与高校教学模式之间的联通。进行信息库资源规划时，相关人员要将管理平台规范化，从而实现二者间的联通及统一，将学生及教职人员的信息进行登记，保障信息平台的使用频率，增加学生与教职人员间的心理认同感，这有利于高校师生的检索，形成高校知识间的联通性发展。教学资源库的建立也为企业及社会工作人员带来了便利条件，使其可以自行进入教学资源库进行学习，进而实现全民终身学习的发展。教学资源库不仅服务于各大高校，同样也能够为社会各界人士提供便捷的条件，节约资源查阅的检索时间。

高校资源库要以应用为基础，从而实现对教学内容的指导，提升高校知识的整合，形成教学指导。其中，信息库能够在短时间内将使用者想要检索的信息进行处理提炼，提升教学资源的应用率，实现教学效率的提升。相关人员要根据教学资源进行整合，从而形成动态的教学资源建设，进一步促进教学资源的融合与更新，转变高校教学发展的方向。因此，设计人员要将教学信息资源与使用者之间进行联通，满足其资源设计与发展需求，提升教学资源信息对学生及教师的吸引力，引导更多的人参与到现代化资源的使用中，促进高校教学的现代化发展。此外，相关人员要以其使用及发展的效率为基础，将教学质量及手段放在教学首位，从而实现高校教学硬件与软件间的互补及融合，改变教学方式。随着信息化的不断发展，高校资源库建设逐渐成为其发展的主体，要将高校内部的资源进行整合，将教学内容、编制标准等统一规划，在了解相关人员实际需求的基础上进一步提升高校教学效率，实现资源共享的发展。教学资源共享需要对高校的重点教学内容进行规划，从而将技术与课程进行整合，建设规范性的资源共享平台。

高校教学资源库建设与应用对策有利于转变高校教学方式，实现其教学资源的整合。其中，高校可以通过转变教学方式，以学生为主体，以内容为核心，实现资源库集中管理，形成资源共享，从而提升各高校教学资源库建设的效率。

（四）"产学研用"协同育人背景下的高校教学创新方案

在"产学研用"协同育人模式的多元主体交互场域中，高校能进一步明晰自身办学定位，以行业需求为准绳，制定人才培养方案，着眼教学实践，将科研成果内化为授课内容，切实提高学生的创新能力和应用能力，以适应社会对人才的多样化需求。

（1）高校教学创新的思路转换。首先，高校需转变办学理念，以提升学生创新能力、思维、素质为重点，整合各类优质教育资源，完善创新实践教学体系。其次，要优化教学方式，可通过多媒体展示，企业内部参观，联合项目实训等方式做到理论与实践的统一。最后，创新课程的开发应结合市场需求，开设与本专业前沿知识技术相关的创新性实验课程，培养学生自主探索学科前沿和进行实验设计能力。

（2）打造互联网实验平台。网络教学与课堂教学的结合能推动优质资源共享，打破学科壁垒，实现对实验设备和网络教学资源的重组。具体而言，互联网实验平台上能设置各个学科专业的实验项目数据库，不但能提供常见仪器、软件的使用演示视频，还能进行微课制作、在线测试、虚拟讨论等环节。互联网平台和课堂平台相互补充，有助于学生对课程的整体理解和应用，培养学生的创新实践能力及潜力。

（3）建立虚拟仿真教学平台。虚拟仿真教学利用网络教学多媒体技术营造逼真的实验场景，改变了枯燥的机械化教学形式，学生可在虚拟仿真教学平台上以 VR 技术沉浸式地观察厂区结构、了解机械设备的构成及工作原理；教师亦可根据教学目标，设计实验项目，让学生在平台上进行 VR 虚拟仿真实验，教师可通过平台对学生的操作进行远程指导，同时平台系统针对实验错误能自动提示，对教学成效能自动统计反馈，这样的方式有助于培养学生的问题分析能力和终身学习能力，使学生更深入地掌握专业课程的核心内容。

（4）完善科教融合培养方案。创新人才培养的关键是让学生拥有更多元，更富创造力的学习过程。高校要将教学工作和科学研究相结合，为不同专业学生制定针对性转型发展方案，教师把最新研究成果转化为教学内容，设立创新性实验项目，引导学生参加教师研究团队的子课题，激发学生的问题意识，鼓励学生从被动地接受课堂知识转为主动地研究学习。同时，课程教学中学生的助力与反馈也能反哺教师的科研工作，帮助提高教师的教学水平与科研能力。

（五）在学生群体中应用好激励理论

对于学生，也应坚持以人为本的根本原则，紧跟时代发展和对人才素质的时代要求，重视学生的权益，充分了解学生的心理、人格发展需求，多渠道多元素激励学生在精神气质、文化素质和社会能力上的综合发展和提高。

一是细化激励管理内容。高校可以根据学生不同的实际需求，将学生的需求分成几个类型，在精神激励上给予表彰、颁发证书，提供留学、交换生等深造机会等各种方式，在物质激励上给予奖学金、竞赛奖金、科技创新等物质奖励，以及其他的一些奖励手段，满足学生不同需求，调动他们学习的积极性。二是运用多元化的激励手段。如可以采用目标激励法来提高学生的专业学习兴趣。目标的树立能让学生明确学习的方向，有利于其学习兴趣的激发。所以教师应当结合学生个体差异与特点来合理设置相应的学习目标，一旦学生达到该目标就应当及时对其进行肯定与表扬。反之则需要及时将其原因找出，并帮助其实现目标。又如可以采取竞争激励法来营造优良的学习氛围。教师在实际教学过程中可以结合课程内容来开展小组合作，让各小组间进行比赛，这样不但能够有利于学生团结协作以及荣誉感的培养，而且还能形成良性竞争氛围。三是为增加激励效果，发展和巩固道德行为，对学生也要制定相应的处罚制度。主要做到：以规范学生行为来明确处罚目的；制定切实可行的纪律制度与规范，将多数人的利益进行突出体现；遵循适度原则，以批评、引导、教育和帮助为主，注意处罚应掌握的分寸，如学生改正了错误则立即取消处罚，相应地还可以给予一定的激励或奖励。

第二节　思想道德教育

一、当代大学生的基本道德需求特征

（一）道德需求的差异性

对于不同的大学生个体来讲，学生道德需求也并不是完全相同的，而是带有特定的需求差异性。从本质上讲，道德需求之间的差异性根源就在于当代大学生的个体精神境界及人文道德素养具有差异。因此从道德需求的层面上来讲，道德需求之间的差异性无法被彻底避免，高校以及相关部门只能通过运用正确的手段来缩小大学生个体之间的道德需求差异。

除此以外，道德需求差异还应当体现在不同年龄段的大学生群体之间。大学生在自身逐渐成长与成熟的过程中，内心道德需求也会随之而产生相应改变。从上述角度来讲，大学生群体的内心道德需求具有随着年龄而逐渐出现改变的趋势。为了全面满足不同年级大学生群体的内心道德需求，高校针对不同年龄段的大学生群体应当给予差异化的学生道德教育，突破僵化与单调的道德教育实施模式。

（二）道德需求的共同性

大学生群体在道德需求的层面上虽然具有明显差异，但是学生的道德需求在本质上具有共同性的特征。这是由于，当代大学生所处的整体时代背景具有共同性，并且多数大学生表现出相似的道德情感需求。在此基础上，当代大学生由于具备相似或者相同的日常生活体验、校园学习环境以及个体成长阅历，那么导致学生的个体道德需求呈现相似以及相同的特征。为此，高校必须充分结合当代大学生共有的道德需求及个体情感经历，运用情感疏导及道德引导的方式来实现最大化的道德教育效果。

当代大学生具有共性层面上的道德需求，因此决定了大学生群体需要道德与思想上的正确指引，防止大学生由于欠缺识别能力，进而受到不良情绪与思想的困扰，偏离正确的情感取向与价值观念。高校教师有必要增强沟通高校学生的频率，及时察觉学生的思想认识偏差，对于陷入思维误区的大学生给予耐心与热情的引导，帮助大学生跳出自身的思维与价值取向误区。

（三）道德需求的发展性

对于当代大学生来讲，多数大学生的内心道德需求并非固定性的，而是随着学生的个体成长而表现为变化的特征。由此可见，当代大学生自身的道德需求具有发展性的显著特征。当代大学生正在逐步形成独立的学生个体意识，并且在学生的成长环境中还可能存在相互碰撞甚至相互矛盾的道德情感因素，导致很多当代大学生产生了各种情感疑惑与道德困扰。当代大学生的内心道德疑惑如果没有得到及时的解决，则可能造成大学生呈现某些极端情绪。在情况严重时，某些大学生甚至产生厌世的情感倾向，造成悲剧的产生。

为了帮助当代大学生顺利应对自身的道德需求发展，那么高校必须认识到个体道德需求的渐进性与发展性特征，不断激发当代大学生对于正确道德取向的认同感。例如，在网络媒体得到迅速发展的当前时期背景下，高校必须着眼于正确引导当代大学生，确保大学生都能摒弃沉迷网络的不良心理倾向，接受向上与积极的内心情感暗示。

二、大学生道德教育与学生道德需求的内在联系

学生道德教育必须建立在当代大学生基本道德需求获得满足的前提下，根源就在于学生道德需求直接决定了道德教育的总体实施思路以及教育内容。道德教育只有建立在特定群体道德需求得以满足的基础上，才能被特定群体接受，呈现良好的德育效果。反之，道德教育一旦脱离了群体道德需求，那么将会表现为空洞与僵化的道德说教形式，无法触动特定群体的内心情感，并且具有较差的德育实效性。

从根本上来讲，大学生的道德教育以及学生道德需求具有内在的关联性，因而体现了紧密结合学生道德教育以及道德情感需求的重要意义。当代大学生群体呈现出独特的人文情感需求，进而决定了大学生的内心道德需求也表现为全新的特征。高校在针对当代大学生实施学生德育的具体过程中，为了保证德育实效性的提升，那么首先必须充分明确学生内心的道德需求，在满足学生道德需求的前

提下才能达到最佳的道德情感共鸣效果，在潜移默化的氛围中培育当代大学生的崇高人文素养。

当代大学生成长于特殊的复杂时代背景下，客观上决定了当代大学生将会面临更为明显的道德冲击与挑战。为了帮助成长期中的当代大学生获得良好的道德情感教育，高校、学生家长及社会相关组织首先必须充分明确当代大学生表现出来的特殊情感需求与道德需求，致力于道德情感需求的全面满足，运用全面创新的举措来提升大学生的道德精神境界，塑造良好的人文道德品格。

三、新时期高校大学生思想道德困惑溯源

当代大学生所亲临的社会环境，教育环境，及学生个性心理特点相较于以往有着翻天覆地的变化，在社会氛围长时间的影响下，学生的思想道德取向将随着时代的变化而发生悄然变化。

（一）社会环境因素

相较于20世纪之前的大学教育所处的社会时期，我国当前正处在社会体制与经济体制转型的关键时期，特别是中国梦目标的提出，使得社会主义核心价值观理念更加深入人心。与之相对的，是对存在的社会问题的一种反应。价值观中所重点提出的平等、公正、诚信、友善所对应的社会问题，如经济生活领域的假冒产品事件，相同工作岗位工资利益分配不公的现象，政治生活领域的贪污受贿、滥用职权等，社会生活角度的信用失格，虚假宣传等。同时由于当今大学生处在多样信息混杂的网络环境下，思想政治干预显得极为必要。如若学生缺失了对是非善恶，诚信美丑划分的标准，就会出现认知价值观失稳，对伦理道德的正确认知出现偏颇，继而影响到大学生生活的方方面面。

（二）教育环境的变化

在当前大学生扩招的背景下，虽然使得更高比例的学生能顺利升入大学，但从侧面上分析此政策，其对大学生思想观念产生的影响也是深远的。从两方面予以分析，从正向角度看，可提升学生追求学术的热情，促使其奋发学习，为社会做出更多贡献。从负向角度看，师生配比过高将导致高校存在教育资源划分、办学条件与社会脱节、专项课题经费投入不足等现状。若每位学生不能受到足够的思想政治干预，那么在外部社会环境，网络环境的影响下，存在着诱发大学生思想道德混乱的可能。

（三）学生个性心理特点的变化

虽然当代大学生的物质生活环境相较于以往有了巨大的提升，但由于其自身成长过程中过于重视学习，缺乏针对心理素质锻炼的相关干预，大学生整体上心理承受能力弱已成为显著的社会问题。网络社会因素对大学生网络道德失范问题的影响，是立足于大学生网络道德失范问题成因的客观原因，也可以称为外部原因。有学者在论述大学生网络道德失范问题的原因时说"先天不足，后天畸形"，"后天"原因就是大学生自身的因素，也可以称之为影响大学生网络道德失范的内部因素。马克思主义哲学告诉我们"内因对事物是起决定性作用的"，多找寻大学生自身内部原因有助于规范大学生网络道德。因此，"大学生身心发展阶段的特殊性"是内因之一。

针对大学生的身心发展阶段所独有的特殊性来看，大学生虽然年龄上属于成年人，但是社会阅历不丰富，生活经验不丰富，心智也不成熟。对网络社会和现实社会认识都停留在表层的、宏观的、抽象的领域，大学生的发展阶段容易受社会思潮、多元价值观的影响。相较于"80后"大学生，"90后"大学生被家长赋予的期望更高，却未施加同等程度的挫折教育，过于重视学习成绩。数据调研表明，"90后"学生在面对困难、挫折、失败等问题将很难自主应对，心理调节能力差。特别是当今大学生以"00后"为主，在上述方面能力的教育更加缺乏，加之中国式父母以学习成绩为重的观点，也使得他们疏忽了孩子道德素质的培养。大学阶段的学生成绩多处于同一梯队，一旦既往学习成绩较好的同学在校园中受到了挫折，抱负与满腔热血成为泡影，采取逃避、悲观、逆反的应对方式，将很容易陷入歧途，引起道德相关问题的悲剧。

青年大学生身心发展阶段的特殊性对网络道德的影响：

第一，自我意识突出影响网络道德行为。随着大学生从繁重的高中学业压力中解放，他们的内心获得解脱，萌发出一定的自我意识，拥有自我意识是好的，侧面反映大学生长大成人了，但过分的自我意识也有一定的消极影响，就是容易演变为个人主义、利己主义，重度的自我意识也会在行为中流露出自私自利的表现，成长期大学生的重度自我意识会演变为自我膨胀、目空一切、藐视法律，在网络虚拟社会中过度的自我意识会严重影响大学生的网络道德行为。

第二，情感发展激烈而复杂，影响网络道德情感。人的身心发展到大学生的阶段，往往会情感丰富，无论男生女生都会多愁善感，在网络社会中就会产生复杂网络情感，表现为迷恋网络社交、沉迷网络直播等。这些失去理性的网络情感，转换到现实社会中会进一步违背道德规范。

第三，意志力不强，导致网络道德失范。大学生的年纪都很轻，性格和心理有很大的重塑空间，他们不坚强的意志力在网络虚拟社会又进一步严重，或许是大学生学习压力大无处宣泄的缘故，又或许是青春期叛逆的原因，大学生的网络道德意志力极其脆弱，他们有很强的报复心，借助网络暴力、网络恶俗语言来报复社会。和成长期自我膨胀一样，大学生在网络社会表现得极易冲动、过分好奇、争强好斗。所以，大学生的网络道德失范表现为：出于好奇浏览色情网站，因为自制力不强，沉迷网络游戏，还有些大学生整日贪玩网络设备外加懒惰，导致荒废学业，引发在网上抄袭、网络学术不端等连锁反应。

研究大学生网络道德失范问题的影响因素，找到大学生的自身原因是第一位的。现今，网络社会的信息量可以用"爆炸"形容，鱼龙混杂的网络信息容易让大学生产生崇拜心态。找到大学生对网络信息的极端崇拜这个主体动因，关于他们的网络道德失范表象就不难理解了。需要指出的是，网络信息有正确和错误之分，适度的网络信息崇拜对推进信息化建设和网络社会发展具有一定的积极作用。

大学生由于不遵守网络社会规范，平时接受的网络道德教育不多，加上自控力不强。就容易盲目听信网络上的信息，认为自己的信息渠道来源正确，认为自己获取的网络信息最新，这些网络道德失范行为容易被不法分子利用。道听途说的信息经过几波"转手"难免有夸张性和虚假性，大学生在网络上散布网络谣言、制造网络谣言、转发网络谣言的原因就在于此。大学生对网络信息的崇拜是一种普遍的社会心理现象，不是我国大学生独有的道德问题，国外大学生也普遍存在这一问题。网络信息崇拜具体就是，对网络信息概念的泛化和信息内容作用的无限夸大，把网络科技功能神化，产生对网络虚拟社会的极端依赖。大学生群体对网络信息的极端崇拜通常表现在，把网络信息所创造的经济效益地位抬高，将网络信息魔幻化和幻想"人—机器人"共存。就是因为大学生对网络信息产生了崇拜之情，才造成了大学生诸多的网络道德失范问题。

青年的理想应该是远大的，应该有坚定崇高的信念。大学生是一个国家、一个民族的希望，大学生崇拜的理想信念应该是社会无坚不摧的前进动力，而不是虚幻的网络信息。一旦大学生陷入对网络信息的盲目崇拜，他们就会伴随网络道德失范行为，甚至会在思想上相信网络封建迷信。

此外，大学生追逐经济利益的心态，是大学生网络道德失范问题的影响因素。大学生大多离开家乡，拥有一定的生活经费，处于半独立状态。但是经济问题一直是困扰大学生生活的头号难题。出于各种原因大学生依托网络社会来追逐经济利益，在此简明分析大学生追逐经济利益心态的原因。大学生追逐经济利益的原因主要是：因为家庭贫困，无力支付学费以外多余的生活费用；大学生对优越物质生活的渴求，金钱至上的心态，以及大学生内心盛行的拜金主义；大学生消费支出的扩大。现在的社会娱乐方式丰富多彩。同时，网上银行、移动支付风靡校园，改变了传统现金、银行卡支付方式，互联网线上经济给大学生消费和购物带来了极大的便捷性。但是，货币的数字化，将消费的货币变成了一串网络虚拟数字，使得大学生在消费和购物时只是感觉到数字在变化，减少了他们对货币的实感，从而失去了对消费和购物的自我克制，放大了消费欲望。消费越多也就有更多的资金缺口，有更多的追求经济利益的心态。在探究大学生追逐经济利益的原因后，可以发现大学生的很多经济活动都与网络社会密切相关，大学生进行这些网络经济活动的同时，一定会产生网络道德问题。

大学生在追逐经济利益心态的驱使下恶意占取网络资源。大学生出于经济原因考量，会恶意占取网络资源做出网络道德失范行为。如大学生在网上收看盗版电影，收听盗版音乐，这样就可以不用支付费用使用正版影视资源了。大学生在网络社交平台恶意转发类似拼多多、美团、抢票等信息，目的是能获得相应的优惠。不购买正版图书资料、不进行付费阅读，也是为了节省资金。如果说这些大学生网络道德失范问题，是由大学生生活窘迫导致，那么很多恶性的网络道德失范行为就会严重危害社会。如大学生受到雇用成为"网络水军"、受雇进行错误导向电影评论与转发信息、在网络消费平台进行恶意评论等，这些都是由大学生追逐经济利益而恶意占取网络资源所导致的网络道德失范问题。

四、新时期大学生思想道德教育载体

（一）爱国主义教育

爱国主义自古以来就流淌在中华民族血脉之中，去不掉，打不破，灭不了。爱国主义是调节个人与国家命运联系的品德要求、政治原则和法律规范，集中表现在爱祖国的大好河山，爱自己的骨肉同胞，爱祖国的灿烂文化几个方面。"爱国主义是维护祖国统一和民族团结的纽带，是实现中华民族伟大复兴的动力，是实现人生价值的源泉。"爱国主义是中国精神的重中之重。在实现中华民族伟大复兴的征途中，深化爱国主义教育，大力弘扬爱国主义精神，培育爱国主义情怀，具有重大而深远的意义。高校是培育人才的前沿阵地，新时代高校思想政治教育必须减少枯燥的理论传授，在教学中培育大学生的爱国主义热情，提升他们的家国情怀。

1. 新时代高校爱国主义教育的重要意义

进入新时代后的今天，世界政治格局风云谲诡、变幻莫测，随着中国的国际地位日益攀升，崛起势头正旺，部分西方势力联合起来对我国施压，在政治、经济、文化等方面展开了一场"无声"的战争。特别是 2020 年，中国进入了"不凡"的一年，新冠疫情给人民的生活带来了较大冲击，在长期的"高压"状态下，人们的思想受到了一定程度的影响，一些西方势力乘虚而入，暗地里煽动公众情绪，挑拨国民关系并加紧了意识形态渗透的步伐，将目标瞄准了正处于"拔节孕穗期"的高校学生，动摇学生的爱国之心、削弱学生的爱国之情、误导学生的爱国之行。因此，国民的民族性需要被再次唤醒，在社会各界广泛开展爱国主义教育，在当今时代极具必要性。

对此，近年来党中央发表了一系列重要指示，2019 年 11 月《新时代爱国主义教育实施纲要》的颁布，为爱国主义教育提出更合时代所需的新要求与新方向，党中央在文件中表明，当前中国特色社会主义已进入新时代，中华民族正处于伟大复兴的关键时期。2020 年 9 月 3 日，习近平总书记在纪念中国人民抗日战争暨世界反法西斯战争胜利 75 周年座谈会上指出："爱国主义是我们民族精神的核心，是中国人民和中华民族同心同德、自强不息的精神纽带。面对国家和民族生死存亡，全体中华儿女同仇敌忾、众志成城，奏响了气吞山河的爱国主义壮歌。爱国主义是激励中国人民维护民族独立和民族尊严、在历史洪流中奋勇向前的强大精神动力，是驱动中华民族这艘航船乘风破浪、奋勇前行的强劲引擎，是引领中国人民和中华民族迸发排山倒海的历史伟力、战胜前进道路上一切艰难险阻的壮丽旗帜！"党的领导人与党中央的重要指示深刻说明了在当今时代开展爱国主义教育的重要意义。

因此，为适应当今国内外形势，契合国家对爱国主义教育的新要求，保护并培养高校大学生这一支势头正足、长势正猛的新生力量，高校应继续完善爱国主义教育，在爱国主义教育上加大改革、优化力度，寻找当前爱国主义教育中存在的关键问题，对其进行深度研究与分析，结合当代青年学生特点与时代所需探寻解决对策，进一步推进和创新高校的爱国主义教育工作，为爱国主义教育赋予新的时代内容与现实意义，以更好的姿态来面对新时代背景下高校爱国主义教育的未来。

2. 新形势下高校爱国主义教育的新机遇和新要求

进入新时代后，高校的教育体系逐渐完善，爱国主义教育也随着教育经验的积累与时间的推移而逐渐成熟，时至今日，高校的爱国主义教育在长期教育实践中已构建出较为完善的教育体系，在教育方针制定、教育内容编排、教育方法应用上均积累了大量的理论经验与实践经验，形成了较为成熟的教育理念与较为全面的教育方案。从近几年社会各机构对大学生群体的爱国情感、民族认同感以及社会公德心等素质调查的反馈情况，近年来踊跃出现在人们视野中的高校杰出青年实例，网络上有关党、国家、社会新闻的讨论区中青年大学生言论的政治走向，以及新冠疫情期间各地方大学生志愿者占的总体比重来看，当前高校爱国主义教育已取得一定的成效。与此同时，教育的不断深入与时代的持续发展为高校教育工作提供了丰厚的物质条件与精神条件，也为爱国主义教育带来了新的机遇与要求。据此，高校应积极响应时代号召，充分把握当前高校爱国主义教育的时代特征，让爱国主义教育焕发时代光彩。

（1）教育的时代性为爱国主义教育提供了全新的理论导向。教育的时代性决定了在不同的历史任务与时代条件下教育所展现出的主要特征与表现形式，这一特性为教育的各个领域指明了前进方向，使其紧跟时代。2019年11月，《新时代爱国主义实施纲要》（以下简称《新纲要》）的颁布为当下的爱国主义教育提供了契合时代特征的行动纲领与行路指南。《新纲要》充分吸收与借鉴了《爱国主义教育实施纲要》颁布后的二十七年间党在爱国主义教育取得的一切理论成就与实践经验，在此基础上立足于新时代背景下中国特色社会主义理论体系与伟大实践，为爱国主义教育赋新魂、添新意。《新纲要》指出，新时代开展爱国主义要以习近平新时代中国特色社会主义思想为理论指导，着重培养人民的爱国意识、丰富爱国认知、激发爱国情感、规范爱国行为等。此外，《新纲要》中还明确提出，教育要聚焦青少年，将青少年作为主要教育对象，虽然处在高校的大多数学生已超出少年范畴，但仍处在青年阶段，还未形成健全且成熟的三观，也应受到同等程度的重视，学校应将大学生的爱国主义教育作为高校育人工作的重点。根据《新纲要》的最新指示与要求，详细对爱国主义教育部署进行相应调整，将新时代爱国主义教育落到实际，增强教育的时代性与针对性，让爱国主义教育与时代所需高度契合，体现爱国主义教育的时代性。

（2）教育内容与手段的多样性为爱国主义教育提供了丰富的教育载体。在爱国主义教育中，教育内容与方法是最为重要的组成部分，前者为深，后者为纵，两者在教育活动中相辅相成共同作用于教育对象，最终决定着爱国主义教育的效果。近些年，随着中国特色社会主义事业的逐年发展与教育的持续深入，爱国主义教育的内容与方法也伴随这一发展和深入的过程而发生更新与演化，《新纲要》中明确提出，要以马克思主义与中国化的马克思主义意识形态为根基，将中国梦与中国特色社会主义、形势政策与国情教育、国家安全与民族统一、优秀传统文化和四史教育与中国精神等体现新时代特征与社会主义发展进程的内容作为当下爱国主义教育的主要落脚点，为爱国主义教育增添时代内容。同时，随着我国社会主义现代化程度的进一步提高与教育资源的不断丰富，单一的课堂讲授、讲座式教学的方法已不再是开展教育的唯一选择，趣味课堂、主题教育、专题活动以及搭载爱国主义元素的影视、歌舞、短剧等更具互动性、表达性的方法亦能应用于爱国主义教育当中，与原有的传统方法形成教育互补。

此外，信息化技术的大量应用与网络的广泛普及为教育提供了以网络、新媒体为主的现代化教育手段，让爱国主义在教育方法的选择搭配上有了更多的可能性。

（3）教育理念的革新为爱国主义教育开拓了广阔的空间。实践教育是爱国主义教育中的关键一环，有利于学生将爱国主义教育中所培养出的爱国之心、强国之志向报国之行转化，其教育成果是爱国主义教育成效的最高体现。进入新时代后，世界发展呈全球化趋向，思想的碰撞与文化的交融为爱国主义教育带来了潜在的影响，各种形式的价值观时刻冲击着本国的爱国主义精神，纯理论化与形式化的模式已不能满足当今爱国主义教育的需要，"让爱国主义真正从课本中走出来"的时代需求日益高涨。据此，受当今社会环境影响以及新时代对爱国主义教育提出的新要求，将理论化为实际的迫切需求促使传统教育理念得到了革新与升华，高校对爱国主义教育的理念不再停留于各种形式、途径、方法的理论灌输与形式实践，以教、学、做合一为核心的实践教育理念迅速占据了教育的主导地位。与此同时，由教育理念的革新所带来的实践活动的增加与教育基地的兴起也为爱国主义教育提供了范围更加广泛、形式更加多样、内容更加充实的实践教育途径与广阔的实践平台。

3.新时代强化高校大学生爱国主义教育的方法及对策

（1）将修齐治平的人生理念融入大学生的人生观教育。修齐治平的人生观在儒家文化中始终占有着重要位置，儒家理想人格修齐治平的人生观格局宽广、目标长远，不仅是儒家理想人格所应具备的基本品质，也是儒家重建社会道德秩序、解决社会问题、治理国家的教育良方。"修齐治平"最早源自《礼记·大学》"古之欲明明德于天下者……心正而后身修，身修而后家齐，家齐而后国治，国治而后天下平。"[①] 其中以个体"修身"的道德要求为基础，将个人与家庭、社会、国家紧密结合，主张从个体修身出发，先成就崇高德性和人格，然后齐家、治国、

---

① 杨天宇. 礼记译注 [M]. 上海：上海古籍出版社，1997.

平天下，成为经国济世的人才。

高校将儒家理想人格修齐治平的人生理念融入大学生人生观专题教育时，针对当前部分大学生人生观方面出现的缺少明确人生目标、精神空虚、彷徨迷茫、自我怀疑等困境，孔子在回答学生子路"什么是君子"这一问题时层层递进提出的"修己以敬"（《论语·宪问》）"修己以安人"（《论语·宪问》）"修己以安百姓"（《论语·宪问》）的君子理想人格修身三重境界、孟子"如欲平治天下，当今之世，舍我其谁也"（《孟子·公孙丑下》）的大丈夫理想人格责任担当等，都能用以鼓励大学生走出自我得失局限，不再因个人小利而耿耿于怀，而是放眼未来、志存高远，在脚踏实地的奋斗中消除内心的空虚与彷徨，达到精神层面的自我超越；同时宋儒朱熹主张"三纲领八条目"（《大学章句》）的理想人格进修阶梯——明明德、亲民、止于至善的三纲领和为实现三纲领而设计的格物、致知、诚意、正心、修身、齐家、治国、平天下的八条目也是进行大学生道德教育的良好素材，在对三纲八目的具体阐释中，可以进一步帮助大学生认清人生应有的意义和价值，激励大学生以积极向上的人生态度不断励志奋斗、完善自我。

（2）更新大学生爱国主义教育的教育目标。教育目标的设立决定着教育发展的走向以及教育的最终结果。在爱国主义教育中，教育目标的设立最为重要，决定了整个爱国主义教育活动的总体走向，是高校爱国主义教育工作的纲领蓝图。新时代颁布的《新纲要》的到来使爱国主义教育在这个时代再次焕发出了勃勃生机，为了奔向时代所指、满足时代所需，高校的爱国主义教育要做到与时俱进，以习近平新时代中国特色社会主义思想为理论指导，以《新时代爱国主义教育实施纲要》为基础，契合新思想、新纲要提出的新内容、新要求，在义务教育目标制定上，做到"删旧谱续新章"，将助力民族复兴伟业、弘扬培育民族精神、培养爱国时代新人作为爱国主义教育的总目标，着重学生民族情怀、爱国精神、素质能力的培养，说好国的历史，讲好党的故事，道好民族未来，为学生解答"为什么爱国""如何爱国""怎么爱国"这一系列问题，引导学生为中华民族伟大复兴中国梦而奋斗。此外，根据不同层次的学生群体，结合学生的具体实际进行教育目标的微调整，使目标的确立更具针对性。据此调整教育部署，重新规划爱国主义教育路线，为高校在新时代开展爱国主义教育指明前进方向。

（3）丰富大学生爱国主义教育的教育内容。爱国主义教育是一个历史的范畴，历史条件与社会背景的变更使爱国主义教育的内容也随之发生变化，这一特性使得爱国主义教育在每个时代焕发着独特的生机。因此在当今时代开展爱国主义教育，不光要讲好时代话语，还要注入时代精神，以波澜壮阔宏伟沧桑的百年党史、开天辟地气壮山河的革命史诗与改革开放以来中国特色社会主义取得的伟大成就为背景开展中国特色社会主义与中国梦的教育，从气壮山河源远流长的中华文明历史，中国建党史以及中国特色社会主义建设史出发，开展中华优秀传统文化与民族精神教育。还要善于抓住时事，用新冠疫情期间支援疫区、逆行为国的生动实例进一步进行祖国统一和民族团结进步教育，通过现今暗流涌动和复杂多变的世界政治格局、经济格局、军事格局进行国家安全教育和国防教育。此外，还要重视对学生情感、意志、心理方面的教育，多角度、多方面地对学生进行综合教育，激发学生的爱国情感，挖掘潜在的优秀品质，引导学生自觉弘扬和传承在几千年灿烂的中华文明中积淀出的先进思想与品格，发自内心地在新时代扛起爱国主义大旗。

除此之外，将胸怀天下的爱国情怀融入大学生的爱国观教育，丰富大学生爱国主义教育内容。民族精神是民族之魂，是每个民族在长期的生存与发展中形成的专属于本民族的特殊印记，也是一个国家发展延续的精神依靠。儒家格外注重家国同构，不论是忧国忧民的爱国精神还是救世济世的责任意识，其理想人格思想中始终饱含着浓厚的爱国主义情怀，向世人展示着伟大的爱国主义精神。当前，面对某些西方不良文化的侵蚀、错误社会思潮的蔓延以及全球文化相互交融激荡对大学生带来的负面影响，高校可以将儒家理想人格中胸怀天下的爱国情怀加入爱国主义专题教育，在错综复杂的环境中进一步增强中华文化自信、熔铸民族精神之魂。

中国古代有大量的爱国主义教育题材可以丰富当代大学生的爱国观专题教育，例如"居庙堂之高则忧其民，处江湖之远则忧其君""先天下之忧而忧，后天下之乐而乐"的以天下为己任的爱国胸襟（《岳阳楼记》）；"有亡国，有亡天下……是故知保天下，然后知保其国。保国者，其君其臣，肉食者谋之；保天下者，匹夫之贱与有责焉耳矣"即"天下兴亡匹夫有责"的爱国主义情怀（《日知录》）；"为天地立心，为生民立命，为往圣继绝学，为万世开太平"（《横渠四句》）的爱国主义壮志宏愿，以及辛弃疾抗金归宋、保家卫国，王阳明平定宁王叛乱、为国效忠等有血肉有灵魂的儒家人物的爱国故事等，都丰富着当代大学生爱国主义教育的内容。利用这些内容来感染、启迪大学生，巧妙地将儒家理想人格爱国主义精神与大学生爱国主义教育内容相结合，可以厚植大学生的爱国情感、激发大学生的爱国意识、培育大学生的爱国精神，使得大学生在面对现实选择时能够将国家利益真正摆在首位，为实现中华民族的伟大复兴矢志奋斗，进一步强化高校爱国主义的教育效果。

（4）创新大学生爱国主义教育的教育方法。为了跟随时代脚步，在新时代开展高质、高效的爱国主义教育，高校要对现有的教育方法进行调整和创新，首先，将传统课堂的"灌输式"教育风格革新，加强与学生之间的互动交流，开展翻转课堂、小组辩论、微课堂比赛以及爱国主义题材的才艺展示等活动丰富课堂教育形式，让教育从黑板里走出来，站稳课堂这一教育阵地，发挥教育主渠道作用。其次，网络技术的成熟发展，使得由网络衍生的现代教学手段已被广泛应用于各行业，高校应抓住这一点，利用多媒体技术创新爱国主义教育模式，通过微信公众号、微博、学校自主 App 等媒介搭建自己院校的网络爱国主义教育平台，把握好网络这一新兴的教育阵地。最后，高校应注重课外爱国主义教育活动形式的创新，不应只局限于讲座、报告会、征文比赛等，还应组织更多形式的爱国主义主题活动，如以校院为单位，给定主题举行微电影比赛、社会公益服务以及乐曲、短剧、舞蹈等文娱性质的活动，进一步丰富教育载体，促进爱国主义教育方式的转变与创新，为爱国主义教育增添时代色彩。

（5）完善大学生爱国主义教育的实践环节。高校的爱国主义教育要做到"两手抓，一个都不落下"，既要做好理论教育，也要抓好实践教育，着重构建理论与实践融合的教育模式，广泛开展爱国主义教育实践活动，利用好所在城市及周边城市建立的红色教育基地、民族文化教育基地、国防教育基地、英烈纪念堂、文明博物馆等，分学院按批次地定期组织学生参观，通过身临其境的实地教育使学生获得更强烈的身心感受。选择好学生易接受的实践形式，借助雷锋纪念日、五四青年节等重要节日组织相关的社会公益活动，在寒暑假组织"爱国、爱党、爱社会"为主题的志愿服务、社会调查等社会实践活动，将爱国主义教育从校内延伸至校外，保证教育的连续性。把握好爱国主义实践教育的方向，用理论去指导实践，用实践再丰富理论，形成教育的正向循环，全方位强化爱国主义教育效果，保证教育的全面性，构建充分且完善的高校爱国主义教育体系。

新时代的到来为高校爱国主义教育带来了新的机遇和挑战，适应新时代要求的高校爱国主义教育方略亟须被贯彻在新的教育变革中。面对这一新形势，各高校必须要做好新时代爱国主义教育工作，通过更新教育目标、丰富教育内容、创新教育手段、完善实践环节等方式，对学生进行高质量、高频率、高成效的集爱国情感教育、民族认同感教育以及实践教育于一身的爱国主义教育，为高校新时代爱国主义教育注入时代之魂。

（二）思想政治教育

1. 大学生思想政治教育的内涵

大学生思想政治教育在新时代下的根本任务是立德树人。在教育教学过程中秉持学生才是教育主体的思想，根据大学生的身心发展规律进行教育实践活动，培养出高综合素质的人才。并且在教育中坚持社会主义道路，提升大学生的公民素质，培养四有人才，以此加强我国社会主义核心价值体系的建设。

关于现今高校进行大学生思政教育上，我国印发的相关文件中指出，加强大学生思想政治教育要秉持理想信念这一核心，让理想信念为大学生提供精神支柱和动力，以促进大学生健康的成长成才。高校思政教育的理论是以马列主义及其中国化思想为基础进行的，主要对大学生进行思想品德培养和价值观的构建，提高学生的辨别能力和认知改造能力，指导学生正确解决日后在生活学习当中遇到的问题，并为社会建设贡献出自己的一分力量。

2. 大学生思想政治教育的特点

首先，大学生思想政治教育具有意识形态性，其是针对个人思想境界引导的教育，主要目的在于引导大学生建立积极向上的思想，并且在学生遇到现实困境时可以根据这种积极思想解决困难。并且思政教育以一定的阶级为依托，为一定阶级利益服务，是为了更好地实现建设社会主义目标而采取的意识形态方面的教育。

其次，大学生思想政治教育具有思想性，是一种思想沟通的活动，属于社会主义精神劳动与社会主义精神文明的生产。在高校的思想政治知识教授过程中，教师仅仅对于学生只能是处于引导的地位，因为现今的大学生多数已经形成完整的社会世界观、价值观以及人生观，他们在接受这些思想政治知识的同时也会对这些知识点进行深入的思考，而思考便会产出回馈，从而达到教师与学生之间的思想交流。

再次，大学生思想政治教育具有渗透性，学生接受的思政教育理念具有一定的渗透性，它能在人的现实生活中、社会实践中进行具体实践指导。因此在高校开展思政教育时，不单单是为了知识的传授，更重要的是为了培养出社会的建设者，通过将知识渗透到每个人的现实行为当中，渗透到整个社会当中，促进社会发展。

最后，大学生思想政治教育具有主体性，思想政治教育的根本目标就是要通过接受、唤醒客体的主观能动性，进而推动其客体自我培养。也就是说在课堂上教师对学生进行思想政治教育知识传授，学生通过课下或实践课堂上的活动等形式将教师传授的知识进行行为转化，这些知识性的教育会对学生产生自我约束及自我教育，从而带动社会发展。

3. 大学生思想政治教育与道德教育融合策略

（1）以学生为中心，持续加强大学生的思想引导

①注重大学生的人文关怀

完善和加强思想政治教育工作，要从对大学生的人文关怀这一最重要的环节出发。思想政治教育工作者面对的是有各种心理需要的学生，因此，高校教育者应该注意重视他们的学习及生活状况。教育者应合理区分和认识了解大学生这一年龄段的特征并尊重这一年龄段存在的个体差异性，在此基础上利用新媒体技术了解并掌握他们的心理变化状态，如微信、QQ、贴吧等平台，如果大学生在思想上或者行为上表现出变化，要及时对其日常生活、学习及出现的情感问题等方面给予关怀并及时进行交流安慰。教育的本质就是育人，并不单纯是一个知识输出的过程，所以只有既能够关注到孩子的情绪，又能够发挥思想政治教育的实效性，进而效果才会非常明显。

大学生普遍第一次离开父母，在外独自生活，大学期间可能对新环境和新的人际关系存在不适应、压力大、情感问题突出等状况。这就需要加强对大学生进行心理及思想的疏导，充分利用新媒体进行线上线下双向模式，在网络上开设大学生心理困惑主题交流，在线下通过平时课余的时间进行互动和交流，并且在相互交流间发现大学生存在的一些负面心理状态和他们潜伏的心理层面问题，做到关注他们的心理变化状态，及时对心理层面波动较大的学生进行心理咨询和疏导，引导和鼓励他们去了解和熟悉自己，挖掘自身的潜能，正确面对和处理自我需求，进而改变大学生心理存在的负面情绪，促进大学生形成乐观积极向上的心态以及建设健康的身心。

要加强大学生思想政治教育中的人文关怀不能只停留于表面流于形式，教育者要跳出课堂课本的局限，透过现象看本质，并合理地利用好新媒体这一机遇，了解掌握大学生的实际需求和心理健康状况，从而根据自身发展规律进行具有针对性的引导。这就能够让大学生在充满关怀和思想引导下，真正地充实自己，进而发挥及利用新媒体来提升思想政治教育的实效性。

②提高大学生的媒介素养

媒介素养是一种能力和知识模式，是通过一定的教育途径和生活经历逐渐建立起来的获取媒介信息的意义和独立判断信息价值的知识结构，是培养起来的对繁杂的媒介信息的选择、理解、质疑、评估、表达、思辨性应变的能力，是创造

和制作媒介信息的能力，也是一种针对所有公民的学习能力。言简意赅，信息传播者的传播信息能力，同时也是信息的受众对信息的分辨能力。当今社会，新媒体成为高校大学生群体传播和接受信息的首要选择，因此，媒介素养成为大学生群体最应该学习和掌握的重要能力。大学生拥有良好的媒介素养，能够帮助自身实现全面而健康的发展，提高大学生群体自我媒介素养，可以从以下几个方面入手：

首先，高校可以邀请专家讲师开展与网络诈骗、网络犯罪等相关的系列讲座，利用网络上发生的各种典型素材以及热点事件，来为大学生介绍相关的网络道德教育及法律意识，告知学生在遭遇网络诈骗、网络犯罪时，应当如何用法律武器最大限度地保护自己的合法利益，以及遇到暴力、色情等不良信息能自觉抵制诱导等知识，从而提高大学生道德教育及法律知识，并丰富大学生思想政治教育的内容。

其次，开设相关媒介素养教育课程，将媒介素养作为专项课程，就新媒体的相关知识及新媒体带来的作用对大学生进行合理的教育，重视和加强大学生群体的媒介素养教育，使得大学生对新媒体保持清晰的认识，树立正确的网络观念，面对不良信息时用正确及理性的态度看待，进而加强提高了大学生的媒介素养。在此基础上大学生也要持续不断地学习掌握思想政治教育基础理论知识来加深自我的媒介素养，教育者要不断持续地让大学生掌握和学习媒介素养，促进大学生全面发展，为社会的发展培养更多的综合性人才。

（2）"以学生为本"理念推进思政课程教学

第一，深入调研，分析把握大学生思想变化规律。思政课之所以吸引力不强、"抬头率"不高、获得感不多的主要原因是思政课教学缺少对大学生思想状况的调研，大学生关切的问题、困难不能通过思政课予以解决或解答，导致学生对思政课的学习兴趣不高。所以，搞好思政课教学就必须坚持开展意识形态、思政教育、安全意识、师德师风及思想动态等方面的调研。通过调研找出问题和症结，发挥理论指导实践的作用，引导学生掌握正确认识问题、分析问题、解决问题的方法，真正让学生切身感受到理论是行动的先导。

第二，强化体验，真切感受理论成果的伟大力量。理论不是空的，也不是虚的，而是实实在在与实际相联系的。大学生对理论学习感到枯燥、乏味、无趣，主要原因是缺乏真实体验。思政课教学长期停留在黑板上、屏幕上、教室里，学生虽然有时听得精彩、看得热闹，但学得苦恼，很难触动内心。而体验式学习是直接认知、欣然接受、灵活运用当下所学知识及能力的过程。学习主体从其亲历和反思中获得认识和情感。这样的思政教育方式方法所产生的效果是深层次的、永久性的。所以，在课堂教学之外，还应当组织开展经典诵读、道德小品、故事讲演、影视展播、合唱比赛、红色实践、志愿活动等，以丰富多样的形式让学生参与体验，感悟思想。

第三，加强自我教育，突出学习主体互动、互学、互鉴的自觉意识。教育的一个重要目的就是培养和提高学生的能力，通过加强自我教育，推动自我学习、自我革命、自我提高，真正实现教育自觉化。这是突出"以学生为主体"的最好方式。因此，高校思政课教育要充分发挥学生的主观能动性，调动自发参与和开展丰富多样的自我教育活动，比如思政面对面、征文活动、辩论比赛、微课展演、作品展览、思政小记者及志愿行等活动。在教师指导下，由学生以组织、设计、参与、交流等不同方式进行相互学习，这些方式要比教师的灌输更加容易接受，印象也更加深刻。

（3）以教育者为主体，不断提升教育教学能力

①及时更新教育教学理念

新媒体的不断发展，给人们的交流提供了新的发展机遇，在这样环境下，人与人之间的交流变得更加平等，并且高校开展大学生思想政治教育工作，也获得了更好的发展机会。但是在大学生思想政治教育过程中，很多教育者更加注重权威，以居高临下的姿态与学生展开交流，在新媒体环境下，使得学生对与教育者之间交流的矛盾日益突出。

因此，要解决这个矛盾，首先需要教育者从自身根本上改变教育理念，明确自身的定位，始终要以学生为重点。在新媒体环境下，及时地更新教育教学理念和及时掌握并使用新媒体来了解学生的日常生活学习状况，及时跟学生进行交流沟通，使学生对教育者产生信任感以此将单向的灌输转变为双向互动，充分让新媒体在大学生思想政治教育过程中发挥其作用从而提升思想政治教育的实效性。

其次，在新媒体环境下，要充分了解学生本身的发展规律，始终树立以人民为本、以学生为本的教育理念，应当充分尊重学生，及时关注及关心学生需求和心理变化，使得学生感到自己被尊重和关心，调动大学生积极参与感，以此拉近二者之间的距离，并根据学生的需求有针对性地进行思想政治教育工作，提高大学生的综合素质。

最后，教育者通过新媒体的海量和互动性等特征，改善和充实大学生思想政治教育的教学内容，并改变传统的教学方法，开展多样的教学活动来加大思想政治教育的吸引力，以此吸引大学生主动参与教学活动，从而提升思想政治教育的实际效果。

大学生作为最容易接受新事物及最有活力的群体,在新媒体环境下,与教育者之间产生了明显的差距。但教育者要及时跟上时代的步伐,利用新媒体来不断更新和改善教育理念及教学方式来进一步充实和丰富思想政治教育内容,用大学生喜欢和有趣的形式吸引他们的关注及让他们主动参与教学,从而不仅使教育者提高了自身的综合素质,更提升了大学生思想政治教育的实效性。

②提高运用新媒体教学能力

当今是知识经济的时代,每个人全面发展才能适应社会快速发展的需要,在这种环境下,在思想政治教育者进行教育过程中,对教育者必然有着较高的要求。新媒体中的各种载体在其中起着关键性的作用,因此,思想政治教育者需要持续不断地对新媒体技术进行学习,保证自身在教育过程中能够合理使用新媒体技术进行思想政治教育,对其提高重视,才能够进一步帮助大学生更深入地了解思想政治教育知识。

首先,新媒体的迅速发展,使其成为现今人们生活的重要组成部分。这就要求教育者要具备相应的信息技术应用能力,对于学校而言,要加强新媒体技术队伍的建设,通过吸引优秀的人才,建立起一支较为专业的新媒体技术队伍,同时让技术人员对思想政治教育者进行多样化的培训,使其掌握较强的新媒体技术应用的能力。

其次,教育者本身要提升对新媒体的重视程度以及加深对新媒体的了解力度,利用新媒体中的资源与学生进行合理的互动,并收集学生关注的相关信息,及时地对学生提出帮助。新媒体中的海量信息资源对学生很有吸引力,对此教育者需要具备信息的区分能力,应对网络海量的信息进行正确的区分,避免在思想政治教育过程中存在影响教育效果的问题出现。但是,培养在新媒体方面专业性较强的教育工作者是一个周期较长的工作,这需要思想政治教育工作者长时间不间断的努力,提高新媒体教学能力,从而提升大学生思想政治教育实效性。

(4)依托大数据共享管理平台提高思政教育质量

伴随着先进技术的不断融入和应用,当前高校思政教育工作对大数据的利用程度变得越来越高,借助大数据共享管理平台来收集大学生思想行为动态数据,并以此为依托来深入分析和探讨大学生的思想动态已经成为高校思政教育的重要开展形式。在新时代背景下,高校思政教育依然可以充分利用起大数据共享管理平台,来加强对大学生思政教育和引导的力度。在实际思政教育工作当中,高校可以通过以下几种途径来开展。诸如高校要高度重视起以校园教务系统、校园一卡通平台、图书借阅系统等为主的校园数据库,借助网络数据库来随时了解和掌握大学生的学习和生活情况，并借助各种网络数据库平台监督和掌握大学生关注的舆情热点、思想动态以及行为偏好、兴趣变化等。此外，高校要加强对校内不同职能部门以及校外不同组织机构的数据整合统筹力度，构建一体化、系统性的信息管理和共享平台，及时准确地对数据资料进行甄别，保证信息的全面性和正确性，实现信息的全方位覆盖，全力提升高校思想政治教育的时效性与针对性。还有，高校要进一步加大不同部门、教师、学生群体以及社会多方组织团体的合作力度，通过多方联动，及时掌握和预测大学生思想行为的变化情况，实现多方教育主体的统一联动，进而不断提高高校思政教育的整体质量。

（5）以校园为载体，净化大学生思想政治教育环境

①完善新媒体硬件设施，建设思想政治教育网络平台

随着新媒体技术的深入发展，近年来国家也是越来越重视高校思想政治教育工作。因此，首先，国家应该加大对大学生思想政治教育的投入比例，并根据国内各高校的实际情况增加对大学生思想政治教育的现实供给量，努力打造思想政治教育资源网络平台。高校要有针对性地了解和剖析思想政治教育工作过程中所需的资金投入，并加大资金投入力度，帮助完成相关基础设施的建设，改善和加强新媒体硬件设备，并提供资金支持去配备大学生思想政治教育的硬件设备，进而保障大学生思想政治教育资源网络平台能够实现自主有效的运转。

其次，各个高校的大学生思想政治教育的教育资源都有不同的优势及特点，不同学校根据自身差异有着自己的特色。因此，高校本身要整合自身的资源，优化资源配置，建立起新的共享资源模式。本质上来说，对于教师群体而言，进行资源共享的方式是多种多样的，例如可以通过跨校选课、远程教育等手段进行教育资源的共享，同时合理地利用新媒体技术手段，还能够在已有资源的基础上创建出相对新的资源。高校进行思想政治教育工作过程中可以建立较为有效的网络平台，通过这一平台整合各高校的资源，各高校也可以通过平台享受较为完整统一的思想政治教育资源。进一步帮助思想政治教育资源实现统一性和多样性的结合。

最后，高校要注重网络平台的培训，把学校的新媒体技术人员以及教师和学生等作为培训对象，让其更有效地运转。高校要着重对学生进行培训，使学生自主地充分利用新媒体技术来充实和丰富自身的思想政治教育有关知识，用受教育者喜闻乐见的方式进行学习进而达到大学生思想政治教育的目标效果。

②加强新媒体监管工作，净化思想政治教育网络环境

任何事物都具备两面性，对于新媒体技术而言也是如此，新媒体技术的出现

及不断发展,能够在一定程度上帮助高校提升大学生思想政治教育工作的效果,以及帮助广泛和快速地传播思想政治教育理论知识。但是,也对大学生思想政治教育工作提出了一系列的难题,因此,必须针对新媒体进行合理的监管,通过合理的手段不断净化思想政治教育网络环境。

新媒体海量的信息量中存在着多种多样的内容,因此,如果学校不进行监督管理,当学生使用互联网浏览和搜索信息时,不良及负面的信息就会抓住机会涌入学生的视野,从而会扰乱学生自身的思想,在一定程度上影响到学生的思想和健康的心理。首先,学校应设立有关的新媒体管理部门,以监督和管理校园网络环境,在健全新媒体监管机制的同时,还需要积极运用新媒体技术手段,加强网络安全的引导,例如建立相应的防火墙技术对信息进行过滤和筛选防止有害病毒、不良网站和信息的进入。从而在校园网络平台中营造一清如水的思想政治教育网络环境,引导正确的价值观念、主流文化渗透校园网络环境,还需要发挥新媒体隐性功能,在不知不觉中进行较好较强的运行监管工作。

其次,结合学校规章制度,来加强校园网络管理建设,更加细化对新媒体的监管工作。学校可以组织负责班级的教师和班长组织班里的学生积极主动学习学校的各项管理及校规,再把高校学生使用新媒体的不良行为也作为学生绩点考评的参考项,并且通过制定校园良好的网络使用文明规范,来引导大学生慢慢形成健康文明使用网络的习惯,帮助高校对新媒体的监管工作顺利进行。加强新媒体监管工作可以帮助高校建立一个较为规范有序的网络环境,来辅助大学生思想政治教育工作建立更好的环境,并且让大学生能够在良好的思想政治教育网络环境中学习生活。

(三)中华优秀传统文化

1. 优秀家风家训

(1)优秀家风家训融入大学生德育的意义

①促进道德教育生活化

道德教育与知识讲授不同,它是对人思想和习惯的影响与调节,单纯依靠课堂教学远远不能达到育人目标,甚至有时会被误解为说教,从而引发学生的逆反心理。将优秀家风家训融入当代大学生道德教育,则可以在一定程度上弥补课堂教学的不足,促进道德教育生活化。优秀家风家训如涓涓细流,长期滋养着大学生的道德品质,生活化的道德教育更能起到润物细无声的效果。另外,优秀家风家训经过长辈口口相传,通俗易懂,贴近生活,并且细化于生活的诸多细节之中,形成了对大学生日常道德行为的约束与矫正。生活化的道德标准贴近实际，更加符合大学生的心理预期，更易被其接受、信服。

②丰富道德教育的形式

优秀家风家训融入大学生道德教育，丰富了道德教育的形式。大学生道德教育不再单纯地依赖于学校教育，凝聚起家校教育的合力。高校在对大学生进行道德教育时，往往面临着一些难题。例如，教师本身道德行为缺陷，不能使学生信服；学生个体思维方式存在较大差异，大学德育不能指定个性化的教育方案；由于学生生活习惯的不同，某些道德标准不能被大学生接纳；环境的影响，同学之间的不良舆论，都会导致大学生德育效果大打折扣。优秀家风家训融入大学生德育，可有效弥补高校德育的不足。家庭教育更具有针对性，能够根据每一位学生的性格特点和接受教育的喜好进行德育。

③提升大学生道德教育效果

高校德育最普遍的载体和媒介通常为思想政治理论课，但是大学生德育仅限于课堂教学，效果不尽如人意。例如在"思想道德修养与法律基础"课程讲授过程中，要求学生结合自身道德要求谈谈对本章内容的理解，以及今后的道德发展目标时，发现学生积极性并不高，而对于听故事、看影视片段等更感兴趣。优秀家风家训内容丰富，涉及广泛，不仅体现着民族的精神禀赋，更承载着个人的道德标准，它们与主流价值观相契合，在今天依然极具价值。通过优秀家风家训的引导，让大学生自觉养成优秀道德品质，向标杆人物看齐。优秀家风家训与高校德育相融合，提升高校德育效果。

（2）中国优秀家风家训

①淡泊远志，立志修身

个人的修身教育始终是中国传统家训最重要的内容，目的是使子孙后代养成"内圣外王"的人格和品质，然后逐步实现齐家治国平天下。传统家训修身教育的内容包括教导子女立志、勤勉好学、养成良好的品德等。修身首先要立志。例如嵇康写给儿子的《家诫》中强调了立志对于个人成才的重要性，不仅要从小确立志向，还要志向高远，有了目标才有奋斗的动力。修身其次要做到勤勉好学。内因是人成才的关键，自帝王将相到普通平民家庭都教导子孙勤勉不息、自立自强。修身最后要具备良好的道德修养，"进德""修业"是重中之重，传统家训高度重视子孙的道德教育，只有具备良好的道德修养才是做人的根本。

修身乃安身立命的前提，中国古代封建时代虽推崇积极入世融于社会，但同时也崇尚"从心所欲不逾矩"的君子之境。个人作为家族的一分子，其言行、品性的高低无时无刻不影响着家族在外的风评，对子弟进行修身教育是保全家族颜面声誉的途径，也是家族持续兴盛的有力支持。明代徐三重在《家则》中有言："以为子孙富贵地，吾不可知也，但愿子孙读书后，便要立志以孔孟行谊学力，自成人品，清白方正，不为世人所鄙笑。"直接明了地讲明对子弟而言，安身立命需修身。修身为科举取士、济世安民打下根基，为官者良好的修为对于百姓实则福泽。子曰："道之以政，齐之以刑，民免而无耻；道之以德，齐之以礼，有耻且格。"（《论语·为政》）通过修身所期达到的最高目标是"平天下"，个人、家族、国家紧密相连，构建起良好的社会秩序。功名利禄荣耀一时，良好品行受益终生，《温氏母训》记载温璜的母亲教诲他"世间富贵不如文章，文章不如道德"。修身自持，即使才华不被认可，亦可悠然一生，正如《家诫要言》云："熟读经书，明晰义理，兼通事务。世乱方殷，全然岭淡。"世变弥殷，只有读书明理，修身独善才为上策。总之，修身教育失意可安身，得意可生辉。

②严于律己，宽以待人

古代圣贤对晚辈的交友十分重视，《易经》所写："同声相应，同气相求。"优秀的人，才会遇见更加优秀的人。一个人入世免不了与人打交道，传统家训往往根据以往的经验来传授子孙如何与人打交道。中国文化强调"以和为贵"，待人处事要与人为善，与人交往要和颜悦色、宽厚待人。在自己有能力的情况下多行善举，救难济贫。其次交友要慎重，多与君子打交道。例如《颜氏家训》提出：与善良的人相处就好比进入满是芝兰的屋子一样，时间一长自己也变得芬芳起来；与恶人相处，就像进入满是鲍鱼的店铺一样，时间一长自己也变得腥臭不堪。强调多与品行高洁的人相处，这与古语"近朱者赤近墨者黑"是同样的道理。

古人对交友十分重视，作为一代贤人的孔子提出了"无友不如己者"（《论语·学而》）的交友准则。在选择的朋友的过程中要"义以为上""安贫乐道"。不仅以"君子"的高标准要求自己，同时也以此标准来选择自己的朋友。《墨子·所染》中关于人性言："染于苍则苍，染于黄则黄。"素丝受影响会变色，人受影响也会跟着改变，强调了客观环境对人的影响，以此来说谨慎择友是十分重要的事情。人生最初如一张白纸，与不同的人交往或多或少都会在心里留下不同的痕迹。社会是一个大染缸，如果一个人心怀坦荡、团结友爱、尊老爱幼，那么他的身边好友也会有相同的美好品格。拥有相似脾气、兴趣爱好的人往往会相互吸引；与优秀的人相交往，做事往往事半功倍；与恶劣的人相交往，做事往往事倍功半。

在与朋友交往的过程中，要做到言而有信、诚礼相待、懂得成人之美。自古以来就极为注重礼仪的华夏文明，对于交友的更高要求就是"仁"，它是人们内心的道德自律。对待朋友的错误要有宽容的精神,"人非圣贤,孰能无过",人生在世人人都会犯错,推己及人,朋友会犯错,自己也会犯错。首先,对待朋友的过失要宽以待人,有包容忍让之心。王阳明在家书《示宪儿》中提道:"能下人,是有志;能容人,是大器。"无论身份地位如何,都要拥有容忍和谦卑的心态。其次,对待自己的错误要"过,则勿惮改"。自省过后主动加以修改更正,不怕别人在背后议论,不怕丢脸犯错,也不怕改错过程的困难。以对待自身的言行举止为参照物来对待朋友,以更加宽容的精神和更加真诚的心态,在纷繁的世界中相互理解、相互包容。

③诚信为民,精忠为国

许多家训蕴藏着诚信为民、精忠为国的道德思想,并在家训中反复提及。诚信是一个国家治国理政的重要思想之一,是人与人交往的基本条件,也是国与国保持和平共处所应遵守的基本道义。爱国作为个人最基本的道德修养,是我们终其一生都应该践行的核心价值观。

为子为民一定要守诚守信,《洞庭南徐徐氏族谱》有言"凡与人订约,不可逾期;许人财物,不可食言;与人言谈;不可虚诳。"凡是与人订立约定一定不可以逾期,答应许诺给别人的钱财物件一定不能食言,与人相交谈论时一定不可隐瞒欺骗。张廷玉在《澄怀园语》中提道:"一言一动常思有益于人,惟恐有损于人。"做人一言一行都要站在别人的角度思考,千万不要欺骗、损害别人的利益。《荀子》中提道:"君子养心莫善于诚。"古代仁人志士都以"君子"为最高的标准来要求自己,而君子修身养性、提高自身品德修养的前提就是"诚",说明了诚的重要之处。

为子为民还要精忠爱国,琅琊诸葛氏家族第一世祖是诸葛丰。他首开刚强果敢之家风,对各种违规法纪、有损百姓和国家利益之事都"刺举无所避"。以特立独行、果敢刚毅闻名于世,曾任职于司隶校尉,因不想落下"在其位不谋其职"的名声,检举惩处包括皇亲国戚在内的所有违法乱纪之人。其子孙诸葛亮继承先祖爱国的诸葛氏家风,曾写下"鞠躬尽瘁,死而后已"刚直忠义、敢于为国家牺牲的千古名句,千百年来鼓舞了一代又一代的中华子民。后世子孙不仅以其为榜样,更是以此种精神,引领自己报效祖国,力尽自己绵薄之力。后辈诸葛亮继承祖先精忠为国的家风,一生忠于国家、忠于人民,在《兵要》中曾说:"人之忠也,犹鱼之有渊,鱼失水则死,人失忠则凶。"诸葛亮为了国家统一,南征北战;为辅佐刘备、刘禅两位君主,鞠躬尽瘁,最终病逝于五丈原。诸葛亮的儿子诸葛瞻攻打蜀国时,面对诱降,怒斩来使却英勇战死。诸葛瞻的儿子诸葛尚,随即冲入敌方战死，用年轻的生命表达了他忠诚爱国的信念。

（3）优秀家风家训融入大学生德育的可行性

①德育目标一致

大学生德育为的是培养大学生健全的人格，滋养高尚的道德情操，在个人的生活、学习、工作中保持良好道德品质。在大学生德育中，除了自身道德修养外，还有爱情、家庭、婚姻、工作、社交，特别是对国家的爱。优秀家风家训不仅致力于家庭的有序治理，重视对家庭成员的行为规范，而且也十分注重培养高尚的人格，强调德馨，例如，程颐"人无忠信，不可立于世"，曾国藩"举止端庄，言不妄发"，刘向"人背信则名不达"。

②教育内容相近

高校道德教育旨在修德树人，帮助学生养成良好的道德品质，形成健康的人格。使其在个人品德、职业道德、家庭美德、社会公德等诸多方面不仅能够见贤思齐，而且能够做到"慎独"，形成对自我道德的高标准严要求。优秀的家风家训着眼于个人品德修养、家庭美德培养，并且还承载着对民族、国家深厚的情感。例如《大学·礼记》中脍炙人口的"修身、齐家、治国、平天下"，字字珠玑，掷地有声，涵盖了个人品德、家庭美德、社会公德各个方面。由此可见，优秀家风家训与大学生德育内容相近，都教育大学生明大德，严公德，守私德，培养良好的道德修养。

③教育方式相通

优秀家风家训对子女的教育讲求科学的方法。首先是长辈要自律自省，做好晚辈的表率。例如很多优良家风提倡尊老爱幼，孝敬父母，长辈要做好孩子的榜样。此外，家风家训还经常会运用典故、案例对子女进行教育。中国传统家风家训中有很多典故流传至今，在家教中发挥着至关重要的作用，特别是长辈，通过摆事实讲道理，使其更具说服力。针对当前大学生德育中面临的困境，可以从优秀家风家训中找寻养料。大学生德育最常用的教育方法有说服教育、情感陶冶、榜样激励和自我提升，在优秀家风家训的教育中，也经常会用到这些方式，因此二者在教育方式上是相通的。综上，将优秀家风家训融入当代大学生德育，具有一定的可行性。

（4）优秀家风家训融入当代大学生德育的路径

①滋养自我道德，提高融入效能

道德教育的关键在于自我道德的引导与召唤，外在教育只是为其自我道德的升华提供助推器。因此优秀家风家训融入当代大学生道德教育的关键还需大学生滋养自我道德，提升外在教育的效果。滋养自我道德需立足实践。道德是抽象的概念，衡量道德的标准依赖于外在的表现。大学生积极参与公益活动，帮助弱势群体就是滋养自我道德的有效形式。优秀家风家训也十分重视个人的道德实践，实践出真知，只有躬身实践，才能做到真信、真做。滋养自我道德还需反躬自省。大学生已经能够进行理性的思考，他们具有自我的认知能力，通过自省，可以进一步提升他们的道德素养，利于优秀家风家训的接受。

通过道德实践和反省，大学生的道德素养会实现自我超越，这体现在道德追求的提高和道德行为的完善。大学生道德追求提高，他们会更加积极主动地接受道德教育。在道德实践中，他们对自身的道德标准更高，道德行为更优。因此，道德教育的效果也会随之提升，优秀家风家训融入大学生道德教育的实效性也会大大提高。

②优化家庭教育，筑牢融入根基

家庭是个人道德的原生地，家长是学生的启蒙教师，家庭教育是一切教育的起点，家庭在大学生德育中占据重要地位。因此，优秀家风家训融入大学生德育，提升大学生德育效果，必须重视家庭教育，优化家庭的育人功能，筑牢优秀家风家训融入大学生德育的根基。虽然大学生的道德观、是非观已经相对成熟，并且个性迥异，但是他们对家庭、父母、亲人、长辈的依赖度和信任度依然很高，父母家庭对其道德教育作用有时会超过学校。因此，为使家风家训融入大学生德育中，必须优化家庭教育。

首先，父母要以身作则，当好表率。父母在家庭教育中要注重营造良好的家庭氛围，宣传正能量，为学生创造健康向上的家庭环境。另外，父母也要不断提升自我素质。新时代的大学生思维活跃，接受新鲜事物多，父母要主动融入他们的生活，了解大学生的思想，有的放矢进行德育。其次，形成良好的家庭关系。父慈子孝，兄友弟恭，这些传统的家风家训在今天依然有其值得借鉴之处。家庭成员应主动承担相应的道德责任，构建和谐的夫妻关系、亲子关系。父母的婚姻状况以及他们对待婚姻的态度会直接影响子女的恋爱观、婚姻家庭观，父母关系良好，拥有积极健康的婚姻，利于子女形成正确的道德观念。另外，亲子关系对德育效果的影响也至关重要，亲子关系和谐，利于家庭教育的成功，利于大学生养成积极阳光的人格。最后，培育良好家风。家庭成员和睦相处，遵守道德礼仪，孝顺长辈，与邻为善，诚信待人，有利于优秀的家风家训融入家庭教育，进一步融入大学生德育之中。总之，优化家庭教育，可以筑牢优秀家风家训融入大学生德育的根基。

③推进家校联动,搭建融入桥梁

高校是大学生德育的主阵地,但是家庭在大学生道德养成中的作用不容忽视。大学生德育要取得良好效果,需要推进家校联动,为优秀家风家训融入大学生道德教育搭建桥梁。家校联动,沟通是最基础的纽带。高校要搭建沟通平台,积极主动地与家长联系,虚心听取家长的教育心得和意见,在对话中实现更大范围的因材施教。同时,教师也可从更为专业的角度为家长"支招"。笔者在担任高校辅导员期间,经常性地与家长开展电话交流,长期以来在家长身上学到了很多与大学生沟通的技巧,并且对于大学生在大学的不同阶段对于德育的心理预期和需求有了更为清楚的认识,有助于笔者开展大学生德育工作。这种帮助是双向的,家长朋友经常会和笔者"抱怨",孩子上大学之后有了明显的变化,甚至有些学生会"嫌弃"自己的父母,认为他们什么都不懂,从而不愿与其沟通,也影响到了家庭的和谐。大学教师专业的分析和解答通常使他们茅塞顿开,弥补家庭教育的不足。

高校以"官方"立场,开展优秀家风家训教育,可以提升融入效果。通过家校联动,为优秀家风家训融入大学生德育提供了桥梁。优秀家风家训作为宝贵的文化和教育资源,在大学生德育过程中具有重要作用。优秀家风家训融入大学生德育极具可行性,并且具有广泛而深远的意义。优秀家风家训融入大学生德育任重道远,需要不断地完善和发展。

2. 儒家义利观

(1) 利用儒家义利观充实大学生道德教育思想资源

当前大学生德育体系中,对于义利观的培育较为零散,缺乏系统性和具体性,儒家义利观则是一个较为系统和丰富的思想体系,包含了对"义"与"利"内涵的解读、义利关系的辨析、义利选择的方式、科学义利观的涵养等诸多内容,对其中科学合理内容的吸收和转化,无疑会大大丰富大学生道德教育的内容,增进大学生道德教育的科学化和体系化。

如在儒家义利观体系之中,"义"作为道德评判的重要标准,本身蕴含了丰富的德育资源,涉及诸多具体的伦理内容,如"义"关系到道德与利益的关系、自我与他人的关系、个人与集体的关系等。在认知判断上,儒家强调"义利并存",认为对利益的需求和对道义的追求均是人的本性,在强调道义的同时,也肯定了人们对于正当利益的追求,认识到了义与利的辩证统一关系。在道德理念上,儒家主张"见利思义""以义制利",要求对利益的获取要以道义为标准,将"义"放在首要位置。同时,在面对个人利益与集体利益的冲突时,要求做到"公利为先"，强调公利至上原则，突出了责任意识和集体意识。借鉴儒家义利观的精华，将其思想资源充分应用到高校思政课堂之中，对于教导青年学生明确义利关系、提升道德修养、培养集体意识、增强社会责任感、铸就家国情怀等方面无疑具有积极的引领作用。

（2）以儒家义利观营造良好的德育氛围

第一，以儒家义利观营造积极向上的校园氛围。校园环境的营造对于高校学生科学义利观的培育无疑具有积极作用。校园是高校学生日常学习和生活的重要场所。利用良好的校园环境，在日常生活中对大学生进行潜移默化地影响，是帮助其树立正确义利观的重要路径。首先，可以通过加强校园基础设施建设，为儒家义利观融入大学生道德教育提供更加丰富多元的平台。如增加图书馆关于儒家传统义利观的图书刊物、利用网络平台搭建有关儒家义利观的相关论坛或公众号等，为大学生义利观的培育提供更加丰富的资源。其次，加强校风建设，以儒家义利观来完善校规校纪，引导学生加以掌握，对大学生在校园中的日常行为加以引导和约束，使其在细节琐事之中身体力行地去践行科学合理的义利观。再次，利用好广播站、宣传栏等校园宣传工具，通过先进人物事迹、传统人物故事等内容对在校学生进行熏陶，帮助其树立高尚的义利观。最后，通过开展丰富多样的校园文化活动，寓教于乐，以轻松愉快且具有教育意义的方式，向广大学生输送正确的义利价值观念。通过营造良好校园环境，对青年学生的思想品德素质进行提升，是儒家义利观融入大学生德育的有效路径。

第二，以儒家义利观建立和谐友爱的家庭环境。家庭对于人的思维发展具有重要的影响作用，在每个人的成长过程中都有着不可替代的作用。在对子女道德教育中，家长扮演着极为重要的角色，往往是孩子最初学习的榜样。尽职的家长和优良的家风通常会帮助孩子形成良好的道德品质。因而，在义利观的传承和培育上，家长理应责无旁贷。首先，家长应当自身树立正确的义利观，以自己的言行引导孩子，对其进行正确的示范，为其树立起良好的榜样。其次，应当注重及时、有效的沟通，在孩子出现错误的行为和思想倾向时耐心指导，并及时予以纠正。最后，要注重提升自身的文化修养，加强对儒家义利观的学习，以家庭为场域对孩子进行义利观的传播和教育，通过历史故事、人物事迹讲述的方式，以年轻人喜闻乐见且易于接受的方法对其传递科学的义利观，培养其成长为见利思义、敬贤崇义、热爱集体的好青年。

第三，以儒家义利观塑造健康纯净的网络阵地。青年学生群体在网络中往往数量庞大、活跃度高。然而网络对他们来说却更具有两面性，一方面，大学生通过网络得以更加便捷地获取知识、了解时事、休闲放松；另一方面，具有虚拟性和开放性的互联网中也存在大量三观扭曲不良内容，对青少年产生了极大的消极影响。同时，对于儒家义利观的传播而言，网络也为其提供了机遇。将儒家义利观的思想精华在网络中进行宣扬，无疑也会加快其传播速率、提高其影响利。因此，必须把握好网络阵地，一方面，必须加强对网络环境的监督和净化，禁绝不良信息的传播；另一方面，要利用好网络平台，弘扬科学合理的义利观，将其作为儒家义利观融入大学生道德教育的全新场域，引领大学生正确价值观的形成。同时，可以通过网络实名制、网络立法等方式，约束网民的网络行为，引导其遵守网络规范，促使人们能够正确、合理地使用网络。

五、新时代高校加强学生道德建设的有效路径

当代大学生在道德情感层面上呈现全新的需求，因而决定了高校道德教育的传统模式以及传统思路也必须得到及时的转变，充分体现最大化的学生德育实施效果。对于当代的大学生群体来讲，很多大学生由于缺失内心道德情感，将会造成大学生产生道德情感空缺的现象，不利于学生自身的健康成长。为此，作为高校教师以及年级辅导员等应当给予当代大学生全面的正确引导，指导大学生关注内心的深层道德需求，不断增大师生之间的情感沟通力度。具体针对当代大学生在全面实施学生道德教育的举措中，关于满足学生的内心道德需要主要体现为如下要点。

（一）明确高校学生道德建设的主体

高校应积极调动大学生道德素养强化的主观能动性。实践中可从如下几大方面开展。

1.需精准定位大学生道德建设教育方面

新时代下，大学生在校园中将面对更多的诱惑，多元开放的社会环境，一方面促成了社会的繁荣；另一方面使得人们不能坚定自己心中明确的信念。特别是微博、抖音等网络交互软件在高校中的盛行，也使得大学生关于道德需求的建设处于失稳状态。部分学生缺乏对道德基本范式的认知，对此过于迷茫。若此时教师不采取相关措施以激发其主观能动性，以多数学生身心发展的水平来看，难以积极应对。为防止倒退现象的发生，高校及其领导者应用具备预见性干预的方式与眼光，敏锐地察觉到大学生道德建设的必要性与首要方向，定期开展以思想政治教育与思想道德引领为主的公开课，并创建相关心理辅导社团，及时对大学生

出现的心理道德问题加以引导，纠正其走向正轨。经过及时的心理干预措施，大学生能以更积极的心态面对日常的学习与工作，并逐步弱化其心理紧张感与不平衡感。为进一步强化其开展水平，高校也可联合当地同等级高校，组成校联体，通过开设道德模范评选，道德事迹宣扬及校与校之间的互助措施，帮助大学生更准确地认识到自身道德建设需要的核心点，借助相关活动为载体，间接激发大学生道德建设的向往，为其提供实践路径。

2. 强化道德建设外界刺激，引导其正确反应应对

新时代下，融媒体途径是学生最为感兴趣的一种宣传类型，故高校可借助微博、微信、哔哩哔哩等平台，加强道德建设的宣传与交互性，同时积极联合相关高校展开道德建设情感体验活动。虽然前阶段的宣传取得的效果局限在特定程度，但长此以往，学生会将此视为强有力的刺激，将道德强化成为自身生活学习的习惯，从而对道德建设问题做出属于自身的应对反应，教师应及时识别其发展方向，提升大学生参与道德建设的热情与参与度。

3. 模仿与认同

相较于以前的大学生，当今大学生受到网络环境影响的程度更大，过于繁杂且倾向性不同的信息也使得大学生对于当下社会的认知存在局限性。媒体为争夺流量，多报道消极新闻内容，这在一定程度上弱化了大学生对道德建设的意愿。因此，高校应净化校园网络环境，将更多积极正向，弘扬当代青年精神的内容予以呈现，让学生接触的信息以正能量信息为主。同时，强化高校榜样教育思想政治工作。多在校园中开展评选，并使其更多地认识到社会中所存在的大学生能够模仿的榜样，针对校内获选者，应毫不吝啬地加以表彰，目的是让这类积极的道德体验情感能深入广大学子心中，以激励途径帮助其不断地强化自身情感道德体验，从而主动参与到道德建设队伍中。

（二）强化大学生道德组织建设

大学生社团在高校中所起到的教育意义是举足轻重的，在一定程度上属于小社会类型。借助此特点，高校可建立大学生道德建设发展协会，借助组织的力量将道德核心精神予以传递。在实践中，可从以下四大方面开展。一是成立道德宣传相关部门，如文体部、宣传部、外联部、学习部等。通过举办大学生专项辩论会、向外界拉取赞助、及时解决学生存在道德问题的困惑等方式保证高校道德建设的顺利开展。二是多举办相关活动，例如学术沙龙、专项讲座、道德主题的相关晚会等。三是保证社团间优秀人才的不断流动。对于能力较强的同学，应加大培养

力度，为每位学生都提供发挥才能的舞台。四是发挥干部的带头作用，从自身做起，激发社团成员道德建设的积极性。作为高校教师，应作为社团建设开展的支持者与指引者，通过师生共管，对学生不加以过多干涉的方式，帮助大学生群体践行正确的道德原则。

（三）积极开设大学生道德建设相关活动

大学生处于青春期向青年期过渡的关键节点，其在思想认知方面尚处于一般水平，自身非常容易被外界相关因素所影响，造成自身存在多元的价值观念认知。虽然从宏观上看，大学生整体风气优良，但其中存在的细微问题也必须引起重视。例如大学生受西方文化的影响，催生出了一批精致的利己主义者等。为此，高校可通过积极开设大学生道德建设相关活动来启发学生对于自身道德建设的思考。在校园范围内，对优秀的人和事迹予以表彰，并对做出相关贡献的群体也一并表扬。当然要保证评选公正，只有大家都认可的人选，才能真正地实现促进大学生道德自律强化的目的。

（四）增设道德建设相关课程

高校试点道德建设相关选修课程，并根据学生知识理解能力的不同，将其以基础课、拓展课、实践课的方式予以呈现。基础课能够起到激发学生道德建设动机的作用。拓展课能够起到深化基础课堂知识的作用。实践课能够对学生起到潜移默化道德内化的作用。另外，为降低学生的缺课率，可建立学分课，摒弃形式主义，拥抱实用主义。

（五）运用正确方式来引导大学生

在大学阶段，多数大学生都处于形成道德情感的最关键时期，因此不能缺少高校教师对于学生的正确引导。实际上，很多大学生并未真正形成非常稳定的是非辨别观念，这将会导致学生容易被充满诱惑的外界事物误导，甚至接受错误的价值理念。由此可见，针对当代大学生在全面实施学生道德教育的举措中，首先必须运用正确方式来引导大学生，不断启发大学生接受正确的道德认识以及价值理念，在增强辨别能力的同时摒弃错误思维与认识的不良影响。

近些年来，各地高校正在通过推行多样化的学生德育活动来引导当代大学生辨别是非，杜绝简单与枯燥的道德说教方式。在生动的高校德育活动氛围下，当代大学生就可以受到强烈的内心感情冲击，自觉接受崇高的人文道德情感，升华大学生的道德思想境界。高校在紧密结合大学生真实道德需要的前提下，运用丰富与生动的道德教育活动来吸引大学生，引导高校学生主动融入德育实施的气氛中。

各地高校有必要充分发挥"感动活动"的育人功能，把典型人物和事迹融入思政理论课教学、纳入党校培训、作为"始业"教育必修课，把感动故事编成话剧、拍成微电影、出版发行图书，"感动故事会""榜样的力量""绿叶之星"评比等活动各具特色，"感动无处不在"和"追美在某大"成为全校一道亮丽的风景线。当前大学生道德教育抽象说教多、情感体验少，"高大上"的典型模范多、贴近师生生活的榜样少，生硬灌输多、润物无声引导少，难以激发情感认同、触动灵魂深处、引发价值共鸣，大学生道德教育没法真正落地生根。大学生道德教育重在由近及远，用身边人身边事教育引导人；重在建设积累，稳扎稳打地推广成功经验；重在贴近实际，持之以恒地开展榜样教育。

（六）搭建大学生道德建设载体

新时代下，学生更容易接受的信息载体为新媒体，故高校在开展道德课程的建设中，首先，可充分借助教学楼大厅、图书馆、电子阅览室等场合循环播放道德建设相关内容，并鼓励学生也加入道德宣传小短片的制作中。其次，可借助活动载体，在保证载体丰富性、连续性的条件下，系统全面地开启大学生对道德建设的良好认知，强化道德干预效果。最后，借助沟通载体，发挥网络优势，借助问卷或微博评论的方式，了解基本情况。通过微信公众号后台数据搜集大学生对道德建设的反馈意见，利用网络引领社会道德建设潮流。

（七）增强自身的道德意志

大学生网络道德问题很大程度上是因为道德意志出现偏差。因此，大学生网络道德的引导教育首先要增强大学生自身的道德意志。习近平总书记诫勉青年"强者，总是从挫折中不断奋起、永不气馁"。大学生就是要在挫折中不断增强道德意志，提升道德境界。通过文化熏陶、实践养成和增强法律学习，来坚定大学生意志力。使大学生面对网络道德失范问题时，在坚强的道德意志力的驱使下做出正确选择，发挥克制内心失范的道德驱动力，在道德意志的支配下坚守道德红线，指导网络行为。根据1943年马斯洛提出需求层次理论，将人的需求从低到高依次分为生理需求、安全需求、社会需求、尊重需求和自我实现需求5个层次。从人的意志角度出发研究理性行为，大学生的发展阶段摆脱了低层次的需求，朝着最高层次的"自我实现"的需求努力,这就要求大学生不断增强道德意志,提升道德修养。因为,道德意志是存续时间长且稳定的心理道德。道德意志能保证大学生在社会外部环境发生变化的情况下,始终保持道德品质、道德理想和道德追求不改变。延伸到网络社会,就是大学生能够抵制消极的影响,克制道德失范的网络行为。因此,大学生实现"道德意志的完全自我",是衡量大学生道德意志的标准,在大学生网络道德失范的引导中起到自我调节的作用。

（1）经受住不良诱惑和心智磨难,正确看待自己的道德缺陷,将道德意志内化为规范行为的力量。使自己的网络道德行为成为习惯,面对网络博彩、网络色情、网络游戏和网络购物的巨大诱惑,大学生迷失自我不能自已,弱化了道德意志。所以,大学生要学会克制,把持住自己的网络行为。只有经受住内心的道德考验,大学生才能外化为一个有网络道德的人。

（2）做到这些单凭内心的斗争是不够的,要"静以修身,俭以养德",把多年接受的党的道德教育,转化为道德意志。由于网络社会没有过多的道德舆论和法律规范的束缚,大学生的盲从心态和非理性行为,摧垮了他们的道德意志,网络言行为所欲为,无拘无束。只有大学生强化自身的道德意志,才能对抗网络道德失范问题,敦促自己按照网络社会的道德准则来规范言行,合理地调整自己的内心需求,做出道德的网络行为。

（3）把爱国思想转化为最坚韧的道德意志。大学生作为民族的希望,要有爱国情怀,在"慎独思想和克己复礼"的道德意志驱使下,以正确的心态看待社会热点和国际新闻,关心时事政治和形势政策的同时,培育理性的爱国情操,牢固树立爱国主义的道德意志。使每一位大学生要有主人翁意识,认识到最基本的道德意志是"爱国",并且充分重视这一道德意志的作用,大学生以强大的道德意志约束自己,满足崇高的"道德自我实现"心理需求,做合格网民。

网络道德的引导原则决定了大学生必须按照由内化自觉到外部约束的步骤,单纯的道德意志是不足以引导大学生遵守网络道德的,还要大学生通过培养和升华网络道德情感,逐渐自觉规范网络道德行为,并将其内化为行为习惯。

（八）紧密结合大学生的日常生活实践

学生德育实践根植于当代大学生的真实生活感受,因此如果缺少了大学生的真实情感体验以及日常学习生活作为重要的德育背景,则会造成很多大学生感到德育教育非常乏味,无法激发学生的德育参与兴趣。为此,高校目前必须通过设置多样化的学生德育活动来教育当代大学生,结合当代大学生的真实生活体会来创新学生德育的传统实施模式。

例如，在对于不良网络行为产生的风险与危害进行讲解时，教师有必要结合校园生活中经常见到的校园贷及其他网贷现象，详细为大学生讲解陷入网贷给自身健康与经济财产带来的危害性，指导大学生自觉分辨是非，远离校园贷等非法行为的诱惑。并且，教师应当引导学生对于正确的财富观予以全面树立，客观认识财富的价值，帮助当代大学生摒弃过度消费的不良行为倾向，增强学生的是非辨别能力。

与此同时，高校目前有必要全面强化校训教育。校训是优秀传统文化的凝练表达，是大学道德价值的个性张扬。大学生道德教育要建设以校训为核心的精神文化，树立求真务实的科学精神、创新奉献的社会情怀和遏恶扬善的道德人格，使求真至善臻美成为人才培养的道德标杆、成为立德树人的精神底色。高校要建设以感动典型表彰机制为牵引的制度文化，坚持物质奖励与精神奖励相结合，推动学生设奖评奖与学校表彰推广相协同，形成向优秀典型倾斜的干部培养和任用导向，使看得见、摸得着、感受得到的榜样文化成为孕育感动的自然雨露，涵养最美的阳光鲜氧和激扬追美的时代风尚。

（九）规范自身的道德行为

"德者，本也"。教育家蔡元培认为"若无德，则虽体魄智力发达，适足助其为恶"。失去道德支配的行为，再好的智慧和身体都是危险的助纣为虐行为，大学生必须规范自身道德行为，还其一个本真的道德观。大学生网络道德问题还需从大学生自身找原因，必须要提升自身道德素养，而落脚点就是规范大学生的网络道德行为。

（1）培养网络信息辨识能力。面对网络垃圾信息泛滥、网络谣言、网络不良社交、网络贷款和网络诈骗等，大学生要做到不传谣不造谣，能厘清诈骗和套路贷，做到健康的网络交往。这就要求大学生要有一定的网络信息辨识能力，提高自己对网络信息的甄别能力，选择健康的网络行为，接受并认同对大学生未来发展有帮助的网络信息。大学生应该多参与高雅的网络活动，多观看音乐剧、话剧等陶冶道德情操的行为。同时，大学生还应该观看新闻联播、浏览政府官方的网站，从正规渠道获取信息。

（2）提高网络行为自我控制力。大学生应该自觉抵制网络博彩、网络色情等有害信息，提高对网络暴力和网络游戏的自控力，认识到虚假网络新闻的危害，提升自己的网络自律。做到《礼记》"是故君子戒慎乎其所不睹，恐惧乎其所不闻。……故君子慎其独也"中的"慎独"修身。提高网络行为自我控制力，可以有效地约束大学生的网络道德行为，有效培养大学生的善念、善行，帮助大学生逐步规范网络行为，积少成多真正做到"勿以恶小而为之"。同时，做到网络行为理性。大学生网络道德失范行为屡屡发生，很重要一点就是缺乏理性行为。当大学生面对网络直播平台美女主播、才艺主播和销售主播时，一定要理性地进行网络行为，不要超过经济实力过分"打赏"主播，受主播的鼓动买一些不必要的"网红产品"。2019年席卷微信社交的"卖茶女"诈骗套路，坑害了无数有爱心的大学生。此外，要想拥有理性的网络行为，还要培养理性能力。对于大学生网络道德来说，就是要理性地承担网络社会责任，不要过度透支自己。让大学生理性看待网络上的一些消极负面的内容，不要盲目冲动地发表观点，要做到冷静和客观地思考问题，努力做到理性的道德行为。

（3）提升网络道德评价水平。规范大学生自身的道德行为，道德评价是基础，要让大学生知道网络暴力、网络谩骂、学术不端和网络黑客等行为是不道德的，逐步改变自身网络道德评价水平低的窘境。要改变大学生盲目从众的网络道德评价水平，对网络社会多深入思考，减少对网络舆论导向的影响，增加网络道德责任感。对网络社会的活动和信息进行道德甄选和过滤，提高对网络社会多元引导的道德评判，区别网络不良宣传和虚假新闻，使大学生内心从善如流。

（十）增强高校师生的情感交流

当代大学生的内心道德需求以及情感需要若能得到全面的满足，那么将会明显增强学生的内心安全感以及归属感，确保当代大学生充分体会到道德需求被满足时的幸福感与自尊感。同时，多数大学生渴求与身边伙伴以及师长开展全面的情感交流，解决目前的内心情感困惑，获得全新的师生情感交流体验。在此基础上，作为高校教师对于学生表现出来的道德情感需求必须做到善于识别发现，通过增强师生沟通的做法来体察学生的道德情感需求，对于上述的情感需求予以充分的满足。当代大学生在感受温暖关怀的过程中，内心将会充满进取的热情与动力，增进师生之间的内心情感交流。

例如，高校的各年级导员在关爱贫困生的实践过程中，应当将更多勤工俭学的机会给予贫困生，而不是简单运用资金资助的方式来扶持贫困生。这是由于，单纯给予资金物质扶持的做法可能会伤害到高校贫困生的自尊心，或者导致某些贫困生养成依赖学校为其提供物质扶持的懒惰习惯。因此，高校指导员以及高校教师有必要热情鼓励贫困生，提倡贫困生通过自主劳动的方式来获得充足的学业资源基础，帮助贫困生树立追求美好生活的信心。

从现状来看，当代大学生以及高校教师可以通过组建班级与年级微信群的做法来促进日常沟通，充分保证了教师能随时解答学生的情感与道德困惑，热情帮助学生解决真实的学习与生活难题。学生在获得热情帮助的过程中，内心将会充满感恩的崇高人文情感，有助于当代大学生接受正确的人文道德理念。

（十一）组建大学生道德教育网络工作团队

网络载体为高校道德教育提供了崭新平台，然而，由于网络自身带有的局限性，又使高校道德教育在一定程度上面临了新的难题。传统的高校道德教育工作主要采用以课堂为主、辅以相关社会实践的教育方式。因此，不论在道德教育课堂还是社会实践教学中，一旦发现问题，教师都可以及时解决和调整，监督控制较为快捷方便。网络载体的运用使得高校传统德育模式发生了改变，但也为高校网络监管和道德教育者的新媒体运用技术带来挑战：一方面，网络载体为高校道德教育教学模式的改变提供平台的同时，也从侧面要求教育者除了过硬的专业知识外，对网络技术要有所掌握，对新媒体要能够熟练应用；另一方面，微博、微信等开放式网络平台内容相对混杂，言论也较为自由，一些虚假信息和违法信息隐蔽性高、迷惑性强，乘虚而入侵蚀着大学生的价值观。同时，新媒体背景下的网络信息传播有时为了图简短快捷或吸引眼球，往往将推演过程压缩简化，造成信息不全面、信息间缺少内在联系、逻辑不完整等情况，使信息呈现出碎片化的特点，导致大学生获取到的信息变得浅显、杂乱、片面。长此以往，会弱化大学生的思考能力，不利于其认知水平的深度发展。

因此，高校应当组建专业大学生道德教育网络工作团队，在不断监管网络道德教育环境的同时维护高校网络道德教育成果、提升网络道德教育水平。在组建专业大学生道德教育网络工作团队时，首先需要制定严格的选拔标准和选拔条件，从专业能力、心理素质、职业素养等方面出发，严格筛选出符合要求的一批网络道德教育工作团队成员，以确保高校网络道德教育队伍的高质量和高水平。还应做好相应的培训工作，加强高校道德教育教师网络技术培训。使得这些教师不仅具备系统翔实的专业知识储备，还具备相应的网络技术水平，以便在日常授课时更好地开展道德教育教学。其次，建立起完善的网络监管制度，规范校园网络建设与管理。可以组建网络监察以及舆情研判小组，实时监控校内外舆情，在网络平台上关注大学生的思想动态，对存在问题的学生，早介入早防范早教育，引导大学生传播网络正能量，以此完善大学生道德教育的网络系统。只有这样，才能充分发挥网络载体的高校道德教育功能,促使高校网络道德教育朝着健康方向发展,为新时代高校道德教育做好保障。

(十二)更新网络道德教育形式

思想政治工作从根本上说是做学生的工作,不断提高学生思想水平、政治觉悟、道德品质。学校对大学生的网络道德教育,要不断更新网络道德教育形式,使网络道德教育永葆活力。从20世纪90年代互联网在中国兴起,到现如今蓬勃发展的网络思想政治教育,都与新时代中国特色社会主义社会相适应,同时顺应了国家大力提倡的"网络空间安全"。思想政治教育形式还要不断推陈出新,思政课教师要牢牢抓住思政教育网络主阵地,突破传统教育理念,循序渐进地在复杂的新形势下开展思想政治教育,做到思想政治教育"因时而进""因势而新",不断"推动思想政治工作传统优势同信息技术高度融合"。

(1)完善校园监管体制。更新高校网络道德教育监管形式,建立校园网络监管新体制,利用校园网络监管技术,提升对大学生的网络监管。一方面,高校的校园网络要屏蔽、删除网络社会的不良信息和内容,严防校园贷,通过账户实名制,引导大学生规范使用网络。另一方面,督导教学的同时兼顾督导大学生网络道德教育情况,尤其是网络学术不端问题,将网络道德纳入考核考评体系中。同时,完善高校监管制度,通过制度来规范、监督大学生网络道德。以往的很多高校在校规校纪方面忽视对网络道德的规范,更新监管体制就要在规章制度中添加网络道德相关约束。此外,高校更新监管体制的具体对策还有建立大学生"网络道德档案",在档案中记载其网络道德失范行为,作为评奖评优的依据。

(2)加强网络法制教育。增强大学生网络法制观念迫在眉睫,大学生网络道德失范问题的频现,是因为他们严重缺乏网络法律法规的知识储备。通过教师课堂传授网络法律法规教育内容,普及网络社会的法律,让大学生认识到网络不是法外之地。同时,高校要组织好网络法律法规的宣传工作,利用讲座、主题班会形式对网络相关的法律进行宣传,提高大学生法制意识,引导大学生走出网络,改变大学生"低头族、手机控"状态,更新"一味重视书本知识教授"的教育理念。

(3)丰富网络道德教育内容。网络道德教育内容要立足网络道德教育目标,面对大学生网络道德失范日益严峻的形势,要有针对性地开展网络道德教育,提高他们的网络道德素养。更新网络道德教育内容,首先要对教育内容进行丰富发展。一方面,必须开展社会主义核心价值观教育。通过中国特色社会主义文化认同,来教育大学生网络道德,继续加强马克思主义教育的同时,高校还应该对网络上的消费主义、拜金主义进行教育，引导大学生自觉抵制享乐主义、功利主义、个人主义，这样大学生就会形成理性的网络消费，并遵守网络道德规范。另一方面，为了引导大学生形成良好的网络道德习惯，应该加强对其的网络道德教育。对大学生进行前沿网络科技教育的同时，应当将网络道德教育融入其中，在具体的教学过程中，注重正反教育结合、课上课下结合、心理疏导和理论学习结合，增强大学生信息辨别能力，以网络道德失范案例引以为戒，必须加强大学生责任意识教育，使其自觉规范网络行为。

（4）加强校园网络文化建设。强化校园文化的熏染作用，对大学生网络道德失范教育起到潜移默化的影响作用。通过成立网络发展中心社团、开展丰富的社团网络活动、校园网络文化节等。这些都旨在提升大学生网络道德水准，规范大学生网络道德行为。班级开展讲座、主题班会、主题团日、专题党课教育活动，将网络道德教育的内容贯穿其中，让大学生认识到网络道德规范以及遵守规范的重要性。大学生通过参与网络文化活动，营造健康的校园文化氛围，更新了教育形式。

（5）不断更新网络道德教育。高校始终要把对大学生的网络道德教育放在首位，坚持这一教育理念是"立德树人"的根本要求。首先，加强大学生网络价值观教育，一定要牢牢掌握网络意识形态教育的主动权，网络价值观的重要性，决定了高校对大学生网络价值观教育的必要性。要进行网络社会荣辱观教育，明确善恶美丑；进行大学生科技价值观教育，使大学生不产生科技依赖，崇拜网络。此外，进行传统道德观教育，传统爱国主义、集体主义、马克思主义道德观，可以坚定大学生网络道德意志，在网络社会依然有重要意义，高校不能忽视。其次，加强大学生在网络社会的行为规范教育。通过课堂教育和校规校纪来规范大学生的网络非理性行为，教育大学生践行《全国青少年网络文明公约》，使大学的教育跟上网络社会发展的步伐。再次，高度重视网络道德教育。思想政治教育是高校评价体系的重要系数，高校应该重视网络道德教育，加大资金投入，应该紧跟网络发展的新形势，及时更新网络道德教育形式。最后，锻造一支有责任心有业务能力的教师队伍，以增强大学网络道德意识。充分利用好思政课这个主阵地，利用新媒体手段拓宽教育途径、育人渠道，不断加强师风师德建设，更好地发挥教师的道德引领作用。要以师风师德和大学生道德教育为抓手，通过多种方式、多种手段共同推动社会主义道德教育。

第三节　心理素质教育

一、心理健康教育

（一）大学生心理健康教育的基本原则

1. 以马克思主义为指导

大学生心理健康教育应当以马克思主义为指导，进一步完善心理健康教育的基本理念和方式方法，强调在以人为本、循序渐进、理实一体化等理论的基础上开展心理教育工作。现代心理健康教育必须遵循唯物主义的基本理论观点，客观地认识当代大学生的心理现状，分析造成大学生心理问题的深层原因，基于社会经济转型发展的现实以及多元网络文化对大学生思想倾向的影响，以有效的方式促进大学生形成正确的思想价值观。还要结合心理健康教育的基本理论，创新心理健康教育的方式方法，优化心理教育资源，充分运用马克思主义的理论研究大学生的心理特质，从而提高心理健康教育的针对性，做到一切从实际出发，提高心理健康教育质量。

2. 坚持中国教育特色

新时代的大学生心理健康教育要坚持中国特色，强调以心理健康教育为中心，积极促进学生身心发展，在心理健康教育中有效排除学生的心理障碍，解决学生的心理问题，重点提高大学生的心理素质，大力提高学生的人格境界。中国特色社会主义理论指导下的心理健康教育应当有助于开发学生潜能，有助于提升学生的生活质量，把调适学生心理放在重要的地位，大力培养学生良好的个性特征，关注学生的发展状况，促进学生主动保持自身的身心健康成长。心理健康教育要与德育充分结合，发挥中华优秀传统文化的重要作用，通过思政教育提高学生的心理调节能力，鼓励学生形成良好的人格和思想品德，促进学生不断向着正确的方向发展。

3. 积极整合教育资源

首先，新时代的大学生心理健康教育要整合资源，进一步消除东西方文化差异，将多种文化与心理相整合，在文化一体化的背景下开展心理健康教育，构建彼此协调的心理健康教育工作机制，促进多种教育资源的广泛融合，在学校、社会、家庭的教育资源中提高心理健康教育的整体质量。例如，现代心理健康教育应当融入西方心理健康教育的理论，同时融入我国儒、释、道思想观念，进一步通过丰富的传统文化以及现代心理学的理论来促进学生身心成长。其次,要融入典型的情境资源,基于现实生活的案例与丰富的心理学理论指导加强对学生的引导,促进学生以积极的姿态投入社会实践。最后,现代心理健康教育要整合各类资源,尤其重视整合网络资源,强调发挥信息资源的重要作用,更好地满足学生心理成长的需要。

(二)大学生心理健康教育现状

(1)高校学生心理健康教育不被重视。当下高校除了相关心理学专业之外对于高校其他学生的心理健康教育是非常少的,虽然很多高校有开设心理健康咨询师,但更多的是趋于形式并没有起到实质性的作用。而学校对于心理健康教育这方面也没有给予很大的重视,无论是在教学管理、教学设备还是教资上都没有系统的体系。例如,一个高校当中可能只有一个心理咨询室,或者是建立一个心理健康社团,而且很多高校心理健康社团当中基本上没有专业的心理教师参与,一般都发展成为学生相互认识聊天的团体,偶尔之间做一下团体活动而已。同时,针对高校健康心理教学的设施和师资都是不完善的,不像其他专业课程上有强大的师资背景。因此,在传统高校心理学教育构建上并没有起到很大作用,导致当下高校学生在步入社会之后无法更好地面对社会环境和竞争压力。更谈不上拥有一个全面健康的心理状态,处于高速发展的社会环境中多多少少都有一定的焦虑与压抑,很多时候高校学生不知道如何良好地排解,让其身心都承受着巨大的压力,整个人的幸福感就会低下。

(2)对高校学生心理健康教育理解与方向偏差。一直以来很多人听到心理健康这个词都是有点顾忌的,觉得是有什么心理问题或者是心理疾病之类的。教师对高校学生心理健康教育的理解也存在着偏差,认为心理健康教育主要是集中于帮助有心理问题的同学解决心理问题,并没有将高校心理健康教育定位于培养拥有健康心理水平的学生。甚至还存在一些教师觉得学生不会有什么心理问题,认为当下高校学生都处于一个幸福的环境当中,学生承受能力不应该这么低下,所以让学生自己去承受,去排解心里的压力。对此,高校在这方面的理解偏差让高校心理健康教育一直没有得到良好的课程构建。与此同时,当前大部分高校心理健康教育工作的开展把更多的注意力放在了心理适应不良的学生身上,在干预的同时更多的是关注问题的本身,而忽略了从他们身上寻找正向咨询与解决问题的办法。而且整个高校也没有相应的氛围让学生认识到心理健康教育的重要性,让学生以平常的心态进行心理健康学习,形成自身应对现实中各种事情的积极心态，促进自身全面健康的发展。

（三）大学生心理健康教育的主要模式

1. 采用多元化的教育模式

大学生心理健康教育要从大学生的思想情感特质出发，通过心理健康教育促进学生正确认识自己，引导学生树立正确的"三观"，避免大学生陷入迷茫。为此，高校应当采用多元化的大学生心理教育模式，合理发挥心理学课程、心理辅导、心理咨询、网络教育等途径的积极作用，鼓励学生学习丰富的心理学知识，引导学生树立自信心，推动学生不断探索和塑造健全的人格。学校应当扩大心理健康教育的载体，丰富心理健康教育的形式，进一步在理实一体化的框架下完善心理健康教育机制，针对不同学年学生采用不同教育模式。学校要对每名学生的身心状况进行测量，了解学生的具体心理问题，及时通过专业人员进行必要的心理干预。学校可以基于多种网络渠道灵活配置心理健康教育资源，完善在线心理教育引导机制，基于实时互动的方式促进学生与心理教育取得联系。新时代的心理健康教育要构建社会化的机制，强调学校与家庭的紧密配合，充分发挥辅导员的沟通、协调作用，引导家长正确进行思想教育，帮助家长掌握正确的与大学生沟通的方式。要充分发挥社会资源的重要作用，发挥社会心理健康教育机构的作用，鼓励学生积极投入实训实践，在实践中提高学生的心理素质。

2. 积极心理健康教育模式

积极心理学理论引导的心理健康教育不仅关注学生的心理健康与否，还关注学生的成长过程，强调以积极心理引导、促进学生正常发展，消除以往非此即彼的教育弊端。积极心理健康教育强调优化教育氛围，旨在促进学生保持愉悦心情，充满生命的活力，鼓励学生勇于面对人生的各种挑战。积极心理学影响下的心理健康教育注重解决学生成长中的曲折，进一步消除大学生的心理误区，促进学生自我价值的实现。积极心理学影响下心理健康教育融入了测量式教育模式、自助式心理教育模式，强调学生以各种形式的资源满足心理需求，保持对自己的一种满意状态，这更有益于维持大学生的心理健康水平。积极心理学视角下的心理健康教育通过大学生自身能力来解决心理方面的问题，促进学生在教师的辅助下重回正轨，达到调整心理平衡的效果。积极心理学视角下的心理健康教育更重视心理暗示，强调通过社团活动开展心理健康教育，力求在一系列正向引导和学习体验中提高心理健康水平，提高心理健康教育的有效性。

3. 在线心理健康教育模式

在线心理健康教育是一种课上、课下一体化的教育模式，它强调通过在线资源满足学生自主成长与个性化成长的需求。在线心理健康教育通过在线教育平台实现，强调基于 App 或者公众号满足心理健康教育的需要。首先，充分发挥微课或慕课资源的作用，在线为学生提供心理健康的知识，传授调节心理的方法，给学生提供智能化的学习环境。其次，在线心理健康教育要打造可以在线一对一互动交流的平台，这样有助于学生随时在虚拟空间解决心理方面的问题，建立了非面对面的心理咨询机制，提高了心理咨询与辅导的时效性，同时消除了传统心理健康教育的问题。最后，在线心理健康教育更生动，发挥了学生群体的积极作用，有助于在师生网络互动中化解学生的心理问题，优化学生的思想认知，促进学生主动与教师进行交流沟通。而且，在线心理健康教育与心理健康课堂、辅导员组织开展的思政教育等保持紧密的联系，可以基于翻转课堂的模式促进学生在线学习心理知识，课上解决大学生的典型思想问题，这对优化配置高校心理健康教育资源、提高心理健康教育的合理性与有效性有重要价值。

（四）大学生心理健康教育途径

1. 丰富大学生心理健康教育内容

心理健康基础知识的普及、预防和疏导常见的心理问题、促进自我意识的正确发展和形成健康的人格、正确的职业观和恋爱观、拥有良好的社会交往能力、引导与加强大学生自主学习和掌握简单心理调节方法等是目前网络心理健康教育的主要内容。但随着时代的快速发展，大学生上网、用网的频率加大，网络心理健康教育也应该与时俱进增设新的教育内容。

首先，要加强大学生网络意识教育，当前大学生更注重对网络技术掌握和探索应用，容易被网络中丰富多彩的信息内容和自由交流的形式所吸引，但缺乏有关网络对个体身心健康的不良影响、网络对社会道德的冲击等问题的深刻认识和思考。因此，心理健康教育工作者在开展教育工作时，将教育方法与大学生的身心发展规律相结合，帮助大学生正确认识互联网的概念、作用以及特点，要积极引导大学生形成正确的网络意识，正确上网，形成敏锐的政治观察力和网络信息鉴别能力，要帮助大学生认清虚拟的网络世界与现实的生活世界之间的关系，使其能够正确认识网络的利弊，有选择地浏览、学习，自觉抵制网络不良信息的诱惑，自觉树立网络心理健康的观念。

其次，要加强大学生网络价值选择的教育。网络是大容量的虚拟世界，包含很多需要大学生对其进行价值判断与价值选择的内容，其中不缺乏会影响大学生身心健康的消极因素，不同的选择会产生不同的结果，如何选择就显得至关重要。因此，教育者应该给予大学生正确的价值引导，使大学能够对网络信息进行自主的价值选择与判断。一方面，要教育大学生具有网络自律，能够利用网络所特有的优势和便利条件，最大程度地发挥其价值作用，降低网络信息对自己身心的负面影响；另一方面，要教育大学生适度上网，让他们认识到网络展现的虚拟世界并不是生活的全部，防止大学生因过度使用网络而自我迷失，甚至患上网络综合征等心理疾病。

2. 丰富大学生心理健康教育形式

随着网络沟通变得更加快捷和通畅，以及网络技术的不断发展，网络心理健康教育的形式也应趋于多样化。心理健康教育网站、开展线上心理咨询室等都是以网络为媒介开展大学生心理健康教育的形式。突出其多样性，可以结合大学生的兴趣爱好，采用多种形式来丰富大学生网络心理健康教育。

首先，开设微博。微博是一种新兴社交软件，因可以实现即时分享信息备受大学生的喜爱成为大学生日常交流的主要渠道。微博热搜由于聚合了大量社会热点内容，成为微博最强大的流量入口之一，已经成为当前大学生获得信息的主要聚集地。因此，要发挥网络新媒体的特性和优势，用大学生所喜闻乐见的形式，如运用微博的多样化的手段，使网络心理健康教育的形式更加立体、动态，易于大学生接受。如可以在微博中就热点话题发起讨论，由心理咨询工作者建立讨论小组，并维持秩序，让组内保持良好的讨论氛围、引导讨论，使大学生可以对某些心理问题畅所欲言，大胆发表自己的意见和看法，这有助于克服线下面对面的拘束和不适，激发每个大学生都参与到讨论中来，各抒己见，探讨存在的困扰，提升自己的心理素质。

其次，利用微信。微信已然成为大学生之间相互交流沟通、获取信息的重要工具。教育工作者可以把微信作为开展教育的新阵地，如发布心理健康小测试、建立心理健康交流群、定期发送心理健康推文、提供即时心理咨询服务等，可以开展"一对多"或"一对一"的微信交流，既可以进行心理健康知识的传播，又可以实现及时的心理沟通和疏导。也可以建立专门的心理测试公众号，公众号中可以根据时下流行，定期推出测试内容，或定期推出心理课程，把著名的心理学家讲课链接放在公众号中，方便大学生选择和学习。大学生通过这些方式可以及时了解自己的心理健康状况，教育者也可以掌握学生最新的心理发展情况，并及时进行心理疏导。

最后，制作心理健康微电影。这是借助电影的形式，让大学生扮演故事主人公，将典型的心理问题通过屏幕展现出来，使观众了解心理问题产生的原因、正视心理问题以及学会相应的解决办法。此种教育方式在大学生群体中很受欢迎。微电影影片的展现不仅生动有趣，而且具有很强示范性，其拍摄过程简单、易学。心理健康微电影的主题可以多样化，既可以针对解决心理问题，又可以与大学生的梦想、奋斗、爱情与亲情融合在一起，既能让大学生正确看待心理问题，又能使大学生受到启发和教育。心理健康微电影的播放可以选择在各种线上平台中，如网站、微信、微博等热门软件。大学生可以利用"碎片"时间观看，使心理健康教育在不经意间就可以走进大学生的生活。微电影是数字化时代背景下对大学生进行心理健康教育的重要的方式，它的产生不仅丰富了网络心理健康教育的形式，还可以起到激发大学生自我学习心理健康知识热情、指导自我实践的作用。

3. 利用媒体融合优势，创造健康的成长环境

媒体融合大背景下，高校教育工作者在进行大学生心理教育过程中，需要对教育理念、施教形式予以改革和创新。其一，帮助大学生树立科学、正确的网络道德观念。高校需要客观看待媒体融合带来的挑战与机遇，科学利用媒体融合带来的正面影响，将正确的网络知识渗透大学生心理教育全过程，为当代大学生构建一个开放度高、亲和力强的媒体学习环境，让大学生从各个角度了解网络的优势、特点、功能，带领他们认识到互联网对自身所产生的一系列影响（积极影响和消极影响），引导学生树立网络意识，防止心理问题的出现；其二，实现学生对心理教育观念的转变，媒体融合背景下，高校应加大有效的媒体宣传，积极研发宣传教育性软件，提高大学生对心理教育的重视程度，发现当前存在的问题，提前解决可能存在的心理问题，抵制消极信息的入侵，继而有效提高大学生的心理健康水平。总而言之，在大学生心理教育过程中，构建优良的媒体环境至关重要，高校还应重视引导学生养成正确使用媒体的习惯，培养学生对媒体的正确态度，使之学会运用媒体融合的优势，做到自我解决心理问题，继而在健康、快乐的心理健康成长环境中成长成才。

4. 实行线上+线下心理健康教育相结合

（1）进行线上+线下的心理健康知识宣传

对大学生进行心理健康知识宣传要结合其身心发展规律、兴趣爱好和对网络的偏好等特点，进行线上+线下同步开展，这有利于大学生掌握心理健康知识，提高其主动学习知识的积极性，加强检视不良情绪的能力。

进行线上+线下心理健康知识宣传，可以通过线上和线下心理健康教育课堂

相结合得以实现。课前可以让大学生通过观看多媒体及相关视频了解本节课的知识内容，并了解重难点。在教学活动中，可以建立学习型小组，小组成员通过行为训练和角色扮演来学习心理健康知识。或者设置互相点评环节，引导学生展开讨论，深化对知识的理解。教师也可以安排学生通过视频学习基础知识，并让学生在现实生活中进行实践，或者让其在业余时间利用线上回放功能进行复习，将已经学会的知识进行巩固、内化。

加强大学生心理健康知识"线上+线下"的宣传，可以做到组织线上和线下两方面的心理健康知识讲座、知识问答竞赛、演讲比赛等活动，制定评分标准并邀请教师参与点评。还可以把校园内的心理健康知识宣传海报，整合为线上视频、图片等形式，并上传到校园 App 中，方便大学生随时查找、观看。采用灵活多样的宣传方法和宣传手段，有利于激发大学生主动学习知识的积极性，在提高学习的兴趣的同时，也营造了校园中良好的心理健康教育的氛围，在潜移默化中引导大学生心理向健康的方向发展。

（2）实行线上+线下的心理健康咨询

构建线上+线下相结合的多层次心理咨询辅导体系，在帮助大学生树立网络心理健康意识的同时，根据其不同需求，预防、减少网络心理问题产生的概率，可以从以下三个方面开展：线上心理咨询辅导、线下心理咨询室、线上线下心理咨询。

线上心理咨询辅导可以分为三个板块，即自主咨询、群体咨询和个人咨询。自主咨询是在心理健康教育网站设立自助咨询模块，当大学生感觉自己有心理问题倾向时，可以通过该板块自助式进行心理问题自查、获取自我心理疏导的方法，掌握方法后再进行自我调节。群体咨询是在心理健康教育网站设立群体咨询模块，由心理咨询师在线上开展一对多和多对多的群体咨询，进行学习、恋爱观、情绪管理、人际关系、社会经验、就业困扰等方面的辅导。一对多的咨询方式指的是由心理辅导教师同时对两个或两个以上有相似问题的咨询者进行心理疏导；多对多的咨询方式指的是多个咨询者可以在线上聊天室中围绕某个共同感兴趣的主题进行实时群体讨论，然后咨询师参与谈论，引导话题方向、维持讨论秩序。个人咨询这种方式更有利于因材施教，具体问题具体分析，对大学生出现的心理问题进行有针对性的疏导，使大学生个体借助网络平台，通过"零等待"心理咨询、留言咨询等方式，实现一对一的在线心理咨询辅导。

线下心理咨询室更便于向有心理障碍的大学生提供服务，该类大学生通常具有较强的个性且心理问题一般较为严重。线上心理咨询因受到"屏幕"的限制，很难建立长期稳定的相互信任关系，教师很难掌握大学生的详细信息，这就使得线下面对面的心理咨询的优势更明显。咨询的效果要建立在有良好咨询关系的基础上，这就需要心理辅导教师与来访的大学生进行深层次的一对一单独交流，咨询的时间或周期可以根据情况而定。因此，对于线上进行过实名咨询并存在心理问题的大学生，可以建议其进行线下的面对面心理咨询，即将线上咨询转化为线下心理咨询。

对于线上匿名咨询，心理辅导教师要提高沟通技巧。对大学生进行心理辅导时要秉承着真诚、平等、互相尊重的态度，时刻关注大学生的心理状态，建立相互信任的关系，让其敞开心扉展现自己真实的内心情感，从而提高网络心理咨询的效果，同时也为帮其转为线下心理咨询做准备。由于线下心理咨询受时间、空间等条件的限制，不能随时对大学生进行疏导，在这种情况下，大学生在非工作时间段便可以通过线上咨询来缓解自己的心理问题。"线上+线下"心理咨询模式适合大学生心理发展的需要，在拓宽心理咨询渠道的同时，也丰富、提升了传统心理咨询的方式和时效。

（3）开展线上+线下的心理健康教育活动

线上+线下相结合的心理健康教育活动更突出实践性、竞赛性、趣味性、交往性、合作性等特点，不仅可以提高大学生的心理素质，拓展其视野、锻炼其心理品质，而且多姿多彩的活动形式也可以弥补课堂教育的不足，线上+线下教育活动类型主要分为心理体验型、知识宣传型以及校园文化氛围型三种。

线上+线下的心理体验型活动指的是，开展线下心理沙龙、主题班会、情景剧表演、拓展训练等多种形式的活动，然后再把这些实体活动通过照片、录像、短视频等形式记录下来，并上传到心理健康教育网站中。也可以组织学生制作心理情景剧、微电影等创作活动，帮助学生将课堂中学到的心理知识运用到社会实践中，把课堂知识与社会实践相结合，把理论知识转化为实践经验，以此来提高心理健康教育的有效性。同时，教师也可以了解大学生喜爱的社交软件，在这些软件上发起针对性较强的心理活动，鼓励大学生参与到教育活动中来，在潜移默化中使其掌握知识，如心理电影赏析、模拟心理拓展训练等都能够提高大学生心理健康教育活动的质量。

线上+线下的知识宣传型活动指的是，在教育活动中要拓宽教育的途径，如在校园开设心理之窗、举办心理知识板报比赛、心理知识广播等，不仅要在线下进行心理健康知识的宣传，还要充分利用学校媒体平台，如学校官网、官方微博、微信公众号、校园贴吧等，大力宣传心理保健知识以及心理健康的重要性，传播主旋律，弘扬正能量，提高大学生的心理健康意识，促进大学生身心全面发展。

线上+线下的校园文化氛围型活动是指以团体形式同时开展丰富多彩、形式多样的校园心理健康教育实践活动，如以班级或年级为单位在具有特殊意义的日子举办主题教育活动如大学生心理健康日举办"5·25走出自我孤岛"活动，形成积极向上的心理文化氛围。也可以举办家乡摄影大赛、感恩教育活动、"美好生活"系列主题活动等，既展示乡土人情、记录美好瞬间，又展现大学生的现实生活。在此基础上，还可以让大学生利用网络平台在官网、微博、公众号中分享自己的感悟、心得和启示，以上各种活动均可以调动大学生主动学习的积极性，增强教育的感染力和吸引力。

5. 实现媒体融合与心理教育结合，创新教育模式

在进行大学生心理教育过程中，高校及教育工作者需要重视媒体融合与心理教育的有机结合，为大学生的道德品质、思想观念、精神心理的塑造提供高质量的服务平台。其一，构建"线上+线下"的教学模式，依托媒体融合的优势和功能，统合整理心理教育资源，实现资源共享，开展线上线下混合的心理教育活动，为当代大学生提供优良的心理咨询服务，推动大学生心理水平的大幅度提高；其二，以媒体融合为契机的校园文化建设，让大学生积极参与校园文化实践活动，在无形中改善自己的心理状况；其三，引进社交化媒体群组模式，充分发挥社交媒体的长处，将教育工作者和学习者引入其中，继而开展高效的互动。

6. 加强师资力量，提高教师专业素养

在媒体融合背景下，教育工作者应精准掌握大学生心理发展的重难点，可以利用媒体融合的特点有针对性地开展大学生心理教育工作。其一，高校应重视心理教育师资团队的建设，要求心理教育工作者具备相应的资格证书，需要在心理教育领域具有实践经验。高校可以加强优秀人才的引进，引进一些行业高端人才扩充教育团队。其二，重视心理教育工作者培训工作，一方面，在培训中提高自身媒体素养，从中汲取新知识、新理念、新模式，以此拓宽教学能力和专业水平；另一方面，提高教育工作者基于媒体融合背景下的施教方法和操作技能的运用能力，帮助心理教育工作者掌握更多新兴的施教模式，为大学生心理教育做好铺垫。

二、生命教育

（一）生命的内涵

古希腊哲学家认为生命的哲学解释是一种"力"，一切无法解释的产生运动

的原因都是"力"。中国古代哲学家则把一切生命的本源归结于"气",但是都没有准确的解释。20世纪50年代,"生命"有了第一个广义范围上的定义:生命是能够与环境进行物质和能量的交换,实现生长与繁殖、遗传与变异等活动的特殊物质系统,并且生命能够对外界刺激做出反应。这个定义是对生命活动的根本特征的概括和描述,具有一定的生物学理论价值。但是这明显是对生命的最广阔的定义,包括了自然界中所有动物、植物以及微生物的生命,而"00后"大学生生命教育所聚焦的生命是从人的角度,研究人的生命,生命教育也是对人所开展的一种教育活动。

生命在哲学上的定义是有意识的存在,既有情感意义,也有精神意义,生命对人类历史的前进和发展具有重要作用。人类的生命不同于其他动物、植物和微生物的生命,区别主要表现为人的生命是自然生命与价值生命二者的统一,人的自然生命是人类一切生存、生活和生存活动的基础,人类之于自然界,仅仅是一个普通的构成部分,人类的全部生产和生活都离不开自然界。人的价值生命是人类区别于其他生物的特征,只有人类具有价值生命。因为价值生命诞生于人类后天的生产实践中,人是所有相关的社会关系的集合,人的社会属性决定人除了在维持的自然生命的同时也要实现人类的价值生命。自然生命也称自在生命,价值生命也称自为生命,因此,人的自在生命和自为生命是一个相互依存、和谐统一的紧密整体。

生命是教育的归属点,准确把握生命的内涵是开展生命教育实践的基本要求。各个学科对"生命是什么"这一问题做出了不同的解释,下面笔者基于对已有观点的梳理和概括,在习近平健康观的指导下对生命内涵进行阐释。

从医学上说,生命是一个具有相对稳定性的物质系统,具有内因性死亡功能及生物性繁殖再生等特征;化学学科所指的生命不是一个过程,而是由碳氢氧磷等元素组成的分子结构;心理学认为自我意识的觉醒是生命的开始;从社会学角度上来说,生命是有生存的要求并在社会文化支配下发展的个体;从哲学意义上看,生命是具体事物和抽象事物、特殊性规定和普遍性规定、时间和空间、正价值和负价值组成的矛盾体。当然,全部的人类历史都是以个人生命的存在为前提的,在互联网兴起后,智能感应器进入人体引起了生命人工化的广泛争议,而学界普遍认为"人工生命"并不属于生命范畴。从生命的功能上讲,生命是能够进行新陈代谢、繁殖遗传、自我调节的活体;从系统论的观点出发,将生命结构定义为蛋白体的存在方式,生命的本质就在于蛋白体的化学组成部分不断地往复更替。广义上的生命包括动物、植物、微生物等一切具备生命特质的有机体;狭义的生命则特指人的生命，本书的生命教育研究就是围绕"人的生命"展开的。

人作为区别于其他生物的生命主体，其内涵应包括以下方面：人的生命首先表现在生物性上，生命是一个阶段性的过程，有其起点和终点；其次，人与自然环境紧密相关，但人有主观能动性，人的生命活动一方面要受到自然界的制约，另一方面又能适应并且改造自然界；最后，作为一种独特的生命存在，人的生命要不断地进行社会化，要在社会实践中不断实现自然生命向社会生命的转变，实现生命的完整性。本论文进一步对生命的内涵进行横向剖析，将从自然生命、社会生命、精神生命三个方面阐释生命的内涵。

一是人的自然生命，这是人类得以生存繁衍的最基本生存形态，是人之存在最根本的生命标识。人的生命这种自然属性首先体现在它作为一个由多种器官组织等构成的有机整体，遵循着其内部固有的运行规律，在一定方向上存续着不可逆、阶段性的历程。人时刻处在自然环境的影响中，我们承认人的自然生命，但这并不意味着人只能单纯地依赖自然，人可以根据自己的意志做出生命选择，动物和人的显著区别就在于，人能支配生命活动，做自己的主宰。

二是人的社会生命。人类起始于大自然，但并不止于自然生命，人每时每刻都要面对与之产生关系的同类物，有着与其交往的本能。从总体上说，人始终被各种社会关系包围，既承担着一定的社会角色和责任义务，又享有社会提供的发展条件，而这种特点从人出生一直延续到生命的终止。从古至今，如何处理人我（社会生命和自然生命）的冲突一直是困扰百家的难题，儒家的"杀身成仁说"将社会生命摆在自然生命前面，杨朱"一毛不拔"推崇完全的自我满足感，厘清自然生命与社会生命之间的关系是才解决此类问题的关键。中国传统文化中蕴含着"仁"的价值观，"从人，从二"，人只有在与他人的关系中才能摆正自己的位置，自我不是完全封闭的，爱自己进而推及爱他人是中国传统一贯的处世原则，时间证明了自然生命与社会生命的统一交融。

三是人的精神生命。如果生命只具备自然性和社会性，而缺乏思想存在与意义彰显，我们也不能称之为完整的生命。基于自然生命的存在，人往往会在生活中会形成固定的价值观，从而制定人生规划、追寻人生意义、到达自我超越的境界。同时，精神生命的完善离不开自我认知和自我反省，人在创造性活动中能够反复思考自己的生存现状，重构自己对生活和人生的理解，不断满足自己的价值期待。总之，对于人生意义的追求，就是人拥有精神生命形态的重要依据，这不仅扩展了生命存在的空间，也为解释社会生命活动提供了前提。

当然，人的自然生命、社会生命、精神生命不是互相排斥的，生命价值由这三种生命形态共同维系,三者统一于人的生存进化过程中。自然生命承载了生命本体的物质基础,社会生命实现了个人向人类群体的转化,精神生命彰显了人对自身生物性的超越,我们只有在三维层面上阐释生命的内涵、认清生命的意义,才能正确地理解生命教育的价值。

(二)生命教育的含义

《生命教育导师》对生命教育的定义是:生命教育是一种教育人们勇敢面对生命存在和生老病死的教育活动,生命教育的目标是尊重生命和认识生命、理解生命与万事万物的联系,从而实现积极、健康的生活状态与独立发展的能力。学会珍惜生命、铭记生命、感谢生命,获得身体和心灵上的统一,事业上的顺利与成功,生活上的美好与幸福,实现个体生命的价值。

以往学者对生命教育的内涵做出了多种解读,提出了价值观教育、生死等相关概念,我们在综合概括之后,统一称其为"生命教育"。同时,想要全面地把握生命教育的科学内涵,还需要考察其主要特征,只有厘清生命教育的内涵与内容,才能立体化地开展生命教育活动。生命教育源于国外,国外普遍将"通过生命体验活动,引发人们对生命的热爱,消除危害生命行为为目的而开展的社会性教育"作为生命教育的定义。而在国内,学者对生命教育内涵的讨论时间已久,他们从生命教育学科的视角、从生命教育包容性角度、从教育目的角度对生命教育加以阐释,提出过相应的概念表述,但目前学界尚未达成统一的生命教育定义。基于对生命和大学生生理心理特征的理解,本书所阐述的高校生命教育内涵包括以下方面。

第一,明确高校生命教育的理念。在坚持马克思主义全面发展理论前提下,教育者在教育过程中形成了关于生命教育应然性的认识和要求,教育主客体的矛盾运动促使教育者对大学生实施生命教育,使其树立客观正确的生命价值观。生命体现在教育过程中,教育的本质要求以生命为中心,一方面,生命需要教育,教育实现了个体社会化和社会个体化的统一,在此过程中人的性格被不断塑造、看待世界的眼光不断客观化;另一方面,生命是教育的逻辑起点,自然生命的存在是人接受教育的最基本条件,生命教育离不开尊重遵循个人的发展规律,离不开人的培养、人的生成、人的完善。

第二,把握高校生命教育的目的。生命教育不仅关心人的生命安全,而且关注人的心理健康和心理成长,它不是一个简单的教学策略和方法,更重要的是它以心灵自觉为桥梁,以实现人生意义的顿悟为目的。高校生命教育首先要帮助学生尊重生命、呵护生命，让他们在多彩的社会生活中找到属于自己的位置，培养学生的自我效能感和自我驾驭能力，从而使其真正地认识自己，热爱自己；生命教育还能教育学生处理好人与他人、人与自然的关系，养成和谐相处的生命观；高校生命教育也能促使大学生确立信仰、在自我实现与自我超越中发展，从而获得真、善、美的情感体验。

第三，关注高校生命教育的过程。生命的发展和超越不是依靠生命知识的积累，也不是源于理性思索，而是产生于人类现实的生命实践过程。在高校生命教育过程中，以大学生为关注人群，掌握个体的生命特性，通过"共情""体验"等形式，让每一位学生在日常学习生活中都能理解他人、彼此成就、携手进步。生命教育课程要根据学生的特点，将课外实践与课堂教学结合，家长也应参与家庭生活指导，各个环节的参与者都要注重生命教育过程中出现的问题，及时反馈进度和总结经验，以便于调整生命教育形式。

生命应当是高等教育的出发点和归属点，教育要以人的生命为根本。生命教育诞生的一个重要原因就是以往的教育缺失对生命的认识教育、情感教育、行为指导和生命意义教育等内容。可以说，生命教育主要针对传统的教育中存在的生命"空场"现象，强调教育对生命的关注。生命教育应当引导人们从生命出发，来思考个体与他人、社会、自然之间的关系，通过对生命认知、生命情感和生命意志的综合性学习和体验式学习，生命教育的重要使命是培育个体的生命意识和生命智慧，从而生活得有意义、精彩。生命教育不仅局限于人类的生命，也包括其他生物的生命。虽然生命教育的对象是人，生命教育的任务和目标是教育人正确认识和理解生命，提高人的生命质量，但是并不是仅仅将目光放在人的生命上，也应该着眼于其他生物的生命，因为自然界不仅只有人类一种生物，人类与其他生物是互相依存的关系，只有着眼于全部的生命世界才有机会正确认识和理解人类的生命。生命教育的本质是以生命为起始点，凸显了教育对人的生命的关注，同时也是以人为本的理念在教育方面的体现。

总体而言，生命教育具有广义和狭义两种理解方式。广义上的生命教育主要指教育固有的生命性，狭义的生命教育只包含关于生命的教育，而并非将全部教育包揽在内。因此，笔者将生命教育的内涵概括为：生命教育应当是一种发展性的教育，要关注自然生命，也要关注社会生命；要关注个人，也要关注他人；要关注生命认知，也要关注独立生活技能及生命道德观念。当代大学生生命教育，则是根据生命教育的基本要求，针对当代大学生这一限定人群，根据大学生的生理特征和时代发展需要，按照一定计划和目的进行，旨在引导当代大学生树立珍爱生命、关怀生命、超越生命的态度，培育理性健康、积极向上的生命价值观的社会实践活动。把握生命教育的基本内涵是走进生命教育的第一步，不难发现，学界对生命教育的认识和应用还存在着风险防控的一面，这种风险至少包括容易混淆生命教育与死亡教育等概念，将生命教育的作用弱化，等等，我们也应对此加以辨析。

（三）生命教育的特征

在生命教育基础理论的指导下，结合生命系统的整体性和生命教育的开展效果，主要从生命教育的六方面要素着手剖析生命教育的特征。

第一，教育者的系统性与整体性。人的成长是身体和心理、自然与社会、现在与未来交互作用的复杂过程，这就决定了我们要将教育者作为整体性的思考单元，重视与生命教育者相关的各种联系，从教育者内部与外部诸要素之间、教育者整体与部分之间、教育者系统与环境之间进行辩证考察，全面地把握生命教育者的系统性。而教育者囊括了教师、家长、社区服务人员等多种角色，生命教育活动需要学校、家庭、政府、社区等多主体的配合联动，以便在不同场域中产生有效能量，形成教育合力，在教育活动中发挥引导作用。

第二，教育对象的主体性与创造性。生命教育对象的主体性是指教育对象具有创造性思维，能够产生热情、积极等正面情绪，在教育过程中可以把良性效益反作用于教育者与教育过程。教育对象作为具有思维意志的人，在生命教育的过程中，经过主动接受—内在筛选—行动外化—反馈导向的转化过程，能自觉地在实践过程中提高生命价值理论水平和社会道德品质，使教育达到最佳效果。正如学生对生命充满了天然的好奇心，当面对教育者在传播带有个人色彩的生活经验时，也将会从独立社会主体的立场出发，根据生活场景改编自己获取的生命知识，从而满足自身的成长需要。

第三，教育内容的阶段性与层次性。不同时代有不同矛盾和任务，新时代生命教育内容因其受时代的支配和影响，必然有不同于过去的特点。生命教育内容有阶段性的特点，还取决于教育对象的层次性，从幼儿到青年到老年，从家庭生活到学校学习到社会生活，个体所要面对和解决的具体问题有所不同，生命教育的侧重点也随之改变。同时，生命教育内容不是单一的，是按照一定结构相互联系、相互作用而形成的，亦即生命教育有层次性，必须掌握教育对象的实际情况，准确解析各类群体的生命状况和阶段特征，才能使生命教育的效果更具针对性。

第四，教育方式的渗透性与体验性。生命教育与生命、生活、生存紧密相关，显性课程教学配合其他学科教学中的生命因子渗透，以多种形态塑造教育对象，生命教育的实现方式呈现出循序渐进、间接、隐性的特点。而体验性的生命教育在保证教育效果的前提下充分利用学生活动、社会实践等手段，来减少教育者和外界因素的干预，注重为学生提供模拟或真实的情境和活动，使学生迸发高度的参与感与获得感，让学生获取感官经验和个人感受并进行交流探讨，重整学生的学习方式与行为模式，使学生真正实现正确生命观的内化与外化。

第五，教育环境的社会性与文化性。生命本质上拥有"自然"和"社会"双重属性，人虽受到自然条件的限制，但在心理和精神上更多地受到社会环境的影响。由于社会制度和文化底蕴不同，国内外的生命教育环境也有差异性，现阶段中国将社会主义核心价值观作为精神目标向导，全社会层级铺开，逐渐形成了思想道德建设和价值观引领的教育氛围，在社会环境的组合作用下，生命教育既具备上层建筑的理性特征，又充满了中国特色社会主义的文化色彩。

第六，教育过程的长期性与长效性。从懵懂孩童成长为一名爱惜生命、乐观自信、充满社会责任感的大人，离不开教育不间断地熏陶和培养，生命教育伴随着个体的一生，其教育过程的长效性就体现在所授学生的长远发展中，代际传承的生命教育不仅可以影响一个人、一代人的发展，更能实现社会自由度的整体提升，为人类自由联合体的最终理想铺路。就学校教育而言，在生命课程的设置与开发上面，只有从教育过程的长期性与长效性入手，才能使学生能在自己喜爱的世界见贤思齐、健康成长。

（四）生命教育的地位与意义

生命教育涉及的范围较为广泛，涵盖人出生至死亡的始终，而高校生命教育作为本书的研究对象，其参与主体——大学生"生命体"在生理和心理各方面都有独特之处，这也使得高校生命教育在整个教育进程和社会发展中有着特殊价值。

（1）推进大学生身心健康的发展。在人的一生中，大学时期是一个特殊时期，在这期间，学生有快乐、有难过、有悲伤也有期待。这一时期，更是人生发展的关键时期，这个时期的青少年，生理和心理都发生着巨大的变化，更是容易出现这样或者那样的心理问题。如：考试的恐惧心理、人际交往的障碍、情感问题带来的巨大压力。面对这些问题如果不及时疏通，很可能造成严重的心理疾病，所以，大学生的心理健康问题是我们应该关注的重点问题，也是大学生全面发展需要解决的问题。生命教育对大学生生命观的形成以及心理健康人格的培养具有重要的意义，帮助大学生树立正确的人生态度、培养优秀的气质品质以及发扬乐于奉献的精神。

首先，对于大学生来说，身心健康发展是大学生成长的基础和保证，关键是要努力培养大学生自尊、自信、自立、自强不息的生活态度和人生观念。当前的大学生绝大多数是独生子女，受到家庭的过度宠爱，缺乏单独处理事务的能力，生活中遇到的问题很难自己解决。比如：一场简单的考试失利，有些大学生可能会因承受不了压力而采用消极的方式处理问题。但是相比于霍金、海伦·凯勒等人来说，大学生所遇到的困难可能并不足以成为压垮他们的因素。所以，对于大学生来说，他们关于人生的第一课就应该学会如何培养自尊、自信、自强不息的人生态度，这样在面对种种困难和问题时，才能说服自己跨越挫折。

其次，要有积极热情、保持乐观，具有胜不骄、败不馁的品质，是身心健康发展的支柱。根据世界卫生组织的统计报告显示，目前中国患有抑郁症的人数已经超过了9 500万，在全球范围内，抑郁症人数也将近3.5亿人，并且据统计结果来看，近十年来抑郁症患者的人数呈现出明显的上涨趋势，增速约为18%左右。为了减少疾病的发生所带来的危害，学校会设有专门的心理咨询室，鼓励教师采用积极的态度正确引导学生。思政课教师在教学中也承担着相应的责任，为学生营造积极、健康的学习氛围，在学习过程中通过介绍有代表性人物的事例，引导学生为选择正确的人生方向做准备。

最后，要有热爱祖国，为祖国奉献的决心，这是身心健康发展的灵魂所在。无论任何人，都要对自己的祖国保持一颗甘于奉献的心，面对危害祖国安全的行为，敢于奉献自己的力量。周恩来称要为了中华崛起而读书，所以大学生不仅仅要读书，并且要读有用之书。学习雷锋全心全意为人民服务的精神，将自己人生的信仰赋予神圣的光芒，为中华民族贡献自己的才智。将自己的生命和民族振兴相联系，具有崇高的理想和信念，是弘扬社会主义核心价值观必行之路，也是我们当前思政课和生命教育相联系的重要内容。

综上所述，实施生命教育是促进学生身心健康发展以及培育正确价值观的正确方式，是将生命教育与教材相融合的体现，是思想政治课课程和教材改革的必然要求，也是落实大学思想政治课立德树人的必然之路。

（2）高校生命教育是大学生实现全面发展的有效途径。高校生命教育倡导通过多方力量整合，塑造生命理念，对大学生产生全方位、长时效的熏陶。大学生的生活圈相对单一，主要由日常学习和学校活动构成，社会的多元价值却从外部冲击着大学生尚未成熟、摇摆不定的价值观。虽然大学生思想认识的内在矛盾仍是主观与客观的矛盾，但大学生的主观思想认识主要不是通过社会实践，而是通过学习理论得来的。反观现实，诸如"季子越事件"等辱华事件频繁发生，意味着部分大学生缺乏国家意识和爱国情怀，高学历与低修养严重不符，折射出青年学生对生命价值、道德理想的认识不足，价值观的背离给高校教育敲响了警钟。对处在拔节抽穗期的青年大学生来讲，生成自我存在感、理解个人使命和责任极其重要，而高校生命教育有着导向功能、塑造功能、激励功能，既能推动大学生树立正确的理想信念，又能帮助他们体会生命自由，从而敬畏生死、爱惜生命。

（3）高校生命教育是高校教育发展的必然趋势。近年来，学界高度关注生命教育，将其视为现实的教育现象，但从中国教育体系看，生命教育的位置仍然较为尴尬。从实用性看，生命教育具有发展、预防干预、监督的作用，生命教育应聚焦个体生命的当前需要，关注学生的生命律动，促进生命的高质量发展。相对于中小学的生命教育，高校生命教育处在人生教育的核心环节，面向对象更为特别，实施难度更大，但作为学校生命教育的最终场所，高校生命教育的充分实施让高校教育更完整，有利于巩固前期生命教育成效，促进生命理论及生命行动的社会化。

（4）高校生命教育是社会和谐稳定的重要支撑。一方面，开展高校生命教育，引导大学生认识生命价值，珍惜自然命脉，树立生命共同体理念，对保护自然、促进人与自然和谐发展至关重要。另一方面，高校生命教育使得理论教育与社会实践结合，将专业过硬、品德素质良好的人才源源不断地输送到社会发展的各个岗位。随着网络和科技对生活的多重渗透，人处在社会风险的穹顶之下，但接受过生命教育的人不仅仅可以保护自然生命，还能主动维护社会的和谐稳定，将社会生命和社会价值作为自己的追求和意义。通过高校生命教育，大学生将正确处理国别文化差异，作为社会主义主旋律的坚定信仰者，秉承爱国、励志、求真、力行的理念投身于中华民族伟大复兴的梦想实践。

大学阶段是价值观形成的关键时期，这一时期的学生无论是身体上还是心理上会发生较大的变化。在大学对学生进行生命教育，对于学生的身心发展、价值观的培育以及促进社会和谐都具有十分重要的意义。

（5）有利于促进学生健康成长。面对越来越多的青少年学生自杀或伤害他人事件、校园暴力等问题的发生，生命教育显得更加重要。对于大学阶段的学生来说，他们的自我意识在不断地增强，已经开始认识自我，但是受到认知水平的限制，他们还不能正确地认识生命的意义。尤其是在青春期这段时间，他们的心理承受能力不够，在面对各种学习、生活的压力和挫折的时候，非常容易产生错误的生命认知，做出错误的行为选择，甚至会伤害自己或他人的生命健康。2020

年新冠肺炎疫情肆虐，习近平总书记在讲话中多次提出要始终坚持"生命重于泰山"的思想。在抗击新冠疫情的战疫中我们更加深刻地感受到了生命和健康的可贵，加深了我们对生命的重视程度。大学是对学生进行生命教育的重要时期，它能充分发挥生命教育的功能，有利于增强学生的生命意识，让学生领悟生命健康的珍贵，能够珍惜自己和他人的生命，有利于学生形成完整的生命观。

（6）有利于学生树立正确的人生价值观。青少年时期是学生发展的一个黄金时期，这个阶段学生的身体和心灵处于快速变化当中，学生的价值观也能在这段时间快速形成。大学生命教育是培养学生人生价值观的德育性学科，生命教育不是简单地使学生掌握生命知识，而是要培养学生厘清生命的意义，进而明确生命的价值，做到内在认同和外在行为的统一，为实现生命的价值而不断努力。因此，加强生命教育能够使学生正确地理解生命的价值，提升学生的生命境界，实现生命的完整性发展，从而形成正确的人生价值观。同时，将个人生命价值的实现与国家发展相结合，努力承担更多的社会责任，发挥自己的力量实现更高的人生价值。

（7）有利于促进和谐社会的发展。社会主义和谐社会是追求生命和谐的社会。我们要构建的和谐社会是以生命为基础，实现人与自身的和谐、人与社会的和谐、人与自然的和谐。有生命才有人，有人才有社会，和谐社会的发展必须关注生命，关注生命教育，按照生命的发展规律，关注人的生命质量和生命的发展，实现生命的完整性发展。大学生是社会的一员，是社会主义的接班人，他们的行为会对和谐社会的发展带来一定的影响。大学的生命教育是培养学生形成完整的的生命观念，爱护、尊重自己和他人的生命，与他人友好相处，与自然协调共生，实现人与自身、人与社会、人与自然的和谐发展，从而提升生命境界，成为合格的社会成员，为推动和谐社会的发展贡献力量。

（五）生命教育的内容

生命教育是全人教育，涵盖了人性与社会性、生存性与价值性等内容。与国外生命教育突出个体生命与死亡等领域不同，国内生命教育内容更侧重于社会价值的实现，将其分为生命认知、生命意志、生命价值三个层面。

生命认知教育。青年学生中自杀或伤害他人事件时有发生，透露出社会主体承受着与日俱增的多方压力，学生中也普遍存在生命认知不足、生命意识不清的问题。而加强生命认知教育的关键在于生命意识的培养，包括生死教育、生态教育、审美教育。生死教育能帮助学生认识何为生命，培养学生的尊重爱惜生命、敬畏死亡的意识，归根到底就是要敬畏生命，敬畏我们自身，这也是人实现自我和解的思想基础；生态教育则要告诫学生，人类与自然处在相互关联、协调发展的生命共同体之中，不能过度地开发自然资源，要爱护自然，与自然和谐共生；审美教育即引导学生欣赏生命，发现自己生命存在的必要性，接纳自己的优缺点。

生命意志教育。通过加强教育对象之生命意志力的教育，以有效提升其应对挫折的水平，是生命教育的重要内容。挫折教育要培养学生的承受能力和坚定决心，使他们在面对生存危机和超越生存困境时充满勇气。社会关系教育涉及伦理观念，目的在于帮助学生认识人与他人之间的关系，尊重、宽容、关心他人，从而顺畅地进行人际交往。幸福与感恩教育，教育者应关心学生的身心状态，促使其在逆境中保持乐观的人生态度，形成积极向上的精神风貌，让学生认识到现有生活的来之不易，学会知恩图报。劳动教育，着力培养学生的动手和独立生活能力，结合体育教育课程，使学生拥有自主自立的生活态度。

生命价值教育。理想信念教育，使学生成长不同阶段的短期目标与人生的长期目标相结合，正确地做出价值判断与价值选择。奉献教育即鼓励大学生积极参加志愿服务活动，教育学生养成奉献的观念，但这并不是意味着无限度的"牺牲"，而是使其从小事入手，关爱帮助他人。职业生涯教育，根据社会发展需要，结合学生的专业素质、技能，为其开设职业规划和榜样人物等课程，强化个人职业意识。责任使命教育的首要问题就是明确努力方向，这就指向奋斗为了谁、奉献为了谁，让大学生认识到自己的历史使命，勇担当、敢作为，尤其要在突发事件中认识到自身对他人、对社会、对国家的责任，提升自己的专业素质，接受时代的考验。

生命教育针对重大的生命问题而展开，从关注身体健康和生命安全的基本层次到重视精神发展与价值实现的升华，生命教育内容显示出综合性与丰富性的特点。在疫情大考之下，如何进一步深化生命认知，如何平衡好自然生命和社会生命的关系，也应成为生命教育应当关注的时代内容，生命教育的内容应朝着时效性与实效性的方向发展。

（六）大学生生命教育途径

1. 树立关怀生命的正确教育价值观

树立关怀生命的教育价值观是"00后"大学生生命教育的前提。当前我国的高等教育存在一定的功利化、工具化、机械化倾向的教育价值观，教育的本真被重重现实因素遮蔽，一项由中美俄印四国机构共同发起的测试结果显示，我国大学生经过大学阶段的学习，批判性思维能力和学术技能均有所下降，研究人员认为原因可能是高校重视课堂讲授，大学生注重新的知识和技术的掌握，忽视了批判性思维能力的培养。高等教育应该培养全方位的人才，及时调整教育的目标和价值观念，转变到学生的生命本身，而不是唯升学论和唯就业论。

树立关怀生命的教育价值观首先要转变部分高校唯升学和唯就业的教育目标。一些高校的教育目标是培养一批批能够快速适应社会工作的"螺丝钉"，只注重就业技能和就业率，忽视了对学生的生命的关心和爱护。在功利化的家庭教育和学校教育影响下的"00后"大学生自身也只关注考证、考研和就业等方面，被社会舆论和压力裹挟，一刻不停地向未来奔赴，却很少有人仔细思考生命的初心和价值。高校生命教育应当正确引导"00后"大学生关注生命、关怀生命、关爱生命，认真思考生命的本质和价值，选择与个人和社会发展相适应的路径。

树立关怀生命的教育价值观的落脚点在于"00后"大学生的生命本身。高校应当真正树立生命至上的教育价值观，一切教育活动都以"00后"大学生的生命质量和生命意义为基础，高校教师在开展工作的同时关注"00后"大学生的生命最新动态，用温和的教学态度尊重每一个学生，用有效的方法和手段引导"00后"大学生思考生命的意义和价值，在大学期间不负青春，不负生命。

2.创新生命教育的教学方法

在大学中进行生命教育不仅要注重生命教育的内容，还要注重生命教育的方法和途径。教师在教学中采用的教学方法、教学途径对于生命教育的实施效果有重大影响。大学生命教育要求教师要根据时代发展、教学内容和学生身心特点，创新生命教育方法、途径，提升生命教育的教学效果。

教学方法的使用对于引导学生更好地学习，实现教学目标起到关键作用。教师要提高生命教育的质量就需要采用合适的教学方法，可以展现学生的主体性，提高学生对学习的热情，从而实现生命教育的教学目标。因此，教师在教学中要依据课程标准的要求和教学内容的不同，结合学生不同阶段的身心状况，创新使用多种教学方法。

教师可以在讲解探究与分享的内容时选用小组合作学习和探究学习的形式。学生以小组为单位对探究内容进行讨论，能促进学生与集体之间的关系，增强学生的社会集体意识。探究学习既可以促进学生主动地思考问题，积极地寻找答案，也可以提升学生自主探究生命问题的能力。小组合作探究的教学方式在生命教育中可以充分展现学生的主体性，增强学生的集体意识，提升学生的生命境界，形成完整的生命观。

教师在课堂上除了采取常见的教学方式外,还可以使用情境教学法。情境教学法就是指教师在进行教育教学时,创设一个表演情境,通过让学生参与到表演中的方式来进行教学的教学方法。情境教学法注重学生自身的体验和感受。体验能够用最直接的方式帮助学生感悟生命,追求生命意义。可见情境教学法能够加深个体对生命的理解。而要实行情境教学法需要教师创设情境或者活动,让学生在活动中理解生命的内容,产生情感共鸣。情境教学法最常用的方式之一就是角色扮演。角色扮演是让学生有不同的角色体验,感受人物的情感状态。例如针对以下两个情景开展情景教学:拄拐杖的男子突然倒地,旁边路过一群学生,一部分学生选择漠视倒地的男子,直接走开,另一部分学生选择扶起男子的两种情境。教师可以让一个学生扮演拄拐倒地的人,两位学生扮演直接路过的学生,两位同学扮演扶起男子的学生。通过实际表演这两种情况,让学生进行评价,从而在表演中直观感受到我们不仅要爱护自己的生命而且要尊重他人的生命,促进对生命的完整性认知,形成完整的生命观。情境教学法就是坚持以学生为主体,让学生能够在情境中真实地感受扮演角色的情感,引导学生学会换位思考,培养学生的同情心和关心他人、照顾他人的情感,使学生形成良好的生命情感,成为有生命关怀的人。

除了上面提到的教学方法外,教师还可以选择案例教学法、启发教学法等多种教学方法,结合不同的教学内容按照生命教育的教学理念、原则,创新使用多种教学方法,促进思想政治课生命教育的顺利进行,实现生命教育的教学目标,引导学生形成完整的生命观。

3. 挖掘习近平健康观的思政功能

习近平提出,要健全健康教育制度,促进学生德智体美劳全面发展。[1]高校应当借鉴习近平健康观中全面健康的思想,合理把握其思政功能对学生个体生存、人格发展、精神享用三方面的影响,不断纠正生命教育实践的偏差,搭建预防教育与立德树人相结合的桥梁,从而推动育人目标的落地。

尊重生命,关注个体生存,这是习近平健康观思政功能的第一层次。每个个体、家庭的美满是全面小康的构成要件,思政育人是实现个体幸福的重要途径,两者都要求关注学生个体的生存状况,学校要从生命的共性着手,聚焦于学生的幸福追求,运用理论灌输的方法,通过"思想道德修养与法律基础"等课程,提升大学生的守法观念、群体意识、维权能力,使其增强对社会规则的认同感,推动不同群体之间的生命交流。同时,高校要学会运用典型事例,用深入浅出的方

---

[1] 习近平. 在教育文化卫生体育领域专家代表座谈会上的讲话[N]. 人民日报,2020-09-23(01).

式使大学生获得主体效能感，引导学生掌握生命的诞生、成长、死亡等自然规律，要教育他们悦纳自身，坦然接受自己的缺陷与不足，形成持续可行的成长目标，发掘其生命存在的独特魅力。

心理调适，塑造人格发展，这是习近平健康观思政功能的第二层次。人的心理健康直接影响着人的快乐感与信任感，直接塑造着社会的"整体情绪"，但多数大学生面对着巨大的学业压力，处于长期焦虑的状态，影响了全面健康目标的达成质量。由此可见，生命教育者要推动学生的人格发展，首先要了解受教育者的生命状态，了解教育对象当下最直接的心理需求，主动理解他们的思想境遇，避免无意义的行动；其次，高校应从生命关怀的立场出发，发扬高校教育的集中性与系统性，将思想政治教育和健康状况筛查统一于学生生活，及时帮助大学生调节不良情绪，排解学习生活环境变化带来的不适感；最后，高校要在全校加强体育教育和劳动教育，使大学生养成坚强的生命意志和勇敢的个人品格，促使他们顺利地完成知、情、意、行的转化循环。

政治引领，满足精神享用，这是习近平健康观思政功能的第三层次。全民健康是全面小康的重要一隅，生命教育也会不可避免地受到国家观、社会观等多种价值理念的影响。于是，高校开设生命教育课程，需要锚定大健康和健康中国的方向，重视正确政治立场的导向，培育爱国主义信仰，使国家政策方针与个体生活目标深度融合；还要使学生掌握唯物辩证的历史观和方法论，培养其对中国道路选择的正确认识，使其夯实融入社会生活的政治基础；与此同时，高校要打破"培养政治人"的一元价值观，将大学生作为良心、有爱心、有激情的感性主体，提升生命教育的亲和力与感召力，增加教育内容的人情味，让生命知识更具温度与深度，让学生获得精神世界的享受。

挖掘习近平健康观的思政功能，要统一个体生存、人格发展、精神享用三个层次，着眼"大卫生、大健康"的观点，立足健康中国的目标，在生命教育的框架之下，强化思政教育灌输法的首因效应，使学生从入学起就开始接受充分全面的生命观念，发挥学生能动的主体作用，进一步激发其要求进步向上的内生动力，使生命教育回归到"现实的人"这一根本主题。

4.加强生命教育师资队伍建设

"00后"大学生生命教育的顺利推进需要建设一批具有生命教育理论基础和实践经验的专业教师队伍。因为生命教育的理论内容体系复杂，需要教师具备心理学、教育学、医学、伦理学等许多学科领域的知识，因此需要教师具备较高的理论素养和实践水平。当前高校最快捷的方法是从相关学科借调一批优秀人才组成生命教育的专业教师队伍，除此之外，也要长期加强对生命教育教师的理论和实践培训，提高生命教育教师的专业能力和实践经验。在加强生命教育的师资队伍建设的过程中，应重视高质量的生命教育教师的培养和生命教育专门教材的编写，提供明确生命教育的教学目的、教学内容、教学方式等的教师手册。还可以统一培训生物学、心理健康学、哲学、伦理学等相关学科的教师。因为生命教育作为一个目前发展还不是很成熟的新的课程，需要重视培养专业的教师队伍。

加强"00后"大学生生命教育的教师队伍建设要突出高校的相关学术研究，推进生命教育理念、内涵、路径等方面的学术研究，充分发挥高校的科研优势。要加强"00后"大学生生命教育的科学研究，重视学校在生命教育过程中的决定性作用，找到"00后"大学生生命教育的共性和个性，推动生命教育理论的前进和实践的不断发展和深入，为社会和政府提供正确的生命教育的价值导向。

"00后"大学生生命教育的主体是高校生命教育教师，客体是"00后"大学生，高校教师应该具有对生命的热爱和关怀意识，用自身的积极生命理念感染受教育的学生，发挥示范作用。为"00后"大学生创设一个充满关爱和善意的生命教育校园环境，使学生充满生命的积极能量和信念，真正做到关爱和珍惜生命。高校可以通过提高教师的待遇和加强教师的职业责任感等方式激发教师的生命热情，增加教师对生活的信心和对学生的关爱之情。在生命教育过程中关心每一个学生，特别是容易产生负面情绪、各方面压力比较大的学生。用适宜的方法引导学生正确释放压力，减少焦虑感，增强生命的正能量。

推进"00后"大学生生命教育，辅导员群体也是重要力量，要重视辅导员对"00后"大学生生命教育的影响。因为辅导员是高校学生接触最多的教师群体，辅导员的职责非常重要，他们肩负着引导学生具备正确的政治立场、促进学生的心理健康、把握学生的学习和生活动态的重要职责。所以应当重视辅导员工作，加强对辅导员群体的生命教育培训，同样培育辅导员对工作的热情和学生生命的热爱，加强对"00后"大学生的生命辅导作用。

总之，要不断加强生命教育的师资建设，可以通过以下具体措施进行：首先，要开展经常性的生命教育理论的培训和学习，使当前生命教育的教师具备一定的理论素养，从而为生命教育的实践和教学打好基础；其次，要不断更新探索生命教育的教学方法和方式，可以开展生命教育公开课、举办生命教育课程比赛、利用互联网开展生命教育技能培训等，为生命教育的方法创新提供交流和实践的平台；再次，高校应当充分发挥科研能力，定期进行学术交流，互相交流国外和我国的生命教育最新成果，把握生命教育的前沿动态；最后，要利用发达的网络技术构建生命教育的交流学习共享网络平台，做到教学资源的分享和借鉴，教学经验的交流和互动。

5. 树立"身心健康、和谐共生"的生命教育目标

生命教育具有丰富生命意识、强化生命意识、提升生命智慧的作用，要想切实发挥高校生命教育的价值，必须首先明确高校生命教育的目标，确定高校生命教育变革的方向。高校要将"身心健康，和谐共生"作为高校生命教育的目标，既要保持从大学生出发的教育初心，又要符合社会对人才的需要，实现人与人生、生活与生命的统一回归。

一方面，要制定"身心健康"的生命教育目标，确保学生的生命安全、理性平和、身心健康。坚持健康首位的观念，将健康中国的一般要求援引到高校教育目标体系之中，并结合大学生特点将其细化。其一，帮助大学生养成健康体魄。要帮助大学生增强对身体素质的重视程度，使其掌握必要的急救技能，帮助大学生形成规律性的生活作息与运动习惯，鼓励他们走进自然，避免更多"宅男、宅女"的诞生，为个体心理成熟提供优质的身体条件，提升大学生的综合健康指数，实现个人健康、宿舍健康、班级健康、院系健康到学校健康的全覆盖。其二，造就大学生良好的心理素养。学校要合理配置教育力量，帮助低年级学生尽快调整在新环境中产生的孤独感，帮助他们确立理想与目标，获得自信与独立；针对中间年级的学生，要重点解答他们人际交往、两性关系等方面的困惑；对于高年级学生来说，教师要及时排解学生对就业选择的彷徨感，促使其树立正确的职业取向、顺利地完成身份转换。

另一方面，爱人利物之谓仁，"和谐共生"也是高校生命教育的目标之一。高校生命教育目标存在"合伦理性"的规定，但并不意味着可以忽视生命教育的"合规律性"，除了个体成长，生命教育也要求学生具备悦纳自然、社会、他人的能力。这就要求学校在遵循社会进步规律、人的自然成长规律的基础上，让学生学会与自然、社会、他人和平相处，形成全方位的生命思考：对待自然，要给传递学生绿色发展、天人合一的观念，让他们学会正视野生动物的生命存在、重视生态破坏带来的反噬后果，从而产生对自然的敬畏感；对待社会，高校要让大学生尊重规则，坚守自己的道德底线，养成集体生活的能力与思维；对待他人，要教育他们保持理性、心存感恩，更加爱惜并尽力保护周围的生命，学校必须将和谐共生目标扩大到生命整体层面，推进自我、自然、社会、他人的和谐统一，从而真正地发挥生命教育课程的效力。

6.建设"综合性、持续性"的生命教育课程系统

随着新时代大学生生命需求激增，高校逐渐意识到生命教育的必要性并进行了改良生命教育课程的尝试。笔者认为，生命教育课程是开展生命教育的主要形式，课程内容和结构是组建生命课程系统的"骨架"，高校既要设置持续性的生命教育课程，又应完善生命教育课程内容组成，实现生命教育课程的全覆盖。

从课程的综合性来看，高校应把握大学生的生命现实，充实生命课程的内容。学校要注意大学生命课程内容与初高中教育内容的衔接，把学生的生命需要打造为连续的教育内容，推进生命教育的长效发展。第一，要重点关注大学生生命价值观教育，将学生的思想状况、信仰取向作为生命教育的重点组成部分。第二，要将生命健康内容纳入生命教育课程。习近平指出，要倡导文明健康绿色环保的生活方式，开展健康知识普及，树立良好饮食风尚，推广文明健康生活习惯。[1]因而，为了满足大学生的美好生活需要，必须做好普及化教学，扩大健康教育、死亡教育、责任教育、两性教育在生命教育课程中的占有区间。第三，AI、大数据等产业革新也会促使学生探寻人类生命的终点和未来社会的发展模式，生命教育也需要不断适应时代发展潮流，在课程中合理地增添科技元素，促进生命教育内容的综合完善。

从课程的持续性来看，高校要扩大生命课程的覆盖面，合理安排生命教育课程结构。高校应站在生命教育课程的总起点，增强对生命教育的重视程度，设置与小学、初中、高中相衔接的生命教育课程，与学生常互动、多交流，通过多种渠道了解现有生命课程的弊端，在终身教育的框架中不断改进生命课程，将其纳入学校教育长期发展规划之中；学校也要保证授课对象的持续性，关照教育对象生命、生活、生存等层面的一般性与特殊性、阶段性与长期性，确保学生进入大学，能够接受系统的生命教育，在区分教育对象不同特点的基础上，实现生命教育课程的统筹规划，学校可以从身心健康、价值引导等不同方面打造综合性的系列课程，各院系也可以针对不同专业学生开设有代表性的系列品牌课程，更好地确定选修课与必修课的开设比例，逐步实现生命教育课程专业课的全覆盖；学校还要保证课程内容选择的延续性，坚持"预防性为主"的方针，把发展预防和对特殊群体的干预政策融入生命课程之中，按照"从简单到复杂，从现象到本质"的方式安排生命课程内容，选取思想政治理论课的生命教育元素，避免出现教育内容的断崖现象，实现生命课程内容在高校教育体系的有效延续。

---

[1] 习近平.构建起强大的公共卫生体系为维护人民健康提供有力保障[N].人民日报，2020-06-03（01）.

7. 整合社会生命教育资源

社会资源无穷无尽，应当善于整合一切利于"00后"大学生进行生命教育的社会资源，充分挖掘这些资源的教育价值，并且加以利用。推进"00后"大学生生命教育需要国家政府、社会企业、社区和社会组织等社会力量的共同支持。

比如高校可以联系当地的爱国教育基地、革命烈士陵园、历史博物馆、医院、殡仪馆等场所，给"00后"大学生一个亲身体验生命的宝贵和感受生命价值的机会，还可以联合各个社区、福利院、养老院等社会公益性组织开展志愿者义工活动，让"00后"大学生走进社区、福利院、养老院等社会公益性组织，在社会实践中加深对生命的认识和体悟。课堂生命教育和社会生命教育要保持一定比例的平衡，建设一个科学的系统的生命教育校园与社会合作机制，为"00后"大学生的生命教育提供全面的社会保障与支持。社会组织应当主动承担起生命教育的责任和义务，有技术的提供技术支持、有人员的提供人员保障、有场地的提供生命教育的场所，有效整合各种社会资源，为"00后"大学生的生命教育健康发展贡献一分力量。

8. 拓展生命教育的实施途径

思想政治课的生命教育是坚持理论和实践教育的重要课程。这体现出生命教育的实施途径既可以是在课堂上的教学，又可以是走出课堂的课外实践活动。因此，实施生命教育要广泛地开展有益于学生身心发展的社会实践活动，在活动中增强学生的责任感。

一方面，学校可以在校内组织一些生命教育活动。学校要充分利用各种资源，举办一些关于生命教育的校内活动，可以开展一些生命教育相关的座谈会、关于生命的征文活动等。学校还可以采取定期举办一些专题教育的形式。专题活动可以充分利用生命教育的相关内容，结合学生的发展特点和兴趣，以及社会的热点问题举办形式多样、具有创新性的生命教育活动。生命专题教育要围绕学生的独特性来提升生命的价值，学生每个阶段的发展特点都是不同的，生命专题教育要提高学生准确应对生活中烦恼的能力，寻求保护自己和他人生命的最合适的形式。例如，2021年是建党一百周年，学校开展红色文化专题活动，让学生了解更多关于中国共产党的故事，学习中国共产党人为了民族复兴、人民幸福甘愿奉献自己生命的高尚情感，领会生命的真正价值。教师在讲解"感受生命的意义"中，就可以选用红色文化故事让学生理解生命的意义是要在实现自我生命价值的同时，把个人的价值与国家的发展结合起来。因此，专题教育活动既能体现学生的发展特点又能对学生进行恰当的生命教育，培养学生在专题活动中增强生命意识。

另一方面，除了校内的实践活动，社会实践也是对学生进行生命教育的重要途径。多样的社会实践能够补充大学生命教育课堂教学中缺乏实践的缺陷，只有走出课堂，走出校园，才能在社会实践中增强学生的生命实践能力。学生能在实践中运用所学的生命知识，将理论运用到实践中，增强学生对知识的掌握程度，锻炼学生的生命技能，促进学生生命观的形成。学校要充分利用社会上的青少年培训机构、社会服务机构等，加强生命技能的实践锻炼，促进实践能力的增强。例如现在有很多的医院、消防队、交通队的青少年培训基地，学生可以在这些基地亲自动手操作、学习一些救援知识，心肺复苏、火灾逃生等安全救援技能，让学生亲身感受在危险来临时救援技能的重要性，领会生命安全和健康对人不可替代的价值，从而增强学生保护生命的意识，提高生存技能。此外，学生还可以参观动物园、自然生态保护园等，在参观中感受自然生命的珍贵，引导学生理解保护自然环境资源、爱护动物的重要性，有利于学生确立完整的生命观。例如，让学生根据河流污染问题发表见解，教师可以组织学生到海边捡拾垃圾、参观垃圾分类污水处理企业等活动，让学生亲自感受自然环境污染的严重性，从而促进学生形成保护自然环境资源的意识。还有社会上的各种志愿服务活动都能让学生体验到生命的意义，增强社会责任感。因此，在社会实践活动中对学生进行生命教育既能帮助学生形成完整的生命观，又能锻炼学生的生存技能，实现学生生命理论和生存实践的提升，成为合格的社会成员，推动构建和谐社会。

三、意志品质教育

（一）大学生意志品质培育的时代意义

大学生意志品质的培育是一个历久弥新的话题，所谓"历久"是一种继承和传承，正如前文所提及的意志品质的精髓需要汲取中华优秀传统文化的精髓，继承和发扬中国共产党人坚强意志，大学生意志品质培育更是如此。所谓"弥新"则是在传承的基础上经历了相当长的时间，新时代大学生意志品质培育在新的要求和发展前提下尤为鲜活、也更显价值和意义所在。洞悉新时代大学生意志品质培育的时代意义，把握意志品质实践的旨归与方向，能够指导培育活动的实践操作，同样也是破解培育活动中时、效、度的关键所在。

1. 巩固大学生马克思主义信仰

习近平强调，青年理想远大、信念坚定，是一个国家、一个民族无坚不摧的前进动力。①信仰是魂，理想是钙。青年有信仰，国家和民族才会更加有希望和力量。作为新时代的大学生，需要树立马克思主义信仰，只有坚定信仰才可能成为社会主义的建设者和接班人。马克思主义信仰是大学生宝贵的精神财富，也是能够帮助大学生抵御诱惑的精神支柱。信仰是人们对其认定体现着最高生活价值的某种对象的始终不移的信赖和执着不渝的追求。信仰所体现出来的是终极的最高层次的价值追求，也是对真理的确信和敬仰的精神和心理状态。信仰的实现和固化，不可能脱离人们的认知、情感、意志和行为。大学生在接受信仰教育的过程中也具有一定的轨迹和规律：当大学生作为接受主体，在接受、认识、理解、固化信仰时，往往伴随着外界场域中的各种冲击、诱惑、矮化所引发的信仰失落、失却的危机，这就需要坚强意志品质发挥其能动作用和调节作用，帮助大学生明确信仰目标，接受并加深对于信仰的认识，同时在意志的支撑下抵制内外的干扰，明辨是非，不失时机地做出决断并付诸行动，以坚韧的毅力坚持到底，这便是大学生形成并巩固信仰的基本过程。

时代的发展召唤着马克思主义信仰，马克思主义信仰之于国家，是中国特色社会主义新时代的核心价值引领，它作为中国特色社会主义的主流信仰，是推动中国从站起来到富起来再到强起来的价值根基，也是推动新时代继续前进的核心力量。马克思主义信仰之于社会，能够为人们提供一整套道德标准和伦理规则，促进社会凝聚共识，有序发展。马克思主义信仰之于大学生个体，能够引领大学生确立成长发展的方向和目标，同时也是大学生实现全面发展的动力，最终使得大学生在人生长河中得到真实的确证。

巩固马克思主义信仰就要使马克思主义信仰经得起任何的考验和挑战，并保持毫不动摇，这就需要顽强意志品质的调节和支撑，如前文所述意志品质在马克思主义信仰的确立和固化过程中是基础，亦是助推，因此加强大学生坚强意志品质的培育具有极其重要的意义和价值。

2. 涵育大学生持续奋斗的精神

党的十九大报告强调"中华民族伟大复兴的中国梦终将在一代代青年的接力奋斗中变为现实。"②奋斗即是指向着明确的目标持续努力达到的行动过程。奋斗精神是中华民族传统而伟大的精神之一。奋斗精神中一方面蕴含着持之以恒，坚持不懈之义，这恰与意志品质中的坚韧性所表达的意思是大体一致的，都是指需

---

① 习近平. 在纪念五四运动 100 周年大会上的讲话 [M]. 北京：人民出版社，2019.
②《党的十九大报告辅导读本》编写组. 党的十九大报告辅导读本 [M]. 北京：人民出版社，2017.

要坚韧的毅力才能达到目的的意思。另一方面则蕴含着人们在艰难的环境中或者面对不可预计的困难时，仍然坚持努力，克服困难，实现目标的意思，这正是坚强意志品质的集中体现。由此可见，奋斗精神和坚强意志品质是人的精神和品质中坚韧、毅力的两种体现，没有奋斗精神的人，也不可能具有坚强的意志品质，反过来没有意志品质的人也不会呈现出奋斗的姿态和行动，更不可能在意志的强大动力支持下形成奋斗的精神。因此，意志品质和奋斗精神彼此涵养、支持，同向共生。那么，在培育大学生坚强意志品质的过程中，自然会催发大学生锐意进取地奋斗，而在大学生持续奋斗的过程中也会固化意志品质。

习近平曾勉励青年，要为实现中华民族伟大复兴中国梦的目标驰而不息、不懈奋斗，提倡广大青年"在奋斗中释放青春激情、追逐青春理想，以青春之我、奋斗之我，为民族复兴铺路架桥，为祖国建设添砖加瓦"。站在"两个一百年"的历史新起点上，实现社会主义现代化强国的目标需要持续奋斗，大学生必将成为奋斗实践的中流砥柱，需要具备持续奋斗的精神。大学生意志品质培育是对大学生毅力、坚韧品性的养成过程，而毅力和坚韧都是持续奋斗精神最核心的动力和体现，培育大学生坚强意志品质可以让大学生在任何艰难困苦面前都具有不畏艰险的勇气，能够有解决难题的决心和不达目的不罢休的毅力，这正是大学生奋斗精神所需要的。显而易见，大学生意志品质培育的价值意义就体现于此，在于连接大学生对于持续奋斗的认识和奋斗的实际行动，在于当大学生奋斗动机不强烈时以坚韧的品质激发其自觉选择并付诸努力的行动，在于以品质的坚韧性涵养大学生持续奋斗的行动成为固有的精神状态。

3. 增强大学生不屈不挠的动力

在突如其来的新冠肺炎疫情中，抗疫斗争伟大实践再次证明，中国人民所具有的不屈不挠的意志力，是战胜前进道路上一切艰难险阻的力量源泉。在这场战役中，诸多"90后"青年表现出不屈不挠的顽强意志，战胜困难，万千险阻在前，中国的青年将愈发坚韧。不屈不挠是指面对压力和困难不屈服，表现出顽强的状态。不屈不挠是面对艰难、面对挫折展现出来的英勇无畏和奋勇抗争。中华民族向来是一个不屈不挠、压不垮的民族，中国共产党更是不屈不挠、敢于斗争、勇于夺取胜利。无论是个人还是国家，都不可能一帆风顺，时常会遇到困难和艰难险阻，往往需要有不屈不挠的动力去与之抗争，也正是在这种强大动力下才会愈挫愈勇，成就事业，走向辉煌。不难看出，这种不屈不挠深深印刻着坚强意志品质的烙印，是意志品质中的韧性和坚毅的核心力量。意志品质坚定才能具有不屈不挠的力量，才会不畏苦难、不畏艰辛。不屈不挠，在磨难中成长，从磨难中奋起，始终是中华民族的精神品格，然而当前大学生中仍有部分群体在困难和挫折面前无法承受、不堪一击，更谈不上不屈不挠地战胜困难，意志品质薄弱导致了他们没有勇气和动力去面对和克服，时代的发展不允许他们如此这般。在百年未有之大变局的环境下，当前大学生将会面临更多的困难、更复杂的问题，也将接受多重的考验和挑战，唯有塑造坚强的意志品质，才可能增强大学生不屈不挠的动力，才能使大学生更加坚韧，更具韧性，以矢志不渝、不屈不挠的姿态为实现中国人民美好生活的追求与梦想不屈不挠、砥砺前行。

4.鞭策大学生前赴后继成就事业

自五四运动以来，在实现中华民族伟大复兴事业的道路上，无论是建立中国共产党、成立中华人民共和国，还是推进改革开放和中国特色社会主义事业建设，青年一代始终前赴后继为之贡献着智慧、力量，奉献着自己的青春年华甚至于生命。新的时代，大学生更要肩负起实现中国梦的重任，需要大学生自觉践行"四个意识""四个自信"，坚决做到"两个维护"，前赴后继地在进行伟大斗争、建设伟大工程、推进伟大事业的进程中持续贡献力量。之所以说前赴后继的不竭动力来源于坚强意志品质的支撑，是因为顽强意志品质促使大学生具有远大的志向和理想，明确的奋斗目标，并且能够给予大学生不懈努力的动力，可以说坚强意志是脚踏实地、前赴后继的基石。增强大学生意志品质培育能够坚定大学生的理想信念，使他们具有干事创业的信心和勇气，并且能够敦促他们将个人发展与国家民族的复兴紧紧联系在一起，同时也能够将中国共产党革命的红色基因传承到新一代青年身上，铸就他们百折不挠、前赴后继的品格，这样才能够鞭策大学生砥砺前行，最终彰显个人价值成就个人发展，同时也为实现中华民族伟大复兴事业贡献力量。

（二）大学生意志品质教育的策略

1.加强理想信念教育，树立远大目标

所谓理想是指人们在实践过程当中逐步形成的具有可实现性的追求目标；所谓信念是指人们坚信不疑于某种思想意识、理论主张，并以此为行动指引的心理状态。理想信念既包含对未来的设想，也蕴含对当下的执着，是人们的意志品质在奋斗目标上的集中反映。是否具有坚强的意志品质，与人们是否具有明确的奋斗目标息息相关，目标越远大、越坚定是理想信念坚定的直接表现。在新时代，大学生坚定理想信念需要坚定对马克思主义的信仰，坚定对社会主义和共产主义的信念，坚定对中国特色社会主义道路、理论、制度、文化的自信。尤其是在面对多元思想交织、各种利益诱惑时，必须牢记自己的初心与时代使命，深刻把握马克思主义的基本原理，深刻认识走中国特色社会主义道路的历史必然性，保持理想信念上的坚定。其理想信念越坚定，也就表明对于中国特色社会主义建设认识越深刻，那么坚定持久为了实现目标的意志品质也就越坚强。由此可见，坚定的理想信念是培育优良意志品质的基础。瑞士心理学家荣格把理想信念视为人格和意志品质形成与发展的动力系统当中最关键和最核心的要素。也就是说理想信念是培育意志品质的土壤，理想信念对于意志品质发展有推动作用。

在理想信念的指引下，学生在意志品质发展与优化过程中能自觉形成合理、积极的目标导向原则，理想信念的坚定使之能够正视生活中的困境与逆境，并通过积极的自我教育模式形成积极、稳定、向上的意志品质。站在新时代的历史方位，理想信念教育是高校立德树人的重要环节，也是实现时代新人育人目标的核心内容。大学生要深刻认识并且领会共产主义远大理想和中国特色社会主义共同理想，同时自身要保持坚定且不动摇。通常说要将理性融合在血液中，也就是说坚定的理想信念会使人的意志品质也呈现出坚定的特质，理想信念给予学生以明确的前进目的，同时给予学生为之努力的精神力量。那么如何强化大学生的理想信念教育，则要充分发挥思政课堂主渠道作用。思政课堂作为贯彻、宣传党的执政理念与指导思想的主渠道，具有高度政治性与理论性；作为培养学生世界观、人生观、价值观的主阵地，具有重要责任感与使命感。通过高校思政课开展理想信念教育，有助于引导大学生深入领会中国化马克思主义的实践价值、中华优秀传统文化的智慧力量、中国特色社会主义发展的时代意义，并以此激发大学生的精神力量，不断自觉提升、完善自身的意志品质。

在学校层面，要凸显以理想信念为导向的教育教学理念，充分发挥知识涵养、政治导向等育人功能。思政课教学发展要以牢固马克思主义、中国特色社会主义共同理想为指导，引导学生通过对理论逻辑的理解，科学运用马克思主义的立场观点分析掌握社会主义核心价值体系的生成背景、现实依据以及发展脉络；要以民族精神和时代精神为指引，引导学生通过对爱国主义、改革创新精神的吸收内化，提升政治敏感度与民族自豪感，自觉将个人的成才梦与中国梦紧密相连；要以社会主义公民道德纲要为道德品行规约，引导学生立足生活实际，通过对现实问题的分析，树立主流价值取向，自觉抵制腐朽思想行为的侵蚀，用强大的精神内驱助力社会价值的实现。要让广大学生将个人的理想追求融入国家民族的事业中，通过课程让大学生充分汲取思想理论内容的养分，从而使其优良意志品质的理论认知得到提升，进而避免大学生个人理想追求越来越狭小。

在教师层面，要提升教师素养、专业水平和业务能力。思政课教学内容的传授主要是通过思政课教师，那么就要充分发挥教师的育人功能，将基本理论知识、与时俱进不断探索的新知识及时提供给学生，立足于当今时代国内国际背景，通过积极挖掘社会事件背后的教育意义增强思政课的吸引力。此外，将教学与学生的实际需求紧密联系起来，通过课上课下的互动积极帮助学生解决其在学业、社交、择业等个人意志选择方面的问题，通过"生活化"转向，潜移默化地影响学生，提升学生对教育内容的认同感。

在学生层面，要充分发挥自我教育的能动作用。自我教育是教育"可塑性"向"生成性"转变的关键环节，也是升华教育效果的重要路径。在自我教育过程当中，学生通过思想转变与行为转化充分发挥自身作为教育主体与价值主体的主动性、创造性，进而实现自我修养的提升。如果学生能够对理想信念内容进行自我学习，那么则是对课堂教学的重要补充。例如学生通过课余时间自行深入学习习近平重要讲话精神、理解掌握社会主义核心价值体系的基础理论与外延拓展，并积极主动了解国际国内时政热点。在习得掌握一定基础理论后，深化理论水平、完善主观世界。整个这个过程，将大大提升大学生理论认知水平，能够极大促使大学生成为有理想、有信念的新一代青年，牢固的认知起点将夯实大学生优良意志品质形成的基础。此外，新时代大学生坚定理想信念，坚持用党的先进理论不断充实自我，努力提高自身政治理论素养，沿着正确的方向不断进取，深刻理解我们党的各项政治理论、路线、方针和政策，提高自身政治理论素养，增强自身判断形势、决断问题的能力，提高政治意识与觉悟，不断提升意志品质与能力。

2. 强化专业素养提升，激发动机潜能

所谓专业素质是指个体在进行专业学习过程中掌握专业知识、专业技能并将其转化为专业能力以适应社会并推动社会发展的一种素质的综合体现。习近平指出，新时代中国青年要练就过硬本领。青年是苦练本领、增长才干的黄金时期。作为时代新人必须是有本领的一代，只有真学问、真本领才可能把远大志向变成现实。提升专业素质的过程是明确个人发展目标的过程，是激发学习动力和激情的过程，正是这个过程催化了意志品质的产生和不断优化，反过来讲，坚强的意志品质一定能够推动整个过程不断完善、最终完成。那么，作为大学生，深厚的专业素养是提高意志品质的重要前提，所以新时代理应掌握专业理论及相关知识，并且获得运用这些知识解决实际问题的能力，进而将获得的知识和能力内化，最终形成一种相对稳定的能较好地从事某些专业工作的能力和素质。之所以从专业素质入手培育大学生意志品质，可以从两个层面理解，一是当今时代，不断更新的知识内容、层出不穷的新技术、应运而生的新业态,知识更新的节奏不断加快,提升个人专业素质以适应社会的需要和发展,这个过程不是一件简单的事情,其中必然会遇到各种困难曲折,那么就需要强大的动机、信心和毅力来支撑,也就是说需要顽强的意志才能攻克。二是如果大学生对于自己学习所要达到的综合素质和能力的要求越明确,目的越清晰,也就表明大学生越能意识到这个目标的社会价值和社会意义,那么此时大学生的意志品质也将越发坚定。因此,无论从大学生学习的天职来说也好,还是从意志品质在个人目标实现中的动能来讲也好,以提升专业素质为切入点进行意志品质的培育是一个重要的维度,可以从两方面同时开展。

第一,强化专业教育。加强专业教育是提升大学生专业素质的根本,也是培养全面发展的人的重要环节。要切实提升大学生的意志品质,就"要在增长知识见识上下功夫,教育引导学生珍惜学习时光,心无旁骛求知问学,增长见识,丰富学识,沿着求真理、悟道理、明事理的方向前进",确保大学生在积累知识的基础上形成卓越的见识。为此,高校要以社会发展和需要为先决条件,从专业设置、学科体系建设、培养目标制定、教学师资配备等多方面加强专业教育,以一个有机整体全面提升人才培养的力度,夯实大学生的个人发展的基础,从而促进大学生的全面发展。那么大学生在符合社会需要的专业体系内汲取各种知识,随着认知水平的不断提高,探索欲、求知欲也不断增强,养成独立思考的科研意识和能力,自觉将个人价值与社会价值紧密联系在一起,从而激发不断前行进步的动机和潜能,促发这些行动的中介元素就是意志品质。不同的人生目标会决定不同的意志品质,以专业教育为切入的意志品质培育,使大学生树立正确的人生目标,明确个人的发展目标,从而引导大学生自觉以此作为意志行为的出发点,在不断实现目标的环节中锤炼意志,最终形成坚强的意志品质。

第二,做好课程思政。高校的各门课程都具有育人功能,这里的课程思政,不是说要单增设一门课程,而是在"大思政"的格局下,将思想政治教育融入各门课程中,深度挖掘各门课程的思想政治教育资源,实现同向同行,最终形成协同效应。做好课程思政有利于在潜移默化中提升学生的意志品质,一是在专业课程中深入挖掘思想政治教育资源,与专业知识的讲授有机结合,提升专业教育与思想教育的融合度,在专业传授的过程中引领学生树立正确的价值观、人生观和世界观,用专业知识的牵引促使学生培养积极向上的进取精神、健康稳定的心态,从而具备责任担当以及为民族复兴而努力的勇气和坚韧;二是悉心教授专业知识,让学生真正感受到知识的力量、科学的魅力、文化的熏陶,使得学生明确知识可以转化为回报社会能力,并且能够凭借毅力攻坚克难学习到真本领,将终身学习作为人生目标实现的立足之本;三是用教师的素养和魅力感染学生,教师在通过专业教授的同时能够融会贯通传授思想、传递意志,使得学生最大程度获得信息,这种参照性的示范能够诱发意志的产生,尤其是身边喜欢的、熟悉的专业教师为榜样,更能够激发学生奋进的动力,从而形成坚强的意志品质。

3. 提高心理机能,积极认识悦纳自我

意志品质的形成是人的思想和心理交互作用的一个过程。显然,优良的意志品质是以人的心理健康为基础的。一个心理健康的人才能具有坚强的意志品质,当一个人心理都不健康的时候,在面对挫折、困难、失败的时候往往会产生焦虑、担忧、自卑等情绪,甚至导致抑郁,在心理健康异常的情况下很难形成坚强的意志品质。因此,教育者开展心理健康教育,通过提高心理机能,引导学生积极、客观地认识自我。积极心理学中强调积极人性观,倡导教育者引导学生采取乐观型解释风格的归因模式,提高对积极人格的认知,在面对生活时抱有积极、平和的心态,并拥有调节自身情绪的能力,勇于迎接困难、努力改变现状,而不是把挫折或失败归因于长期的累积,归因于自身的内部因素,并认为当下的挫折或失败势必会造成不良的影响,并给自己贴上消极的标签。从发展心理学的维度,个体总是在"刺激—反应—强化"的心理反应机制中更新思维方式与行为方式,因此教育者要在挫折教育中重视学生自我意识的培养,尤其是成长型思维模式的培养以及积极心理防御机制的建立。以上心理机能的提高,都有助于学生形成并保持稳定的意志品质。

首先,引导学生建立对积极人格的科学认知。积极人格作为一种精神力量,在人的思想转变和行为转化中起着不易被个体所察觉的重要驱动作用。因此,引导学生建立起对积极人格的科学认知有利于培养积极情绪、完善积极人格。在这一点上我们需要做到以下几点。其一,提高学生对积极人格作用的认知。教育者不仅要引导学生认知积极人格的基本构成、特质,以及它们之间的关系,更要使学生明白积极人格有助于实现理想目标,提升自我效能感。正确认知积极人格的作用,使得学生的意志目标更加明确,产生的积极动力,反作用于意志品质,从而提升意志品质的坚韧性。其二,引导学生主动认识、挖掘自身的积极人格。认识自我是自我发展与实现的前提,主动认识并挖掘自身的积极人格有助于在全面、客观地认清自身人格特质后提升对自我的认同感、接纳度以及个体自信,能够推动自身主动与外界社会建立良好社会关系,更好地发挥自身优势,这种自我效能的社会化有利于意志品质的坚定。其三,培养学生开阔的眼光与社会化的格局。

马克思在《关于费尔巴哈的提纲》中指出:"人的本质,在其现实性上是一切社会关系的总和。"① 人作为社会的存在物,是社会化个体,个人在社会关系的归属中、在社会价值的贡献中才能够更好地实现自我完善与自我超越。而引导学生以一个公民的态度观察世界是教育智慧的高峰,换句话说就是教育者要引导学生用个体积极人格的力量,推动自身更好地履行社会责任与担当,具备责任与担当的自觉能够促使学生更快更好地完成目标,从而催发坚强意志品质形成。

其次,转换认知方式,完善积极心理防御机制。美国心理学家埃利斯创建的情绪 ABC 理论指出,引发人们情绪变动和行为变化的并不是事件本身,而是人们看待它的方式和态度。学生在面对困难挫折时常常会产生挫败感,主要原因是对困难挫折存在错误的认识和归因,并且无法以顽强的意志品质去克服。据此,教育者应当从大学生心理机能出发,调整学生的认知方式,正确看待困难挫折以及与困难挫折的距离,提升战胜困难的勇气和心态。第一,引导学生辩证看待挫折,摒除不合理认知,引导学生明确挫折具有必然性,每个人都会遇到挫折,要学会接纳人生当中的不完美;要用矛盾统一的观点看待挫折,用积极乐观的心态看待挫折背后的转机,适时地变挫折为动力。通过认知的调整,能够敢于面对困难和挫折,并且在意志品质支撑和调节下积极应对困难挫折,这种思维模式的调整有助于形成顽强的意志品质。第二,引导学生发现自身与困难挫折的关系。依据维果茨基的"最近发展区"理论,帮助学生找到自己的最近发展区,制定可实现的阶段性目标,并采取跟踪激励等方式督促学生去攻克难题,从而促进学生获得更高水平的进步。第三,引导学生建立积极心理防御机制,激发战胜挫折的勇气。心理防御机制是弗洛伊德精神分析学理论中的一个基本概念。心理防御机制是指个体在面对不良情绪或者挫折情境时,心里产生的试图缓解焦虑、摆脱烦恼进而恢复心态平和的一种适应性倾向,保持良好的心态缓解甚至消除不良情绪,恢复心理平衡,在心理健康的状态下应对困难和挫折,这样可以提高意志品质形成并发展的效果。

四、大学生挫折教育

(一)家庭:转变教育观念,重视挫折教育

家庭教育在个体成长的过程中起着举足轻重的作用,家庭教育观念对家庭教

---

① 中共中央马克思恩格斯列宁斯大林著作编译局. 马克思恩格斯选集(第 1 卷)[M]. 北京:人民出版社,2012.

育的目标、态度和方式都产生了非常重大的影响。若是说人生是一场长跑，那么家庭教育便是个体经历的第一站，家庭也是个体的第一个课堂。那么如果把一个家庭看作是正在扬帆起航的一艘船，那么家长的教育观念就像是这艘船上的帆，帆指引着这艘船的方向，若是方向错了，那么这艘船也就永远到达不了成功的彼岸。因此，正确的教育观念对一个家庭来说是至关重要的。在孩子的成长过程中，作为家长应该多方位多角度地看待问题，孩子的学业只是他成长过程中非常重要的方面之一，学业并不是全部。要促进大学生的身心健康成长，将来成为一个为国家和社会所需要的人才，不仅要拥有渊博的学识、良好的道德品质，还需要健康的体魄、百折不挠的心理、甘于奉献的灵魂和良好的耐挫力。这些方面的要素是个体健康成长所必备的素质，也是一个合格的家长所必须明白的道理。因此，作为父母，应该转变家庭教育观念，破除成绩大于一切的落后观念，将挫折教育纳入家庭教育的内容中，重视孩子的心理健康，关注孩子遭遇的挫折，给孩子适当的帮助和引导。尊重并理解孩子，能够站在孩子的角度思考问题，保护孩子的兴趣和天赋，在平时的家庭教育中注重对孩子的耐挫力的培养。新时代的家长要成为一名合格的父母，应该转变片面注重学业的教育观，树立正确的教育观念，重视挫折教育，促进孩子身心健康成长。

（二）学校：制定挫折教育系统规划，加强家校合作

为了改变挫折教育形式化的现象，提升大学生的耐挫力水平，学校应该对挫折教育制定系统的规划。第一，应对挫折教育的内容进行统一规定，设置专门的挫折教育课程。学校应该制定相应的管理制度，让挫折教育能够有序开展，将挫折教育纳入心理健康课和德育课。学校的挫折教育内容应该更加丰富，而不只是关注到大学生遭遇的学业方面的挫折，也应该涉及人际交往、情感等其他方面。学校应当加强学生的人生观、世界观和社会责任感教育。人生观和世界观影响大学生对挫折教育的认识。拥有正确的人生观和世界观的大学生，能够正确地看待挫折，看待自己的人生价值，对于他们坚定理想信念，树立积极的人生目标有非常重要的影响。著名教育学家马卡连柯曾经说过：一个人没有责任感的话对于任何挫折都是难以承受的。[1]大学生在遭受挫折后很容易产生悲观情绪的很重要的一个原因就是他们缺乏责任感，因此，学校挫折教育的非常重要的一个内容就是责任感教育，培养大学生学会勇于承担责任，对自己和家庭负责，做事三思而后行，减少大学生自杀事件的发生。第二，学校应当建立多样化的挫折教育方法和

---

[1] 马卡连柯. 马卡连柯全集 [M]. 南致善，等译. 北京：人民教育出版社，1959.

途径，当前学校挫折教育的方法和途径过于单一，除了在课堂上开展挫折教育，还可以在课外多组织一些综合实践活动，提供学生锻炼的机会，磨炼学生意志，提高学生问题解决能力，在实践中使大学生的耐挫力得到提升。第三，制定相应的评价机制，将挫折教育纳入评价体系中。改变过去重智力轻心育评价机制，不再以考试成绩作为唯一的评价标准。关注评价结果的同时也要关注过程，评价机制的最终目的应当是促进教师和学生的共同进步。评价的内容应当涵盖学生的智力和非智力因素，除了学生的学业成绩，还要包括学生的心理素质和耐挫力。第四，提高教师自身素质，教师要秉持着终身学习的理念，自觉提高自身专业素养，主动学习关于挫折教育的相关理论知识，借鉴优秀教师的挫折教育实践经验。各科教师及教职工自觉担负挫折教育的职责，树立起对学生进行挫折教育的意识。第五，学校和家庭应该加强合作，教师要定期与家长进行挫折教育方面的沟通交流，给家长提供培养大学生耐挫力的相关建议，充分发挥家庭在培养大学生耐挫力方面的基础性作用，共同促进大学生的健康成长。

（三）社会：创设挫折教育立体网络，形成教育合力

青少年是一个国家的未来，是一个民族的希望，他们的整体素质和能力的提升是国家综合国力提升的关键。然而随着社会竞争越发激烈，大学生受到来自学校、社会和家庭的多重压力，部分大学生耐挫力水平亟待提高。家庭、学校和社会应团结协作，建构挫折教育立体网络，共同促进大学生耐挫力的提升。社会教育的作用主要体现在社区上，社区应该定期邀请教育界知名专家学者来开展挫折教育专题讲座，以及邀请一些优秀的学校一线教师对家长进行挫折教育的指导。

鼓励家长积极学习挫折教育相关理论，深化对挫折教育的认识。这样不仅丰富了家长关于挫折教育的知识，还帮助家长认识到了挫折教育的重要性，更有助于家庭中对孩子耐挫力的培养。以一个社区为单位，建立家庭互帮互助小组，家庭之间互相交流学习，充分利用社区这个平台，同时也发挥家庭教育的重要作用。除此之外，社会上其他教育资源也不应该被忽略，例如图书馆、博物馆和纪念馆。图书馆是十分重要的社会教育资源，可以举办一些读书会活动，由学校组织大学生参加，帮助大学生增长见闻，培养他们的意志品质。社区可以定期举行一些活动，组织大学生参观博物馆和纪念馆，学习名人先进事迹和我国优秀传统文化。帮助大学生开阔视野的同时，学习前人坚韧不拔，在挫折面前百折不挠的优秀品质，促进大学生耐挫力的提升。

（四）个体：深化挫折认识，加强自我教育

在个体的成长过程中挫折难以避免，挫折具有普遍性和必然性，挫折是客观存在的，不以人的意志为转移。大学生从出生开始，人生的每个阶段都会遭遇各种各样的挫折。随着年龄的增长和越来越激烈的社会竞争，遭遇挫折的次数也变得越来越多，大学生应该做好随时可能遭遇挫折的充分的心理准备。任何事情都具有两面性，对于挫折也要一分为二地看待，挫折带给人们困惑和烦恼的同时，也带来了希望和力量，以及发展的无限可能。挫折 ABC 理论认为，个体对自身所遭遇的事件的看法和观念影响人的情绪反应，而不是挫折事件本身，这也解释了不同个体在面对同一挫折情境或事件时，对某些个体来说只看到挫折不利的一面，而对另外一些个体来说看到了挫折非常有益的一面。认知影响情绪和行为，正确认识自我，树立正确的挫折认知对于大学生耐挫力的培养而言尤为重要。

第四节　创新创业教育

一、大学生创新创业教育问题

（一）顶层设计不科学，创新创业教育管理体制不完善

大多数大学生创新创业教育没有实践体系，创新创业教育体系是根据学校具体情况而设立，具有特色性。创新创业教育管理体制基本上是借鉴和使用一些相对成熟学校的管理模式，部分高校甚至直接照抄其他高校的培养模式，没有加以特色化修改，导致对创新创业教育实施的指导不足。

（二）创新创业教育体系不健全，社会实践机会少

虽然创新创业在一些高校已经实施，但是大多数高校在这方面的教育仍停留在理论教学上，而没有结合实践去进一步引导。部分高校将大学生就业指导这门课作为选修课，这也反映出高校对于学生就业课程的不重视，部分高校教学资源不足，有理论教学能力，却没有实践教学的保障。

（三）创新创业教育实践平台的科技水平落后

在大学生创新创业的学习以及实践过程中，需要有能与时俱进的教育实践平台相辅助，但现实情况是大部分高校的教育实践平台技术水平落后，信息化程度

不足，难以提供足够的教育支撑，学生的实践能力得不到足够锻炼，甚至部分高校的教学仍停留在理论教学层面。部分教师甚至没有创新创业的相关经验，根本无法为学生提供创新创业指导，也不具备基本的创新创业理论知识。

（四）创新创业指导教师的资源严重不足

在创新创业方面，对大部分学生而言，没有任何经验或经历，甚至对相关概念也不了解，这对于学生后期的职业生涯有着重要的影响。因此，学校的创新创业指导教师需要具备专业的知识和丰富的实践经验，而不应该由部分教师代课。创业导师也需要具备更强的创业创新意识和能力，但对于目前绝大多数高校来说，仍然满足不了现实要求。一些高校为了尽快推动创新创业的发展，干脆选择一部分代课教师来承担这个工作，无法保证高校创新创业课程的质量。

（五）就业指导内容跟不上大数据的步伐

从当前我国高校大学生就业指导课程实行情况来看，仍有许多亟待解决的问题。一方面，高校的就业指导方案陈旧，虽然教学模式更加信息化，但这只是表面现象，只是更新了教学手段，而没有更新教学内容。另一方面，高校的就业指导资源有限，大部分学生没有机会享受专业的就业指导，仅有少部分学生能够真正接触到教师的专门指导。我国也在为学生的就业提供政策上或资金上的支持，但是很少会有具体项目上的引导，未提供准确的就业指导服务。

二、加强大学生创新创业教育的对策

（一）加强课程体系建设

从共性目标和个性目标两个方面来制定课程体系目标。共性目标是以不断提升学生综合素质为基础，通过对创新创业知识结构进行优化，结合创新创业精神和意识等培养，使大多数学生拥有更高的创新创业能力以及专业素养。此外，要以学校当前发展特征以及创新创业教育规划为基础，结合学生实际需求，制定出更适合学生创新创业能力提升的课程体系。

（1）加快将创新创业教育融入专业教育。加快专业教育课程改革，整合相关教学内容，将大学生创新能力培养和创业内容学习等融入专业教育课程大纲。区别不同专业学生的特点和实际需求，构建不同层次的教学内容。针对学生专业特长明显、技术专长突出、创新能力较强的特点，在创新创业教育中侧重对创业技能、创业流程等方面的培训。

一是强化高职教师对创新创业教育与专业教育的融合意识。任课教师不能将创新创业教育与专业教育完全分开，应当意识到这两种教育都是高职教育的重要组成部分，专业教育本身就包含着创新创业教育的要求。教师在上专业课的时候，应注重充分挖掘专业课程中有可能实现成果转化的知识点，再利用创新创业教育的途径来引导学生思考，培养学生创新意识和创新精神，不断提高学生创新能力，这样既是对专业教育的补充和延续，又是对学生创新创业教育的启发和引领。二是高职院校应将创新创业教育融入不同专业的人才培养方案中，设置专门学分，面向全院学生开设创新创业必修课、选修课，增加行业技术前沿课程，从而培养学生基于专业优势的双创能力。主要可以采取两种融合路径：一种是嵌入模式，即在专业课程教学过程中渗透创新创业教育内容，通过在专业课程教学内容中适当增加双创元素和优化课程体系结构来培养学生基于专业知识的创业素养；另一种是融合性模式，即增加专业的双创类课程，这种模式需要重新设计和开发新的课程，提高实践环节的比重，对教材和教师的要求都比较高。

（2）加强课程体系化建设，构建全新的课程评价机制。将大学生创新创业教育课程纳入全校教学工作中长期规划，打造通识类为基础、专业教育类为核心、实践实训类为重点的创新创业课程体系。如面向全体学生开设"网络+实体"的通识类课程，帮助学生掌握创新创业的基本理论和必要的创业能力，树立良好的创新创业观念。进一步改变专业必修课教学内容与授课方式，鼓励跨学科专业课程建设，将创新创业教育内涵全面融入专业教育中。将创新性思维与方法有机融入课堂教学，要求每门课程明确"双创"教育所依托的教学内容与环节，推进研讨式、探究式课堂建设，激发学生探究兴趣和创新创业潜能。引入科学合理的课程评价机制，邀请专家和学生评估教学效果，完善教学课程，逐渐构建具有专业特色、适合学生需求、体现人文素养及科学素质的大学生创新创业培养体系。如中国矿大将"创造学"作为大一学生的必修课程，面向全校学生开发了"创新教育基础"和"创业管理概论"等通识类公共选修课。

（3）深化双创教育教学模式的改革。摒弃传统教学方式，对教学方法以及教学模式加以创新。由于创新创业课程大多是实践性较强且具有较强创新性的课程内容，因此在教学过程中，需要摒弃传统填鸭式教学方式，利用多种教学方法以及教学模式，为学生提供更为多元化的学习模式。

（4）加大实践课程建设，促进学生实践能力提升。改革以授课为主的教学模式，逐步增加课程实践模块，组织学生到创业企业或大学生创业园进行实地参观走访，详细了解企业创新创业实际问题，指导学生将所学知识运用到企业运营工作中；邀请优秀校友或企业导师走进课堂，介绍企业管理经验和技术创新知识，进一步提升学生的理论认知和实践技能水平；增加"市场调研""管理沟通"等实践类课程，鼓励学生参加社会实践和市场调研等活动，提升学生综合能力。

（二）树立正确的双创教育理念

开展教育实践过程中形成的教育理念不仅是对教育工作的某种认知，同时也是价值观念的一种体现，通常教育理念具备指向性、稳定性以及传承性这几个特征。良好的教育理念不仅要符合时代发展需求，同时要和文化发展需求相一致。

1. 转变教育理念

追溯我国高职院校的历史，可以发现大多数高职院校的前身都有中等专科学校的身份。由于长期形成的办学理念和市场经济下的激烈竞争，高职院校更注重能够快速培养适合企业基层一线工作的技能型人才，认为教学工作的目标就是为学生提供良好的工作岗位，并且依靠就业率来提高学校的声誉。

2. 转变就业观念

高职院校为了实现教学和人才培养体系与就业工作岗位的无缝连接，纷纷开展"以就业为导向"的教学改革和专业调整。创新创业教育的推广使高职院校传统的就业教育模式得以转变，教育机制以及就业机制也会随之发生变化。当前，党和政府号召全民开展创新创业活动，随着就业形势越来越严峻，以创业带动就业成为缓解就业压力的重要手段。

当前国内外就业形式日益复杂化，社会经济发展压力重重，国家大力推动大众创新、万众创业经济发展模式，作为社会发展坚实力量，大学生对国家经济发展起到不可替代性作用。社会、高校以及家庭引导大学生创业意识生成，但获得学生主体创业意识培育实效性，最终由学生自我教育内在力量加以催发，一旦大学生群体无法给予创业理论恰当评价，外界教育极难起到有效引导作用。为有效落实高校大学生创业意识培育，深化大学生对创业意识整体认知程度。

首先，明确创业相关理论及概念，树立科学的择业观，转变自身创业实践活动的态度，理解创业活动重点在于培养学生综合技能以实现其人生价值，创业教育并非仅是有意愿从事创业实践的主体专有理论，而且是为更好应对社会发展必备技能学习理论之一，大学生必须在观念上认同创业意识培育的重要性，积极进行自我教育、自主学习，不断拓宽视野。大学生更为理性地面对创业实践活动，系统深入地感知创业理论知识，在此基础上才能够强化自身创业意识的生成。

其次，大学生群体通过转变自身学习态度，系统掌握课堂教学相关内容，提高自身整体创业素养，利用空余时间自发学习创业理论知识，有效利用网络平台，在自主学习过程中深化创业理论认知。知是行之始，行是知之成。大学生系统化、深入性的理解和认知创业理论知识，才能切实有效深化对创业意识整体认知程度，提升大学生对创业实践活动关注力度，强化其对创业相关内容的理解。

除此之外，大学生要充分肯定形成创业意识的重要性，提高创业意识自我培育的积极性与主动性，拓宽创业理论知识学习面，结合社会环境制定具有针对性的学习计划与目标，在潜移默化中培育自身创业意识。随着强化大学生对创业意识有效认知程度，明确的认知能够摆正大学生对创业活动的评价，积极的评价又能够积极引导大学生形成创业意识，二者相辅相成、缺一不可。

（三）育人环境建设

（1）做好顶层设计，凝聚共识，形成合力。重视大学生创新创业教育工作，成立校级工作领导小组。如中国矿大成立了由校长担任组长的创新创业教育工作领导小组及由校党委副书记、分管副校长任组长的大学生课外科技创新活动领导小组，办公室分别设在教务部和团委，构建了教务部门牵头，学工部、校团委、科研院、财务处、人事处等多部门齐抓共管的联动机制。

（2）建立健全大学生创新创业教育协同机制，营造良好的创业氛围。大学生创新创业教育工作不是单个部门的工作，而是一项多部门协作、全员参与的工作。高校应从全局考虑，有效整合、合理分配校内优秀资源。积极推进政府、企业参与到高校的大学生创新创业教育教学改革中，实践育人工作，培育新的合作平台。如中国矿大通过实施《深化创新创业教育改革实施方案》，建立健全管理体制和运行机制，教务部、校团委等多部门协同联动，举办大学生科技创新创业文化节、创新创业活动周、知名企业家进校园、创业沙龙等活动，搭建大学生创新创业意识培养、技能提升的有效载体，利用学校官方微信公众号、微博、校内广播台等，宣传国家的创新创业政策、典型人物事迹等，营造良好的创新创业氛围。

（3）优化教师结构，提升教师教学指导能力。对从事大学生创新创业教育的教师提供理论知识培训和与企业交流的机会，结合师德师风、专业素养、教学效果等进行考核，打造一批专兼结合、业务指导和理论宣讲能力兼备的教师队伍。积极扩大师资来源，聘请政府相关机构、企事业单位专家、风险投资家、优秀校友等加入教学团队，改善师资队伍结构，并定期与校内教师开展教学研讨活动，改进教学模式，丰富教学内容。

（四）培养学生主体创业意识

1. 提高大学生创业意识培育自觉性

大学生创业意识培育与其他学科教育之间存在差异性，创业意识教育侧重于对大学生意识上的引导、精神上的熏陶。大学生创业意识培育在充分调动其主观能动性的基础上才能够产生最佳效果，苏霍姆林斯基曾明确指出"真正的教育是自我教育"，自我教育在大学生创业意识培育的过程中起到不可替代性的作用，高校提高大学生创业意识培育的主动性、自觉性归根结底离不开大学生自我教育。提高大学生创业意识培育自觉性，首先，要引导大学生形成积极的创业态度，展现出对创业意识培育过程的向往以及兴趣，消除自身对创业知识学习的疏离感以及排斥感，高校借助多样化手段促进大学生树立坚定的学习目标，不断强化大学生创业意识，营造轻松有趣的大学生自主学习氛围。高校要充分认识到大学生创业意识培育自觉性的提升更多依赖于大学生自身创业情感态度，在拓宽大学生创业意识培育主体性思路的基础上，最大程度激发大学生创业兴趣，提升其对创业知识好奇心以及创业讯息敏锐度，潜移默化地提高大学生创业意识培育自觉性。

其次，大学生创业意识培育并非仅存在于创业课程教学过程中，高校需要将创业课程教学内容与其他专业课程知识有机融合，打破专业壁垒，培养大学生自我价值实现需求主动性以及获得成就迫切性，通过多角度学习唤醒大学生创业意识自主培育，形成创业意识自觉形成的主观意识。

除此之外，规范大学生主观创业整体评价感知力，外在评价一定意义上能够对大学生创业意识培育产生明确影响，外界评价极易引发大学生自我判定的不确定性。高校要引导大学生形成正确的主观创业整体评价感知力，注重大学生心理等方面教育，在给予学生充分鼓励基础上帮助大学生建立恰当的外界评价感知机制，培育其创业意识正确判定能力，引导大学生群体进行研讨，在交流中更为理性地应对创业理论学习过程中存在的问题，从根本上提高大学生创业意识培育自觉性。

2. 强化大学生创业思维及行为习惯

面对当前激烈的竞争环境以及巨大的社会压力，为了更好地响应创新型国家建设的号召，大学生要在结合时代变化发展现状的基础上切实有效地进行自我完善、自我提升，大学生依据自我意识结合价值观念引导，有针对性地形成创业意识自我教育模式，大学生创业意识培育离不开其创业思维及行为习惯的有机养成，单纯的理论知识学习难以养成良好的创业行为习惯，大学生必须要积极参与到实践活动当中，在一系列事件活动中磨炼意志、提高创业素养。

一方面，大学生创业意识培育的成功需要主客观因素共同作用，学生主体所起到的主观作用能够发挥不可替代性作用，因此，大学生在进行创业理论知识学习基础上，要积极参与学校、社会等提供的创业实践活动，在活动中挖掘创业乐趣，激发创业热情，在多样化创业实践活动中体会多样化的工作模式，培养面对困难、解决困难的意识，在实践活动中能够拓宽眼界、优化思路，面对外界事物能够给予独到判定、提出自我见解的能力，潜移默化中生成创业思维、养成良好创业习惯，将自身掌握的创业理论知识应用于创业实践活动中，加深对于高校创业课程教学的有效理解，迸发更为积极向上的创业意识。

另一方面，要形成创业思维并养成良好行为习惯，必须要将理论知识转化为实践能力，切实为社会、为自身创造显而易见的价值。大部分学生对创业理论的认知仅停留于表面，自然无法自发形成良好的创业思维以及创业行为习惯，大学生创业意识培育也会因此未落到实处。大学生在创业意识培育过程中根据自身知识构架以及综合素质进行有机调整，大学生主体要主动关注创业资讯，积极了解社会发展热点，切实认可创业活动作为当前社会发展必不可缺少的环节，顺应社会发展趋势，摒弃传统就业观念，改变自身一成不变的思维方式，培养自我创业思维，充分发挥自身综合才能实现就业、创业目标设定长远化，提高创业理论知识实践转化能力，并在实践活动中养成良好的创业行为习惯。

（五）优化双创教育环境

近年来，我国社会、经济、政治等各个方面都在经历着飞速的发展。国内高职院校在人才培养过程中，也应当意识到社会经济发展对人才要求的变化。在开展双创教育过程中，不仅要提升人才的专业能力，同时更应当提升人才对社会的适应能力。

1. 形成全员参与的创新创业教育氛围

首先，学校在顶层设计中要突出创新创业教育的中心地位，将"创新"和"创业"写入学院校训和校风，在学院的中长期发展规划和五年事业发展规划中均把创新创业教育作为人才培养和校园文化建设的重要抓手。成立创新创业教育工作领导小组，设立分别由科技处、就业指导中心牵头的创新创业教育教研室，组建教师团队，制订实施方案，每年划拨专项资金资助创新创业项目开展。同时，再营造环境支撑创新创业教育。

2. 营造浓厚的创新创业校园文化氛围

学校在营造文化氛围的过程中，首先应当加强宣传，需要学校对创新创业的相关政策进行宣传和普及以及积极引导，为学生提供更好的创新创业环境和理论支持。其次，在校内选择典型的创新创业成功人士作为榜样，通过榜样让学生了解更多创新创业成功形象，使学生的自信心和学习能力不断提升，真正融入创新创业学习实践中。

3. 创建和谐的创新创业社会舆论氛围

不仅是学校需要承担创新创业宣传工作，社会和媒体舆论等也应当积极参与创新创业宣传工作。应当积极利用电视媒体以及微博、微信等新媒体宣传形式加大对创新创业教育工作的宣传力度。

（六）完善双创教育配套设施建设

1. 出台配套规章制度

首先，应当保障各项规章制度的层次性。在制定创新创业教育相关规章制度时，应当考虑到学生的不同发展阶段以及不同学习能力，从而制定差异化规章制度。不能以某一阶段为标准进行一刀切，更要杜绝出现各年级之间相同水平、相同内容的教育方式，保障学生能够得到阶段性成长。其次，应当保障各项规章制度的可行性。在可行性研究中应当切实了解规章制度的参与对象信息、规章制度制定方式、制度的落实等多个方面的可行性，保障规章制度能够顺利应用。最后，要保障各项规章制度的系统性。规章制度的出台是为了更好地开展创新创业教育工作。与此同时，也应当协调好创新创业教育工作和其他工作之间的关系，在规章制度中要为学生提供更多保障，提升学生的学习积极性。

2. 建立资金保障机制

高职院校学生在参与创新创业学习过程中大多会对创新创业工作产生浓厚兴趣，但是往往会因为受到资金限制导致各个项目难以顺利实施。因此，学校应当为学生提供更多资金保障，有效提升学生的创新创业能力。

3. 搭建好学校与产业界的合作平台

学校应当成立专门的创新创业服务和管理部门，不仅可以对校内创新创业项目进行综合管理，同时也可以积极和其他企业以及校外平台进行沟通，给校内创新创业项目提供更大的发展空间以及展示交流平台。

（七）组织竞赛

（1）围绕创新创业实践重大赛事，以赛促建。按照教育部创新创业相关工作要求，高校可根据自身情况积极推动学生参加相关创新创业类重大赛事，如指导学生参加"挑战杯"中国大学生创业计划竞赛、"互联网+"大学生创新创业大赛、全国大学生电子商务"创新、创意及创业"挑战赛等。

（2）结合学科特点，开展创新创业工作。除了基础性的创新创业理论知识教学和组织活动，高校还可以鼓励学生立足所在专业结合其自身特点开展创新创业工作。通过举办领导者论坛、大学生创业计划大赛、管理知识竞赛、社会调查报告和社会科学学术论文比赛、管理品质提升活动、银行产品创意设计大赛等，不断增强学生的管理意识，锻炼其组织领导能力。同时积极推动各系结合自身培养目标，开展"一系一品"活动，如中共矿大金融学系开展了"未来金融家精英训练营"，营销科学系联合企事业单位举办营销创意设计大赛，电子商务与数据科学系积极承办大学生电子商务"创新、创意及创业"挑战赛的相关事宜等，为大学生创新创业能力和综合素质培养奠定了良好的基础。

（八）实践体系建设

（1）夯实大学生创新创业实践基地建设，形成育人合力。完善大学科技园、青创广场等创客空间建设，吸引创业项目入园孵化，支持设立创新创业俱乐部，引导支持朋辈互助式创新创业活动；加快在优秀企业、大学生创业园、政府相关单位等机构中建立实习实践基地，推进高校与社会资源协同育人，切实提升高校人才培养质量。

（2）搭建产教融合平台，拓展协同育人新渠道。根据实际需要，搭建学校主导、社会机构和学生共同参与的产学研相结合的协同创新平台。通过与知名企业进行技术合作，实现校企教学相长；通过与政府部门和行业、企业合作，发挥高校区位优势和专业特色，满足企业实际需求；通过校企共建孵化平台，将企业需求、高校科研和大学生创新创业有机结合，实现三方共赢。如立足学校特色，积极打造由基础工程实践平台、联合工程实践平台、协同"双创"实践平台形成的层层递进、有机衔接的创新创业教育资源体系。

第四章　新时期高校学生教育之教学模式

教学模式是教学现实和理论构想的统一，是提升大学生教育效果的关键因素。本章内容为新时期高校学生教育之教学模式，分别从灌输式教学模式、"互联网+"教学模式、混合式教学模式、探索研究型教学模式四方面展开论述。

第一节　灌输式教学模式

一、灌输式教学模式的缺点

2016年，美国加州大学洛杉矶分校副校长Cindy Fan（范芝芬）在对武汉大学进行访谈和考察期间惊讶地发现，中国内地竟有如此高水平的研究型大学，而做出一流科研成果和水平的教师在课堂上竟没能很好地激发学生探索科学的兴趣，学生上课不记笔记，课堂异常沉默，这种现象在我国高校课堂非常普遍。[①]大学本是培养学生辩证思维和解决实际问题的实验室，但在我国大多数高校课堂，仍然主要采取以教师课堂讲授为主的方式，较少与学生互动，也较少给学生机会讨论，让他们提出自己的观点、看法。学生对于大多数课堂讲授内容仅有短时间的记忆，缺乏对知识点的理解和思考。

教师在课堂上的主要任务是向学生提供适当的足够的信息，启发学生积极主动地思考，由学生自己寻找答案，得出结论。学生通过记忆学习到的知识会随着时间的流逝而逐渐淡忘，但通过思考，自己寻找解决问题的方法，才能够形成自己的知识结构，思考的问题越多，解决问题的能力也就越强。那么，这种互动式或研讨式教学是如何提高学生学习效果的？

我们知道，教学是教师与学生之间的动态深度合作过程，这种合作体现在对话交流上，如果只有教师单方面的教，没有学生的积极参与，就无法产生学生自

---

① 陈凡. 以学生为中心的教学何以可能——基于51所大学本科课堂现状的实证研究[J]. 高等教育研究，2017，38（10）：75-82.

发的学；没有对话，教师无法知晓学生学习存在的问题，也就不能为下一步教学进行有针对性的改进。对话不是简单的你问我答，而是在教师的引导下将学习不断引向深入，通过对话交锋实现思想和知识的提升。在对话过程中，学生从已有的知识积累中提炼观点，并通过对话表达来修正，或者构建自己的知识体系。通过课堂上的对话互动，学生会发现现有的知识无法跟进演讲的话题，就会自觉地学习，增加自己的知识储备，总之，互动对话会倒逼学生主动地阅读文献搜集资料，形成对事物的新认识。

随着对话的深入和话题难度的加大，学生会发现已有的知识难以为继，将刺激学生向新的知识高峰进发，在否定之否定中求得新解，在激烈的思想交锋中破旧立新，在对权威的挑战中实现创新。学术创新就是学生与教师对话交流中构建的，提出与教师不同的观点，成为知识和观点的创建者而不只是接收者。为了达到这一高度，需要学生在课前做辛苦和充分的准备，在持续学习中磨炼学生的意志力，提升学生对事物的感知和判断力，在学习过程中开阔眼界，体验到科学探索的乐趣，到达这一步，学生已由被动学习转为自主学习和深度研究，这是灌输式教学无法做到的。

二、灌输式教学模式的优点

然而，灌输式教学也并非一无是处，其显而易见的好处是对课堂的可控性比较强、效率高，能在较短的时间内传授更多的知识。灌输式教学重视知识的传授过程，轻视知识的探索过程，忽视学生能力的发展。把教学作为知识的搬运活动，把学生作为储存知识的容器，其头脑中塞满一个个结论，这些结论只能接受，不能质疑。这种单向的、独白的、缺少互动的教学模式，使课堂变得机械、沉闷和程式化，缺少生气和活力，缺乏对智慧的挑战和好奇心的刺激，阻碍学生创新意识的形成和发展，导致学生沦为盲目服从、缺乏批判精神和创造精神的人。

儒家文化的"谨言慎行"和课堂上"认真听讲"被作为值得颂扬的品行，这使得"灌输式"教学在我国课堂上更是根深蒂固。从小学到中学，我们的学校就教育学生上课认真听讲，认真做笔记，在课堂上，教师具有绝对的权威，其观点不容置疑。学生通过背诵标准答案和大量的练习题巩固学习内容，以获得好的考试成绩，完成学习的流程。在这里，考试似乎是教育流程的终点和目标，其他的都不重要。大学课堂仍旧沿袭着中小学的教学形式，大学课堂本是一个能引起头脑风暴的地方，如今却寂静得令人担忧。教师照本宣科，课堂上飞快闪过 ppt 的现象比比皆是，教师的教学并未能吸引学生的注意，学生的课堂表现也没能反馈和激励教师的教学，这种沉默式教学成为当下我国高校课堂的普遍现象。

为了纠正灌输式教学带来的课堂沉闷现象，克服重教轻学的弊病，近年来，高校行政主管部门和领导积极倡导课堂教学改革，在课堂上增加一些互动提问和研讨内容。然而，教师和学生的热情都不高，改变课堂上灌输式教学于教师、于学生都是不习惯的，互动式教学成为没有任何难度的你问我答，表演痕迹严重，研究性教学成为让学生讲课、教师点评，学生反映学习效果并不好，还不如由教师讲解效率高。目前多数高校和教师仍然沿用旧的教学模式和办法。

第二节 "互联网+"教学模式

一、"互联网+"对教育的影响

（一）"互联网+"时代的特征

从当前实际情况来讲，网络已经成为学生学习中非常重要的工具之一，在这一背景下，学生在生活和学习中已经无法离开网络。大多数的学生都有通过网络平台与他人进行沟通的习惯，借此获得更多的信息，而且使用网络已经成为青年群体生活中非常重要的一部分。互联网的发展中，开发者与用户之间能够实现扁平化的互动交流，使使用者的体验得到改善，将用户作为重点。在互联网的思维下，非常重视知识与信息的共享，在互联网发展的过程中，主要是为了使互动更加高效，例如人与人之间或者是人机之间，互联网思维就是通过互联网的价值技术等实现创新工作。

（二）"互联网+"教育

"互联网+"教育会遵循开放教育、个性教育和终身教育的理念，与社会化教育为基础将学生作为重点，突破时空等方面的限制，通过社会力量和科学成果，帮助学生能够获得其更满意的教育，利用自由的思想与教育方式，提高整体教育效果。"互联网+"教育中，会有效利用大数据技术对教育教学活动和学生的行为进行分析，借助互联网思维和相关技术，在学生的基础上，制定出个性化的教育方式与教育手段，使学生能够获得更好的发展。

二、"互联网+"教学模式的含义及意义

(一)"互联网+"教学模式的含义

"互联网+"是近十年出现的具有划时代意义的社会生态新模式,是借助互联网平台把传统社会中的各行各业结合起来的新型模式。它的出现极大地提升了各个行业的生产力和创造力。"互联网+"教学模式是以专业传统教学为基础,运用网络信息技术使传统课堂这个实体空间在有限的时间内达不到的教学需求的问题得到有效解决,并使课题教学取得事半功倍的效果。

传统的教学模式在知识传递方面,授课往往是以教师讲授为主、师生讨论为辅,在有限的实体空间内进行理论或者实际操作的知识传递。如果一个大型的知识体系的构架,或者涉及的知识面超出了这个实体空间的承受能力,就需要我们发挥想象去完成。如果没有某种设备帮助,我们的课程教学所要达到的效果就会大大降低。在很长一段时间内,基础教学的薄弱、设备的缺失是学校课程教学体系构建不完整的重要原因,造成课程教学不连贯、学生知识衔接能力差等问题。

"互联网+"教学模式能有效解决这个问题。课外知识的学习是对固定教材学习的补充。教师运用互联网信息技术,可以快速、准确地搜索到学生所需的课外知识,而且结合三维立体投影等技术,使平面化的知识更加真实、更加具体地展现在学生面前。这一模式省去了教师长时间寻找、实地考察等烦琐的过程,节省了大量的人力、物力、财力,对知识体系的短期构建起到了巨大的推动作用,也能使课堂内和课堂外进行无缝衔接,有利于促进课程体系的完善。在实际操作方面,由于一些专业实际操作成本高,于是在实践课程教学中,学校会减少实际操作的次数。这就会造成学生眼高手低、动手能力差,毕业后没有扎实的专业技能。

"互联网+"教学模式在教学实践中的表现更佳,在教学过程中,可以让学生进行虚拟的实践模拟训练。在模拟训练中,学生可以通过电脑操作进行实践训练。模拟训练的优势就在于可以无限量地修改、推敲,甚至重置,而且实践训练可在课堂中进行。在教学过程中,教师可以通过系统联动、统一管理等方式让每一位学员都可以得到最佳的指导。"互联网+"模式在当今社会中得到广泛应用。在大学校园中,"互联网+"与各种学科的结合已经取得了较大的成就。尤其在文化艺术方面,"互联网+"模式在美术学科中的应用取得了不小的成绩。

（二）"互联网+"教学模式的意义

1. "互联网+"教学突破时空限制

相比传统线下授课方式，网络授课的优势在于：首先，解决学生赴固定场所学习的诸多不便；其次，网络共享课程的开设让资源得到更广泛的传播；最后，学生不再受时间的约束，能够回放视频，多次温习知识，同时改变了传统教学教师单一输出、学生被动学习的状态，能反过来激发学生学习主动性。

2. 促进网络资源课程的共享

由于资源的分配不均衡，优质教育资源或只能被极少数人占有和利用，但是随着互联网时代的到来，教育资源得到了更广泛的传播，打破了时间与空间的制约和限制，使得更多优质的教育资源能够被共享，极大程度实现了教育的公平、公正。同时，互联网具备互动性和海量信息，学生通过电子邮件、即时通信等设备与教师交流，能使学生获得更多、更丰富、更及时、更准确的资源和信息。

3. 有效促进师生的交互性

网络课程为师生交流提供了技术支持，极大程度地缓解了教学中的拘谨与束缚，使学生能畅所欲言，大胆提问和与教师交流，初步形成了真正意义上的教学探讨和翻转课堂，颠覆了单一传统教学的灌输固化模式。

三、"互联网+"教学模式的理论基础

（一）人本主义学习理论

马斯洛、罗杰斯等学者提出的人本主义学习理论重在研究如何创设良好的学习环境、营造浓厚的氛围，以供学习者从自身角度出发，思考与探究问题、感知外界，提升自我理解，最终达到自我实现的最高境界。人本主义学习理论中提倡教师的作用不是将知识机械地传递给学生，而是要为学生提供多样化、多角度的学习资源，教授学生如何获取知识与总结学习方法，引导其自主学习，自我反思。正如罗杰斯认为学习是一种自发、有目的、有选择的过程，学习者处于中心地位，根据自己的需求和兴趣进行学习，教师的任务是创造一定条件和机会帮助学习者学习，由学生进行自主学习并且决定如何学习。

（二）移动学习理论

随着移动通信技术的不断革新、互联网的发展以及人们对学习理念的维新，使移动学习这一新型学习形式逐渐进入人们的视野。研究者对移动学习的定义都

有着自己独到的见解，一直没有统一的界定，但都认为移动设备和应用软件对移动学习起着至关重要的作用，学习者如果想有效率地进行移动学习，需要移动设备具备所需的功能，要实现师生双向交流，不仅需要互联网技术的支持，还需要关注人机交互性。

随着一系列研究项目的开展和移动学习研究者的不断深入探索，使得移动学习理论更加丰富。在教育领域中，传统教育的弊端也逐渐显露出来，无法满足现代人对于教育的需求，只是将传统的教学资源转变为移动学习资源，也不过是换汤不换药，无法发挥移动学习的优势。因此，研究者意识到移动学习所需的"技术"和"学习资源"都非常重要，所以设计开发适用于移动学习的平台和筛选优质的学习资源都是至关重要的，只有这样学生才能提高学习效率。

移动学习的灵活性、交互性和多样性等特点在"信息技术"如微信小程序的应用过程中得到充分体现。学习者可以使用不同的多媒体设备随时随地以任何方式进行碎片化学习，在学习过程中可以通过人机交互和人与人的交互，获取丰富的学习资源，遵循教师的指导或找到适合自己的学习方式。

四、高校"互联网+"教学模式的应用现状

（1）通过互联网学习平台协助教学

教师采用各大知名高校网络在线学习平台（智慧树、超星尔雅等）线上课程与线下讲解相结合的教学方式开展教学。网络在线学习平台的优势在于其不受地域和时间限制，学生可以随时随地复习课程，但是也存在教师与学生交流互动少、无法实时回应学生的问题，导致实际教学效果一般。

（2）互联网直播教学

目前，较多教师采用腾讯课堂和雨课堂教学，这两个平台较为完善，适合开展直播教学。通过直播平台，教师将线下教学过程中的课堂问答、签到打卡、作业检查、师生互动全部转至线上进行。在此过程中，教师帮助学生找回线下学习的感觉，学生也帮助教师找回线下授课的感觉，教师能及时为学生解答疑惑，师生可以较好地进行交流互动。但直播教学的环境会影响教学效果，例如教学效果会受到网络稳定性等的影响。

（3）互联网录播教学

如果线上学习平台没有适合自己所授课程的教学资源，教师则选用自己熟悉的互联网平台（超星学习通、腾讯课堂等），通过前期录制的教学视频组织线上

教学，并将提前搜集的课程相关电子材料发送至课程学习群或上传至线上教学平台，同时下发学习任务，指导学生学习进程，进行辅导答疑。运用此种教学方法时，教师要充分考虑任务的全面性，并科学设置反馈时间，为学生提供合适的资源平台和学习方法。

较多教师选择直播教学的方式进行授课，尽可能还原线下面对面的教学环境，及时为学生解答疑惑，师生之间交流互动效果好；一部分教师选择通过互联网线上学习平台进行教学，运用各大知名高校网络在线学习平台的线上课程与课堂讲解相结合的教学方式开展教学，在指导学生学习的同时，教师也能学到其他学校优秀教师的教学方法；而由于录制视频对周围环境和时间的要求较高，仅有少部分教师选择自己录制视频的方式进行教学。

五、"互联网+"教学模式的优化实施路径

（一）创新教学方法

随着互联网时代的到来，"互联网+"教学模式的构建要注重形式和方法的创新，"互联网+"模式下的高校教学，必须要变革教学方法。高校教学要认识到"互联网+"时代与教育之间的联系，然后对本校的教学形式做深度分析，在充分了解教学架构和学生实际学情的基础上，开展形式丰富多样的互联网教学活动。"互联网+"教学模式可以有效利用碎片时间，高校便可以抓住类似的新类型教学形式，使"互联网+"教学模式落实在每个细节之中，让教师与学生更好地接受并适应此模式。例如，当前阶段师生最常使用的电子设备是手机，高校便可以建立专业内部的微信公众号，作为以互联网为载体的知识传播渠道，为学生搭建起第二教学课堂，这在一定程度上能实现碎片时间的有效利用。而且，微信公众号不但可以由教师编辑内容，还可以按照班级或者学习小组以分派任务的方式进行管理，这样不但可以让学生在准备过程中加深对知识的理解和深入，还可以通过丰富的内容及形式吸引学生的注意力，使网络与教育实现正向的高质量结合。

（二）创新教学环节，注重教学实效

一是通过互联网平台有效传递教学资源，指导学生做好课前预习。教师针对本学科需要讲解的课堂知识，制作教学课件，通过微信、QQ等通讯平台在上课前发送给学生，指导学生提前预习课堂内容，提高学习效率，有助于直播课堂的学习。直播教学课堂上，教师采用与学生面对面的教学方式，主要围绕教学课件

直播讲解课堂内容，由于学生已经通过观看课件对课堂内容有了一定了解，教师可以一边引导学生进行深度挖掘，加深对课堂知识的认知，一边在线上与学生进行互动交流，围绕课堂内容深挖深知，从而使教学方式更具有感染力。二是通过互联网平台有效完成作业，指导学生做好课后复习。课后学习是对课堂知识的巩固和加深，教师应起到协助和引导作用，要提前把课堂作业发布到线上教学平台，让学生以电子版形式提交作业，涉及手写的则拍照上传后由教师进行批改。整个过程中，学生如遇到难点问题可以及时反馈给教师，线上答疑的方式能使学生获得良好的学习体验。课后任务安排的情况直接影响在线教育的实施和执行效果，各方要互相支持、通力合作，促进学生成长。

（三）长远谋划，助推教育变革

突如其来的新冠疫情使原本传统教育课堂与互联网首次实现深度融合，在实践过程中，"互联网+"教育模式下教师的信息化教学水平得到极大提升，学生的自主学习能力和信息素养同样得到了提升，对自身的约束力也得到了锻炼。线上直播、线上会议等被广泛推广，"互联网+"教学模式或成为未来教育的常态。面对这一发展契机，教师要顺应时代的发展，主动探索互联网平台教学模式，熟练开展网络教学，练好线上教学基本功。高校要主动加强平台建设，推进新一代信息技术（VR技术、人工智能、5G等）深度融合，整合课程资源，总结推广典型经验，遴选一批优秀线上课程，组建专业课程团队，努力打造一批精品线上课程，为未来的教育变革注入新范式。

（四）应对"互联网+"教学模式构建过程中存在的挑战

在"互联网+"教学模式的构建中，高校还要注意到其中存在的挑战和困难，要做到发现困难迎接挑战，为学生提供优质的学习环境。在教学中，"互联网+"模式作为一种新型的教学方法，一定程度上对传统教学的不足之处进行了弥补，使传统教学与现代教学有机结合，让教学活动变得更加生动有趣。但是，模式的构建自然存在一些挑战，这是高校必须要面对和解决的难题，这种新模式的构建对教育工作者提出了新的要求。从教师的角度进行思考，一些年龄较长的教师拥有丰富的教学经验和深厚的专业素养，但可能对网络的了解不够深入，对年轻一代学生的喜好和兴趣不够清楚。因此，在构建"互联网+"教学模式时，教师既要对学生的喜好进行了解，还要对基础的网络知识、计算机操作知识进行学习，以培养学生的学习兴趣。此外，教师还要避免对网络过度依赖，部分教师可能会出现无法正确平衡网络在课堂教学中的使用比例而对网络过度依赖的现象。平衡网络信息技术的使用比例也是"互联网+"教学模式构建过程中的挑战之一，高校必须要对此进行调整，明确网络只是对传统教学的补充，不能过度依赖，避免出现本末倒置的情况。

（五）构建班级网络交流平台，实现知识实时共享

建立班级内部的网络交流平台是"互联网+"教学模式构建的重要内容，能为师生之间的交流沟通、知识的实时共享带来许多正向帮助。高校为学生留出的自主学习时间比较充裕，并不能留出大量的课上时间让学生进行课上实践，在教师讲解完理论知识后，学生需要根据课上的教学活动完成作业任务。因此，建立班级内部的微信群、QQ群可以实现学生与教师之间的实时交流互动，特别是在学生独立完成作业遇到困难时，及时的沟通可以促进学生学习效率的有效提升。与此同时，高校还可以将教学与线上教学相结合，线上教学就是人们俗称的"网课"，它打破了时间与空间对教育教学的禁锢，让知识的传递变得更加便捷。例如，在学习Photoshop等软件的操作时，教师可以通过线上教育远程同步学生的计算机，让学生在实践中完成学习任务，避免学生学习的理论与实践脱节。

（六）注重教师的培养和教学设备的更新

教师在教学活动中扮演着引导者的重要角色，是传授知识、传递教育思想的关键。与此同时，想要顺利构建"互联网+"教学模式，还离不开教学设备提供的技术支持，在拥有硬件、软件设施的基础上，教师才能根据教学实际来选定教学模式。因此，高校一方面要注重对教师队伍的互联网意识、实操能力进行培养，另一方面要对教学基础设施如计算机、投影仪、音响、智能白板等设备进行更新和维护。对于教师，高校要定期组织培训和学习活动，对优质"互联网+"教学模式的构建形式进行分析，再对本校的教学以新时代的新眼光进行改革，使教师在充分了解本校教学现状的基础上，寻找互联网结合的契合点，构建个性化的"互联网+"教学模式。高校要对网络设备进行更新换代，并且根据实际的教学情况及时调整教学模式，致力于为"互联网+"教学模式的构建提供优质的教学设备，为学生营造良好的学习氛围。

（七）根据互联网特点及学生情况有针对性地开展课堂教学

在互联网线上教学第一节课就面向学生公布整个学期的学习任务与学习计划，使其对课程有整体、系统的认识。在课程教学实施方案中，明确学生每周必

须完成的学习任务，上传必须观看学习的视频，要求学生加入慕课课程，并及时检查记录，作为课程考核的重要组成部分。通过加强总体认识与过程管理，让学生明确任务，合理安排时间，夯实基础，慢慢找回学习状态。

结合课程教学安排，利用思维导图工具设计网上导学环节。先根据本学科特点对重要知识点进行分类，再对课程教学中相关的内容进行整合，然后制作重点突出、直观明了的知识树思维导图，方便学生随时查阅。科学设计直播课内容的呈现形式，合理选择互动环节。综合考虑相关因素，根据直播课所授课程在学科教学进度中的具体阶段，区分导学、教学、复习等不同阶段，结合直播课软件实际功能，为达到课程的预期效果，不断进行新的尝试。

（八）根据实际需要及网络平台特点科学地利用网络平台

为增强学生对教师的信心与信任感，缩小师生间的距离，相对减少网络平台资源的使用量，更注重运用网络直播平台，通过弹幕、连麦等方式，使学生更多地参与进来。针对课程中的难点和易错点，在 ppt 中或电子白板上进行重点讲解。科学运用网络教学平台数据，及时对课前预习充分、课堂上积极抢答、课后作业完成好的学生予以课堂平时分的加分奖励，定期公布后台数据，鼓励学生养成良好的学习习惯，并根据学生网上学习数据主动调整教学方式方法。充分利用网络教学工具提供的教学数据进行网络教学评价，并将数据及时反馈给教师及学生，使其对照教学数据发现问题和差距，在教学过程中予以修正，使网络教学评价更有意义。

（九）使用微课导学模式，强化学生的自主学习能力

微课导学是近几年兴起的教学模式，对强化学生的学习自主性来说有十分重要的推动作用，也是"互联网+"教学模式构建的内容之一。微课导学的时长一般在 5~10 分钟，能有效打破时间、空间对知识传递的限制，也让学生通过网络得以接触到更多的优质资源。微课可以用作课前的预习、知识点的讲解、名师名作的赏析等多个方面。例如，在学习某一知识点内容之前，便可以通过微课导学的方式引导学生进行自主学习，让学生在微课的引导下主动搜集与课程相关的知识点，在脑海中形成知识框架和轮廓，节省课堂上宝贵的授课时间。除此之外，微课还可以对某个知识点进行详细讲解，微课与高校教学的融合可以使学生的预习、复习更具有针对性，从而提升学习的效率。

第三节　混合式教学模式

混合式教学是信息技术和教学深度融合的结果，既能体现线上教学的方便与个性化，也能实现线下教学的深入互动交流，在教师的引导之下，学生可以由浅入深完成深度学习。目前高校开展混合式教学模式，一般包括基于慕课和其他在线资源的混合式教学模式。这一教学方式较为高效，教学理念和教学结构都发生了显著的变化，以此推动高校的"课程革命"，践行"以学习为中心"的教育理念。但是在部分高校中，教学方式依然是以传统的授课方式为主，并且让学生在课前进行预习，而由于学生的专业水平能力差异较大，并不是所有的学生都可以在课前完成自主学习。

一、混合教学模式的特点

（一）教学方法与手段多样化

现阶段，高校教学方法与手段不仅局限于传统课堂上的讲授、练习，而是贯穿课前、课中与课后的多元化活动设计，将传统的教学手段与现代化教学手段进行有机整合。现阶段主流的教学方法包括翻转课堂教学法、课堂讲授法、案例教学法、讨论教学法、任务驱动法、拓展训练法等。教学手段多以多媒体教学为主、传统讲授式教学为辅。例如，课前的线上学习预热，课中的 ppt 展示结合传统讲授、案例分析结合实物展示、提问互动结合线上操作、翻转课堂等，课后的线上答疑与作业辅导。

（二）教学内容深刻化与拓展化

随着经济社会日益发展壮大并日趋复杂，课本理论知识已然无法满足学生对专业知识领域的进一步理解和掌握。因此，混合教学模式下的教学内容正在逐渐深刻化与拓展化，主要表现在三个方面。一是教材内容注重理论联系实际。与时俱进的案例的增加是这个阶段教学内容改革的重要特点之一。学生通过对实际案例的深度理解、逻辑捋清、理论应用与创新设计等环节提高自身的综合分析能力、实际应用能力与创新能力。二是教学内容从专业拓展至通识。从专业知识的逻辑体系出发，总结和转变出可以应用于任何领域的本领，完成基本素质培养与思维体系建设。三是思政与专业相融合。对于每段主题的专业内容都会融合当下的思政主题，使学生在正确的价值观指引下，有方向、有目标地学习相关理论知识，有效、合理运用专业技能，培养出高觉悟、高素质和高技能的新世纪人才。

（三）考核方式数据化与双向化

混合教学模式的优势在于依托互联网平台可以将教学活动与学习活动进行量化与直观化。因此，对于学生的考核方式也开始逐步改革。为了体现教学效果的过程性与生成性，传统的期中考试与期末考试占比较大的一次性考核方式正逐渐调整为双向的、分散的、可视化的、全方位的过程性考核体系，不仅要考查学生的学习效果，也要考查教师的授课效果，便于教学调整与升华。例如利用线上教学平台（超星、雨课堂）等可以实现教学数据的统计与分析，将教师的授课行为和学生的学习行为可视化，形成教师—学生双向课堂实效性评价体系。

二、混合式教学模式的重要作用

（一）有利于提高教学效率

混合式教学模式的应用使得教师不再是课堂的中心，而是要紧密围绕学生的需求设计教学方案和流程，竭尽所能地激发学生的学习热情，提高他们在教学活动中的参与度，让学生可以有所思、有所获。学生对于这种新奇的教学模式普遍给予了较高关注，他们可以灵活利用碎片时间观看教学课件，视频、音频、图形、图像等元素给予了学生强烈的感官刺激，学生全身心沉浸其中，能够更好地理解重点和难点知识，在遇到疑惑时得到教师和同学的帮助，顺利攻克学习瓶颈，走出思维误区，相比于教师的耳提面命取得的教学效果更加趋于理想化，运用混合式教学模式会促进高校各专业教学效率和教学质量迈上一个新台阶。

（二）有利于教学效果的反馈

以往高校教学中师生互动少之又少，教师对学生的学习情况不甚了解，采用的教学方法与学生的需求不相匹配，难以吸引学生的目光。学生的注意力不集中，学习效率低下，教学资源被白白浪费，不利于高校教育教学工作的长效开展。运用混合式教学模式推动高校教学改革，摒弃传统教学思路，加强教师与学生之间的互动，将问题融入了教学过程中，还会给学生设置多元化的考核，高校教师对学生的学习状态和知识掌握程度就会有比较准确的把握。接下来教师会采用差异化教学策略，引导学生改正自身缺点，制定科学的学习计划，巩固学生的理论基础，完善学生的知识体系，促进学生的个性化发展。

（三）有利于提高学生综合素质

一直以来，培养学生理论联系实践的能力都是高校教育的重中之重，混合式教学模式的应用有利于这一教学目标的达成，教师将知识点制作成了丰富的教学资源供学生观看，在课堂上运用讨论、辩论、小组合作等方法锻炼学生的综合实践能力，确保学生可以灵活使用新学知识进行问题的深入分析和迅速解决，鼓励学生尽量采用多元化的方法，大大拓宽了学生的思路。学生会站在更加全面的角度看待客观事物，他们看到了自己的显著进步，学习动力不断增强，学习态度更加端正，还能保持对学习的浓厚兴趣，高校教学工作就会得到广大学生的大力支持，教学氛围随即焕然一新。

三、混合式教学模式在高校教学中的应用效果

（一）多元化的教学模式让课程更加生动

在高校教学中，采用混合式的教学模式能够让课堂更加生动。教师可以从在线教学资源中获取自己所需的任何资源，根据课程需求的不同搭建每节课程的具体内容。学生可以在课前利用互联网对教师搭建的教学内容进行预习，对各个知识点实现自主学习。并且还可以利用互联网平台和教师进行在线交流。在面授课堂中，还能利用课前所学习到的不同的知识点和教师、同学进行交流互动。这种基于互联网的交流互动行为，可以打破传统的教学模式，形成以教师为主导，以学生为主体的新的教学模式，能够在课程中充分地发挥出教师的主导作用，为学生构建出较为理想的学习环境，为学生提供更多更优质的教学资源，并且在课程中为学生提供更多的符合学生阶段性学习水平的教学内容，逐渐地突出学生在课程中的主体地位。这种多元化、多层次的教学模式，可以实现教学交流一体化，让语言的沟通和交流成为课堂中不可或缺的内容，在课程中积极的沟通和交流能够让学生更加直观地学习相关的知识，能够让师生的交流互动更加便捷。

（二）打破教学困境实现个性化教学

在高校教学中，由于学生的专业水平有着一定的差异，并且不同的学生的学习习惯和学习水平也存在差异，而高校教学中传统的教学模式较为固定和死板，无法及时根据学生的差异进行针对性教学，从而导致学生跟不上进度的情况，难以培养出满足社会发展和企业需求的高质量人才。而使用混合教学的模式则符合因材施教的教学要求。在课前，教师可以根据不同学生的不同学习能力和水平，

搭建出金字塔式的分层教学的模式，根据不同的课程内容对主题进行更换，还可以让学生根据个人兴趣和学习能力自主地选择不同的层级进行学习。通过对不同的层级和不同的模块进行交叉学习的方式，实现教学方式分层和分类的个性化教学模式。在课堂教学中和课程结束以后，还可以根据课堂内容的不同，设计相关的问题或者布置相应的课后小组作业，让不同层级的学生共同进行学习和交流，并且在交流的过程中对课程内容产生更加深入的理解，从而强化对所学习知识的理解，同时还能提升学生之间互相协作互相配合的能力。

四、线上教学发展

线上教学是以班级为单位，应用网络和多媒体技术手段，采取"录播（直播）+线上答疑"的形式，组织教师授课和教师学生双向互动，进行教学信息的收集、传递、处理与共享，实现教学目标的一种教学方式。我国高等教育的线上教学主要发展历程如图4-3-1所示。近20年以来，伴随着信息和网络技术的发展，我国线上教学逐步形成了一定的常态，尤其是2003年"非典"疫情和2020年新冠肺炎疫情两次特殊时期。

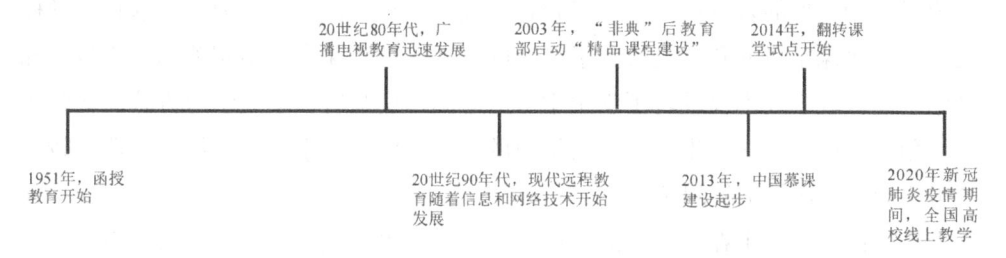

图 4-3-1 我国高等教育线上教学主要发展历程图

2003年"非典"疫情特殊时期，受到信息网络技术的限制，线上教学以单向教学模式为主，师生间无法进行及时的相互沟通交流，但此阶段的线上教学在一定程度上推动了我国线上教育的发展。此后，教育部随机启动了"精品课程建设"，课程录像与学习资料的丰富为线上教学资源建设提供了有力保障。

2007年，翻转课堂在美国兴起。随着互联网的发展和普及，翻转课堂的方法逐渐在美国流行起来并引起争论。2013年，中国慕课建设在教育部的推动下开始起步，目前中国大学MOOC（慕课）平台已拥有包括"985"高校在内提供的千余门课程。2020年新冠肺炎疫情特殊时期，教育部相继下发了《关于2020年春季学期延期开学的通知》《利用网络平台，"停课不停学"》等通知，要求全国高校 2020 年春季学期利用网络平台开展线上教学。

近 10 年，随着网络技术与高校教育理念的发展，线上教学的教学内容与教学方式发生了很大变化，师生互动加强。崔允漷根据 2020 年新冠肺炎疫情防控期间我国师生线上教学的现状研究，认为推进线上教学的良性发展，不仅需要重视建设线上线下相结合的育人方式，还需优化线上教学路径和行为体验，加强师生线上教学培训。[①] 不论是传统课堂教学，还是线上教学，关键在于教师与课堂。在线教学发展了 20 多年，个别班级或学校或许取得过成功，但是迄今为止，还没有在更大范围乃至全国开展在线教学取得成功的先例。"线上见"与"面对面"各有优势，混合式教学才是未来的方向。越来越多的高校一线教师、教学管理人员与高等教育研究人员重视课堂教学改革与创新，将传统课堂教学内容与线上教学视频等资源相结合，设计出更符合课程教学实际、不同学习需求的课程混合式教学模式，促进了我国高等教育理论创新与教学实践改革的发展。

五、"互联网+"混合式教学模式的优势

目前，在教学领域，借助大量的网络资源和便捷的教育技术，翻转课堂逐渐变成了一种常见的教学模式，各级教育行政部门和学校也在大力推广这种教学模式，让翻转课堂研究和实践得到了飞速的发展。翻转课堂利用相关的网络技术和网络资源，该模式不仅翻转了学生学习的时间，也翻转了学生学习方式、教学中师生角色等内容，让学生真正成为学习的主角，体现了学习的规律和本质，较好了解决课堂灌输教学的问题。

翻转课堂促进了在线教育的发展。在线学习也呈现了多种的形式和内容，教师可以根据教学内容制作自己的微课和微视频，也可以进行 MOOC 的录制和播放及平台互动，现在的 MOOC 已经进入到后 MOOC 时代，出现了 MOOC1.0、MOOC3.0、cMOOC、xMOOC、hMOOC 等形式，这些网络资源的开发和应用，有效地推动了课堂学习和在线学习的有机结合。在"线上学习+线下学习"相结合的模式中，很多教师都是采取混合式教学法、运用 TBT、PBT 等具体方式来促进学生学习，这些形式的运用不仅提高了教学的目的性，也促进了学生的自主学习能力，教学目的和教学效果也容易实现。

（一）教学方法的"互联网+"模式

"互联网+"混合教学模式对外语教学有很大的促进作用，我们选择水利工

---

① 崔允漷. "在线"易，"在学"难，动机是关键 [J]. 教育科学，2020，36（3）：2-4.

程英语作为范例进行说明。该课程涵盖了水利工程和水文资源等相关的教学内容，涉及很多的专业词汇，课程内容中英文语句也较为复杂。为了把专业词汇、复合句及专业知识形象化、简单化，就需要在教学中充分利用互联网技术的优势，形成"互联网＋水利工程英语"的课堂教学形式。对于专业的术语和内容，教师可以利用 ppt、flash 动画等进行演示，相关过程也可以利用小视频、微课等形式进行翻转课堂的学习和课堂演示。在水利工程英语中，有很多难以用语言和视频演示的内容，教师可以利用 3D 影视仿真数字平台进行演示和说明，也可以利用三维建模的形式进行解释和互动。3D 数字平台、三维建模和实物投影等形式给学生较好的视觉效果，也给学生创造了近似真实的语言环境，促进了学生外语材料有效输入和输出，在外语学习和专业技能培养之间达到了较好的互动效果。

（二）教学互动的"互联网+"模式

"互联网+"不仅促进了教学方法的改革，也让教学互动变得多样化，促进了教学中的互动和反馈。由于移动终端的普及和使用，学生可以在任何时间、任何地点、采取多种方式进行学习和互动。在水利工程英语的教学中，基于学科知识和技能特点，教学可以开展多种形式的教学互动。在线上学习中，教师可以借助相关的互动平台，如 MOOC 互动空间、网络互动教室、QQ 群空间、微信公众平台及微社区等媒体和学生进行互动，通过图片展示、实物扫描、过程模拟、三维模型等内容促进学生学习，积极鼓励师生、学生之间的互动交流。教师可以让学校网络学习平台和市场专业公司的网站进行链接互动，让学生和企业相关专业人士进行互动学习。在过程教学中，教师要积极采用翻转课堂的教学形式，积极鼓励学生在课前、课中、课后进行互动交流、演示、任务和问题的解决等活动。教师也可以课堂上播放学生在课外学习中的表演视频、播放学生的作业作品，让师生进行点评和互动，在这样的"线上＋线下"的互动中，可以有效提高学生自主学习能力，促进行业英语的教学效果。

（三）教学评价方式的"互联网+"模式

教学手段和教学方式决定教学评价方式，科学合理的评价方式又能够有效地促进教学活动的有效开展。在"互联网+"的教学模式下，学生的学习评价也用"线上评价＋线下评价"的方式展开，评价主要是基于形成性评价为主，终结性评价为辅。线上评价中，形式是多种多样的，包括教师评价和学生评价，由于学生的网上学习参与率较高，所以我们要积极引入学生同伴互评（peer assessment）

的方式，同伴互评可以作为学生网上表现的主要参考依据，教师可以根据学生网上的跟帖评价，做出自己科学的综合评价。评价也要及时，要以正面鼓励互动为主，以促进学生网上自主学习。教师也可以引进相关的网上评价系统，设计一些科学的评价指标，让系统对学生的网上表现、任务完成、作品展示等内容做出及时有效的评价和反馈。在课堂评价中，教师要结合学生的线上学习表现，对学生做出激励性的形成性评价，评价方式可以是语言综合评价，也可以是等级指标评价。教师要把网上评价和课堂评价纳入期末的形成性评价体系，网上评价和期末的终结性评价之间要有一个科学合理的折算比例，结合学生日常学习表现和其他各项考核结果，对学生做出终期综合评价。"互联网+"混合式教学过程流程设计如图4-3-2所示。

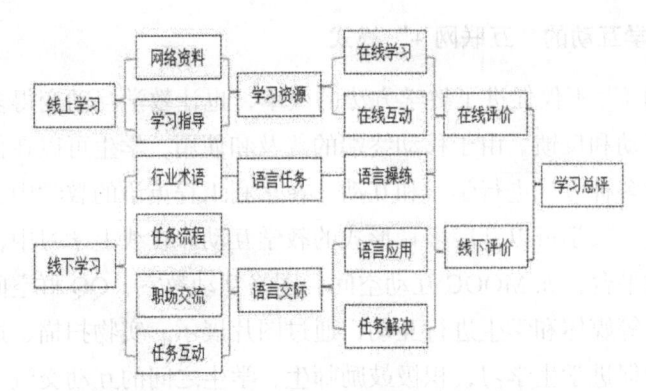

图4-3-2 基于"互联网+"的混合式教学过程设计

第四节 探索研究型教学模式

一、探究的含义

想要界定探究式学习的含义，首先要明确探究的内涵与本质。探究并不深奥，它就存在于我们的生活之中。人的好奇心与生俱来，探究是人类的天性，我们通过自身努力认识新事物的过程都可以称之为探究。美国学者韦尔奇认为探究是人类寻求信息和理解的一般过程，广义上来说，探究即是一种思维方式。[1] 而在一

---

[1] WELCH WW, KLOPFER LE, AIKENHEAD GS, et al. The role of inquiry in science education: Analysis and recommendations[J]. Science Education, 1981, 65（1）: 33-50.

定的信念和假设指导下进行的探究则是科学探究。美国《国家科学教育标准》对科学探究的界定是科学家用来研究自然界并根据研究所获事实证据做出解释的各种方式，也是学生构建知识、形成科学观念、领悟科学研究方法的各种活动。[①]此时的探究则是一种学习活动。

也有研究者认为，广义的探究泛指一切独立解决问题的活动，既包括科学家在专业领域的科学研究，也包括普通人在好奇心驱使下所进行的研究与创造活动，还包括学生在教师引导下就某一问题有组织、有计划地进行的探究学习活动。而在课堂教学的语境下，探究单指学生在教师引导下有组织、有目的、有计划地进行的类似于科学家科学研究的学习活动。

由上可知，探究既可以被看作是一种思维方式，也可以被看作是一种学习活动。作为一种思维方式，探究要求学习者具有科学精神与科学思维，以充足的证据作为支撑来追求知识的确凿性。作为一种学习活动，探究要求学习者在科学态度与科学思想的指导下，经过一定的活动程序与活动方法来保证探究的规范与准确。综上所述，探究可以界定为基于问题或事件并经过一系列的研究活动获得结论或信息的实践过程。

二、探究式学习的含义

受时政策引导、理论基础、价值取向等因素的影响，探究式学习的内涵是在不断演变着的，关于探究式学习到底是什么这一问题，不同时代、不同背景的研究者基于不同的理论与价值取向，可以给出不同的答案。但通过对比可以发现，国内外对于探究式学习的基本理念及要素持有较为一致的看法。

区别事物最基本的方法就是把握其基本特征。美国国家研究理事会将探究式学习的基本特征概况为五个方面。一是学习者围绕科学性问题展开探究活动；二是学习者获取可以帮助他们解释和评价科学性问题的证据；三是学习者要根据事实证据形成解释，对科学性问题做出回答；四是学习者通过比较其他可能的解释，特别是那些体现出科学性理解的解释，来评价他们自己的解释；五是学习者要交流和论证他们所提出的解释。即探究式学习要尽可能地包含上述五个基本特征才能够更好地帮助学生形成科学概念，养成科学素养。但这并不意味着完全符合以上特征才是探究式学习，教师基于不同的学习内容，部分地或完全地应用探究式学习才能够更好地发挥学习方式的实际作用。

---

① 国家研究理事会. 美国国家科学教育标准 [M]. 北京：科学技术文献出版社，1999.

综上所述，我们可以得出探究式学习具有以下几点要素：第一，探究式学习既是一种思维方式也是一种学习方式；第二，探究式学习是在教师引导下进行的；第三，探究式学习以科学问题为出发点；第四，探究式学习模仿科学家探究发现的过程；第五，探究式学习不仅要帮助了解科学知识，更要在探究的过程中理解、领会科学知识，掌握科学技能，形成科学态度。因此将小学科学课中的探究式学习定义为：学生在教师指导下，有组织、有目的、有计划地围绕科学问题，以类似科学家探究发现的形式开展的自主建构的学习活动。

三、探究式教学的优势

有部分学者对探究式教学进行了分析，概括出了以下几点：探究式教学侧重于学生独立解决问题的能力，使学生学会学习、学会研究、学会收集、分析与处理信息，形成良好的学习氛围，从而消除学习上存在的各种问题和矛盾；在具体的教学过程中，是以引导者的身份，加入学生之间相互的学习探讨和研究分析，给予学生自由讨论与提出问题的空间，使其及时得到启发、帮助，最后通过实际操作以个人或团队的模式得到答案。这样可以解决传统式教学法中，对于知识的获取、课堂内容的深入理解、和学生自主学习能力的培养的短处，引导学生掌握学习的方法和思路。

探究式教学特别重视问题在教学过程中所起到的作用。教学是从问题出发，始终围绕着课堂问题展开，让它成为教学内容的主线；而学生在学习过程中所发现的问题也可以在课堂中提出，有意义、有价值的问题可让学生在课堂上进行分析讨论，这有利于学生思维能力的培养，将所学的知识加以整合，并学以致用。在培养学生的过程中，要运用合作、探究式的学习方式，才能够达到培育其创新能力的目的；大部分创造性解决问题和独特构思的实例中，探究和合作都是最基本的要素，通过相互交往可以形成创造型人才。

探究式教学能够发掘学生在学习方面潜在的能力与力量，给予充分的主动权，让学生把学习的兴趣、愿望、责任、义务集于一身，是一种高端的教学方法，可激发学生认知投入热情，增强认知投入力度，完善学习的认知结构和认知策略，对提高探究问题的意识具有显著作用；还可提高其专项技能水平、创新意识、学习兴趣、学习积极性等，使学生理论与实践相结合，提高学生探索知识的能力。探究式教学的教学难点在于学生对全新教学方法的适应程度，课堂设置的问题与学生的现有水平是否相符，教学设备能否达到教学要求，等等。

综上所述，探究式教学法能养成学生自主学习的习惯，培养其创新和追寻知识的能力，充分体现学生的主人翁地位，激发学生参与体育锻炼的热情，引导学生对问题的思考，使学生在探究活动中积极思考，深入剖析，使教学效果得到进一步的提升。

第五章　新时期高校学生教育之教学改革

时代在发展，教育教学也应紧跟时代潮流积极变革。本章节内容为新时期高校学生教育之教学改革，分别从加强实践教学体系建设、加强高校师资队伍建设、借鉴国外高校教学经验三方面出发。

第一节　加强实践教学体系建设

一、高校实践教学现状

（一）教师的实践教学经验比较缺乏

实践教学是理论与实践相结合的教学，是学生在教师的指导下积极主动参与教学过程，并在实践过程中检验理论，提高分析问题、解决问题的能力的教学。实践教学从一定程度上说，对教师提出了更高的要求。教师的教学任务并不是为了教授学生更多的知识，因为知识是浩瀚且无止境的，最主要的任务是教授学生把学到的知识转化为获取知识的能力。也就是教师应该引导学生增强探索未知知识、增强获取新知识的能力，实践教学实际上是一个教学相长的过程。

传统的高校课程的教学更多的是把教材中的内容灌输到学生头脑当中，学生感觉知识是死的，靠死记硬背的方式来获得知识。这种教学情况就会导致很多学生认为课程的内容是枯燥乏味的、没有生机的。学生就会从内心世界中产生一种厌恶不满情绪，教学效果就会令人担忧，所以教师要积极开辟"第二课堂"，让学生亲自参与实践教学。这就对教师的实践教学教学能力提出了极大挑战。主要包括以下几方面。

第一，教师的组织能力。每个学生的学习基础、接受程度不同，在实践过程中，如何调动学生的积极性，让每一位学生都参与实践活动是一件值得考虑的事情，对教师的组织能力提出了一定挑战。

第二，教师的人际交往能力。校外的实践需要得到校领导的支持、学生家长的支持、校外实践教育基地的支持，对教师的人际交往能力也提出了一定挑战。

第三，教师的随机应变能力。进行实践教学，就需要设计实践教学方案，把可能出现的突发情况考虑进去，对教师的随机应变能力也提出了一定的挑战。

第四，教师整合教学资源的能力。教师要想开展实践教学，就需要有充足的实践教学资源，对教师搜集实践教学资源、整合教学资源的能力也提出了很大的挑战。

第五，教师的实践教学经验。教师尤其是刚入职的年轻教师，自身社会阅历较少，实践经验缺乏，大多数处于摸着石头过河阶段，直接影响实践教学的实效性。

第六，教师有关实践教学的理论知识。实践教学的开展需要相关理论的支撑，马克思主义的实践观具有深刻的理论指导意义。许多教师迫于教学压力和繁忙的教学任务，对理论研究不深刻，难以把理论运用到具体的实践教学情境中，势必影响实践教学效果。

（二）实践教学的开展难度较大

通常情况下课内的实践教学容易开展，课外的实践教学开展难度相对较大，对教师提出了很大的挑战。

第一，从实践教学经费的角度来看，很多学校开展实践教学要进行申请，如果学校领导支持，可能会承担相应实践教学的经费；有的学校财政紧张，即使教师申请，可能也会面临被拒绝的风险，导致实践教学难以开展。

第二，从实践教学基地的角度来看，实践教学的形式包括课内实践教学和课外实践教学。实践教学的形式不同，实践教学的开展空间也不同。课堂实践教学的开展基地是教室，校内实践教学的开展基地是校园，校外实践教学的开展基地是社会。校园内部开展实践教学，各个方面都好协调，而校外的实践教学，比如参观博物馆、参观爱国主义教育基地等，需要学校领导和基地负责人进行沟通，有些单位不愿意增加工作量，会拒绝实践活动的开展。实践教学需要社会、政府、学校等多方面的支持。从目前的状况来看，结果不是很理想。

第三，从实践教学时间的角度来看，实践教学的开展是一项耗费时间的工程。需要教师和学生做好前期的准备工作，在实践过程中做好各方面的引导，在实践教学之后做好总结反思。目前，教师处于备课、上课、课后批改作业、辅导学生的繁忙工作中，再加上教师承担教研任务，在基本的教学工作完成以后，根本没有多余的时间进行实践教学活动。

第四，从实践教学组织管理的角度来看，实践教学尤其是校外的实践教学，具有很大的不确定性，就需要教师做充足的准备，设计详细的实践教学方案。比如参观爱国主义教育基地这样的实践活动，仅仅依靠一名任课教师是无法完成的，需要协调各方的力量，得到政治教研组、校领导、学生、家长和教育基地的支持，在这样一个复杂的教学环节中，对教师各方面的能力提出了很大的挑战。大学生活泼好动，对周围一切事物充满好奇心，在实践教育基地这样一个大型场所，如何组织学生才能确保他们的安全、如何组织学生才能让学生学到知识，这些都是需要考虑的问题。

（三）学生主体性没有得到充分发挥

在实践教学过程中，有的学生想要以班级为组织形式开展实践教学、有的学生想要以小组为组织形式开展实践教学、有的学生想要和自己的好朋友一起开展实践教学，学生的需求是多样化的，但是教师要站在全班同学的角度考虑问题，不可能满足每一位同学的想法，也会影响学生的参与热情，主体性得不到充分发挥。学生主体性没有得到充分发挥具体表现为：一是学生参与实践教学较为形式化，学生按照教师的设想，跟着教师的步骤进行实践，只是形式化地参与实践教学；二是学生参与实践教学较为片面化，一方面表现为只是个别学生参与实践教学，另一方面学生只是身体参与实践教学，缺乏思维和情感的投入，学生中存在游离教学以外的现象。

实践教学强调学生是实践教学的主体，但是并不意味着取消教师的作用，教师的主导作用也是必不可少的，教师主导并不是对学生的压制，而是为了更好地成全学生的主体地位。教师有目的、有意识地帮助学生对教材进行处理，可以促进学生获得新的认识，增强学生主体认识能力的发展。

（四）高校实践教学管理工作有待完善

教学管理思维落后，缺少完善的现代化管理机制。现如今，我国高校绝大多数实践教学管理人员未能充分了解"信息化"的概念，更未能深刻地认识到构建实践教学信息管理平台的重要性，依旧沿用传统落后的教学思维开展实践教学管理工作，无法满足学生新时代的文化需求。而部分高校虽然建立起实践教学信息管理平台，但是由于认知不够深入，导致信息化平台流于形式，无法在实践教学管理中发挥出真正的意义。除此之外，高校缺少完善的现代化管理机制，导致实践教学管理人员以敷衍的态度应对实践教学管理工作，更有甚者忽略现代化管理机制的要求，并未对建立的机制进行全面而系统的了解，更不必谈充分运用实践教学信息管理平台，导致平台无法进行实时更新，致使整体的相关教学管理工作效率低下，降低资源管理水平，在一定程度上阻碍学生获得优质的管理，无法享有先进的教育方式，对高校教育事业的发展造成不利影响。

缺少强有力的教学管理团队。实践教学管理工作具有多样性，此种特性就决定了其类型繁杂，必然会加重实践教学管理人员的工作任务量，类型多样且过于复杂的管理工作需要一批综合素质过硬的教学管理团队进行信息化管理。然而，目前我国高校具有的管理人员数量不足，无法组建一批优秀的教学管理团队，因而使得高校实践教学管理工作无法得到顺利且高效的开展。除此之外，高校内部管理者在进行实践教学管理工作时缺少信息化的元素，所采用的管理模式较为落后，忽视了信息化平台的实际作用。长此以往必定会对高校的发展产生严重的影响，比如，在实践课程资源分配方面出现问题以及无法培养出具有综合素质的人才，进而导致信息化平台建设缓慢，制约高校实践教学管理工作实现顺利且高效的运行。

（五）实践教学的目标设定、过程监督和产出考核脱节

根据教学系统的运行特征，实践教学管理涵盖教学目标设定、过程监督和产出考核等管理模块，其协同程度直接影响实践教学活动的科学性和有效性。但当前目标设定、过程监督和产出考核脱节情况较普遍，尤其体现在课题实践和实习实训环节。在综合性课题实践中，课题调研和成果撰写等阶段往往疏于监管，教师和学校组织者难以有效掌控课题进展及报告撰写质量，部分学生也抱着一种"凑热闹"的心态参与研究。考核指标和标准不明晰，学生难以从结果反馈中获得更多有价值的考核信息。在实习实训环节，过于关注实习实训数量而缺乏对学生的跟踪考察，最终结果也往往偏离最初的实践教学目标。综上所述，实践教学的目标设定、过程监督和产出考核等管理模块协同性缺失，缺乏必要的引导和监督，也缺乏对考核结果的系统诊断和改进建议，必然对实践教学质量乃至人才培养质量产生负面影响。

（六）实践教学质量控制责任虚化

培育符合时代要求的高素质人才是高校人才培养的根本目标，既要求在教育目标制定时尽可能满足社会需要，又要求在实现目标的每个过程环节上保证质量。对实践教学运行中的质量控制有助于学生将理论知识内化于学生个性化的知识框

架中，全面提升其实践应用能力和创新创业能力，故而明晰实践教学质量控制责任成为贯穿实践教学管理过程始终的重要内容。然而，当前实践教学质量控制责任的模糊性特征突出，集中反映在课题实践和实习实训的部分环节。综合性课题研究重视有组织的课题申报，但获得申请后的课题调研和撰写完成环节往往表现出一种弱组织化的状态，资源支持和工具指导明显不足，往往造成课题完成度虽高，但课题产出质量难以保障。在实习实训环节，高校则往往将注意力更多放在与政府、与企业前期的沟通与谈判上，重视前期牵线搭桥，热衷于合同签订，一旦合作协议达成，往往不太重视与政府或企业的后期沟通与共建。实习实训过程监管的制度化设计和组织化参与程度较低，实习需求衔接和沟通不足，高校忽视跟踪指导和反馈，实习单位因自身任务繁多而对实习过程缺乏质量控制。通常实习单位会默认给予学生实习活动正向的评价，考核不可避免地流于形式。可见，尽管实践教学的不同阶段有不同的参与主体，但彼此责任不明也会导致实习实训的质量控制责任极其虚化。

（七）教师对学生的协同指导不足

实践教学通常理解为学生在教师的指导下，参与教育教学环节，借由模拟仿真、现场体验、课题研究和社会活动等实践环节，理解知识、发展技能和提升能力的过程。可见，教师在实践教学中具有不可替代的重要作用。一般而言，校内导师和校外导师在课堂实践、课题研究、实习实训不同阶段协同指导学生。但在实践教学实际运行中，校内外导师协同性差、协同指导不足的情况较为常见。一方面，实习实训环节建立实践教学"双导师"制已经成为多方共识，即学院配备校内指导教师，同时在实习单位配备具有丰富实践经验的现场指导教师，这样的协同互补弥补了校内指导教师实践性不强、校外指导教师理论性较弱的缺点，但实际运行中"双导师"制较难落实。高校难以派出教师全程跟踪指导，而校外导师也难免以单位工作为重，疏于指导。另一方面，校内导师对学生指导较碎片化。综合性实践课题涉及不同学科领域的知识，因而，跨专业导师对学生的协同指导很有必要。但目前的沟通模式主要是指导教师对学生的单一交流，难以帮助学生建立系统性的课题研究逻辑，影响实践教学效果。

（八）校府企协同培育机制不健全

构建校府企协同培育机制旨在综合运用高校和政府、企事业单位等主体资源，充分发挥各自培育人才优势，实现协同互补。但当前校府企协同关系尚不顺畅，协同培育功能亦尚未充分发挥。首先，一些实践教学基地建设缺乏长效性和稳定性。现有校府企在实践教学基地建设方面的合作，基本上建立在熟人关系而不是组织关系的基础上。政府和高校间合作主要依靠熟人关系，而非组织间信任的基础上。一旦外部组织的领导离任，协同关系就很容易破裂，难以为继。其次，当前校府企之间缺乏有效的需求调研和沟通。校府企毕竟是不同利益主体，这决定了其参与实践育人的具体目的有差异。高校旨在促进学生将理论与实践相结合，提高学生运用理论知识分析和解决现实问题的能力，而外部协同主体则融合了公益性、吸引和留住人才以及顶岗实习等多样化考虑，因而有必要在正式实习实践之前进行充分沟通，协同彼此需求。但当前校府企并不注重前期双方实际需求的调研分析，也未建立实习过程的协同跟踪反馈和实习结果的协同考核机制，实习实训效果难以体现。

二、高校实践教学评价体系

（一）实践教学质量

实践教学是高校教育教学中的重要组成部分，随着社会发展对高校学生的实践能力要求的不断提高，实践教学在教学中的占比也不断提高。实践教学虽是相对于理论教学的一种形式，却是离不开理论教学的指导的。实践教学来源于理论教学，更是基于理论教学。学生通过将理论知识指导现场操作模拟，从而巩固其所学理论知识，提高实践操作能力，发挥其主动性和创造性，最终实现教学目标。高校往往根据企业行业的人才需求标准，自主确定人才培养目标或与企业共同确定培养目标，借助特定的项目训练为主要形式，以校企合作培养方式作为教学载体开展实践教学，其本质是以促使学生掌握相应岗位的技能，提高职业能力和职业素质为目的的教学活动。目前高校普遍开展的实践教学主要集中为以下形式，包括实验、实训、实习等教学活动。

"质量"一词来源于物理学，是物体所具有的一种物理属性，是物质的量的量度，即物质多少的量度。"质量"一词被引用到管理学中则被理解为某种物质、商品在多大程度上满足使用者的需求，即为物品所能达到使用者需要的能力。该词被引用到现代教育中时，指的是教育者通过教育活动来影响受教育者在知识与能力等方面上的提高程度，教学质量的达成往往需要通过多方面、多形式的教学来满足受教育者的需求，如教学成果是否达到预期目标、教学方法是否得到改进等。现阶段，大多数学校普遍采取教学质量的高低来反映一个学校的教学效果甚至办学活动的成败；然而，教学质量往往需要从多方面进行考虑。

综上，结合实践教学与质量的内涵来定义实践教学质量的概念，且实践教学质量理应包含于教学质量中，故将实践教学质量理解为教育者通过开展实验、实训及实习等实践教学活动从而能够促使学生在知识、能力及应用上提高能力的程度，即实践教学活动在多大程度上能够满足受教育者的能力、实践教学活动能够满足受教育者需求的能力，还包括教育者通过实施实践教学活动后在实践教学预期目标上的实现情况、方法的改进情况、学生学习成绩的提升情况等。

（二）实践教学质量评价

国内外学者在对教学评价的研究过程中提出了许多主张。最早提出"教育评价"的泰勒从教学实施的目的及评价效果的角度，将教学质量评价定义为为了实现课程和大纲的教育目标的过程[1]，这与其提出的关注评价的预期目的观点具有很大的联系。侯光文在其教育评价概述中对教学评价做出解释，指出教学评价是根据教学目标对教学过程和结果进行的价值判断，显然，其强调评价的标准是教学目标；他还指出教学评价的重点是研究教师教学和学生学习的价值过程[2]，可见，他强调师生作为教学评价的主体。

美国斯坦福评价协作组着眼于评价的诊断与改进作用，指出教学质量评价是对正在实施的方案的一种诊断，更是对已经实施的方案的结果的一种判定，从而对方案做出改进的诊断。[3] 王冀生着眼于价值，认为教学质量评价是根据一定教育目标和标准，对教育工作做出价值判断并改进教育工作的过程。[4]

实践教学质量的内涵理解为实践教学教师通过实训与实习等实践活动来提高学生实践知识与能力的程度，需要从多方面进行反映实践教学质量的高低。通过综合国内外学者对教学评价的理解与本书对实践教学质量的概念界定，尝试对实践教学质量评价做出以下定义：任何实践教学质量评价的开展必须依照我国社会的教育性质、教育方针和政策，从而确立教育教学目标；即实践教学质量评价是以教学目标作为参照，对实践教学全过程的实施进行价值判断。实践教学的全过程包括了许多要素，如实践教学的参与主体、实践教学内容与方法、相关的学习与操作环境等；进行价值判断不仅需要将教学目标作为参照依据，还需要将教学

---

[1] 泰勒. 课程与教学的基本原理 [M]. 施良方，译. 北京：人民教育出版社，1994.
[2] 侯光文. 教育评价概论 [M]. 郑州：河北教育出版社，1996.
[3] 赵居礼，王艳芳. 高职高专教育教学质量评价国际比较研究 [J]. 广东农工商职业技术学院学报，2003（4）：19–28.
[4] 王冀生. 有中国特色的高等教育评价体系和制度的基本构思 [J]. 中国高等教育评估，1998.

活动在知识、能力等方面达到受教育者的需求程度纳入考虑。总而言之，实践教学质量评价的意义在于为高校提供教学质量实施情况的反馈，为其提高教学质量提供改进建议。

（三）实践教学质量保障体系构建原则

在高校实践教学工作中，对实践教学质量保障体系进行完善，可以为实践教学成效的提升提供不容忽视的助力。从高校实践教学质量保障体系构建原则来看，一是质量保障体系的构建需要遵循系统性的原则。质量保障体系的系统性体现在外部系统性与内部系统性两个层面，其中，外部系统性要求高校所构建的实践教学质量保障体系能够与学校其他规章制度展现出较高的匹配性，从而和谐有序地共同作用于高校育人水平的提升。内部系统性则要求质量保障体系中所包含的各个要素能够呈现出整体性与紧密联系，从而充分发挥出质量保障体系所具有的诊断、监督、调控等多元化的作用。二是质量保障体系的构建需要遵循可行性的原则。质量保障体系的构建涉及资源的投入、规章制度的制定等多个方面的内容，而无论是资金投入方案还是规章制度，都需要具备可操作性。如果这些内容脱离高校所具有的实际情况，则高校将难以对这些计划进行有效落实，进而制约质量保障体系功能的有效发挥。由此可见，可行性的原则是高校需要遵循的重要原则之一。三是质量保障体系的构建需要遵循动态发展原则。高校所开展的实践教学工作处于不断的发展过程当中，这也决定了高校所构建起的实践教学质量保障体系也需要根据实际情况进行动态化的调整，从而满足实践教学工作开展需求，这则要求高校教育工作者能够对实践教学质量保障体系的实施效果进行评估，并对其调整方向与调整策略进行探索，从而确保教学质量保障体系能够得以持续地优化。四是教学质量保障体系的构建需要遵循前瞻性的原则。高校所开展的实践教学活动具有周期性，这也决定了学生通过高校实践教学所掌握的专业实践能力容易在学生毕业之后展现出滞后性的特征。因此，高校需要重视对实践教学工作发展趋势、社会用人单位所具有的人才需求发展趋势等做出调研，并以此为依据促使实践教学质量保障体系展现出前瞻性，确保学生所具有的专业实践能力能够满足学生就业需求。

此外，高校实践教学质量保障体系的构建，还需要注意以下两点。第一，组建多样化的教育模式，丰富实践教学形式。高校为了更好地落实实践教学目标，应该构建多样化的教学实践模式，围绕院校定位、学生类型和学生年级进行。通过层次进行区分，体现办学理念的别具一格特征。高校对人才培养的目标存在差异，包含研究型人员培养、应用型人才培养、理工类人才培养或者人文类人才培养等。立足实践教学背景，应该科学分类和选择，不然会导致实践教学和教学目标背道而驰，无法充分提高实践教学的有效性。可以组织学生在专业实验室中加入实训练习，教师面对面地对学生加以指导，学生参与创业实际完成实训任务，增强学生实战综合能力，不断凸显信息技术的优势和价值。高校教师巧妙地设置和专业相关的实践标准，明确设计实践教学内容、教学目标和教学形式。高校也应该关注师资队伍的建设，更多地引进企业双能型教师，通过实践教学软件和基地建设，发挥网络手机软件的功能，使得学生和教师之间能够借助网络软件交流互动，时效性地传达学生实践信息。

第二，关注实践教育的创新，提供实践教学条件。实现教育和"互联网+"背景的互相融合，能够实现教学模式的创新，不管是教育理念还是教学方式，高校都要进行与时俱进改革，保证学生从多个层面上得到知识和信息，拓展学生实践视野。通过网络的便利条件，安排学生接受最大程度的教育实践，应该明确的是，社会实践不是要求学生利用网络购物和消费，而是借助信息手段，结合创新教育构建完整的实践教育平台，培养学生专业知识和技能，使得多个环节能够良性互动。高校对社会保持开放的态度，推动高层次的网络实现教学活动，使得高校教育资源和社会教育资源互相融合，体现社会发展和学校发展的有效衔接。高校还应该举办讲座或者论坛等一系列的教学形式，使得学生全面掌握基础知识，为学生实战经验的积累做好铺垫。在"互联网+"环境下，引导学生进行低成本的学习和投资，不断积累工作和生活经验。比如学生可以利用电商平台或者直播平台自己做店主，在实践中积累经验，拓展学生电子商务基础知识。学生还可以自主在网络中进行产品设计，把所学的专业知识运用在实践中，得到相应的经济效益。发挥学生自身的优势和特长，通过网络开发软件等，美化网站环境，体现高校实践教学的灵活性与广泛性。

（四）高校实践教学质量保障体系完善策略

1. 输入质量保障

在高校实践教学过程中，输入质量保障主要是指高校为了实现实践教学工作目标，而在实践教学基础条件构建、资源构建方面所进行的投入。输入质量保障层面所涉及的因素不仅包含高校生源质量，也包括高校师资力量以及高校在实践教学方面投入的基础设施建设力度等。

（1）从高校生源质量方面来看。高校生源质量对实践教学质量产生着不容忽视的影响，而为了有效提升高校生源质量，高校有必要做好两个方面的工作。一方面高校需要对自身招生策略进行完善。这不仅要求高校能够根据国家招生政策、市场人才需求等对招生计划、招生标准进行有针对性的调整，而且有必要依托奖学金、助学金等手段来吸引优质生源。另一方面高校需要通过促进学生就业，来提升自身所具有的吸引力。高校学生的就业质量直接影响着社会对高校育人工作的认可程度，而有效提升学生就业质量，则能够促使招生工作与就业教育实现良性循环。为此，高校有必要以学生能力本位，并通过强化与社会用人单位之间的合作，对学生职业就业提供跟踪服务等，有效提高学生的就业质量，进而吸引更多的优质生源进入高校。

（2）从高校师资力量方面来看。实践教学质量的提升离不开优质的师资力量作为支撑。在师资力量构建实践中，高校不仅需要重视为实践教学工作的开展提供数量足够的教育人才作为支撑，而且需要重视优化教师队伍结构、提升教师双师素养。这不仅要求高校能够重视做好优质教育人才引入工作、拓展教育人才引入渠道，而且需要在此过程中重视根据既有教师队伍所具有的年龄结构、学历结构、支撑结构等，有针对性地制定科学的教师引入与培训规划。与此同时，为了促使教师所具有的专业实践能力及其教育学能力与实现教学需求实现良好对接，高校不仅可以通过引入特定专业专家学者、一线人才等进入高校开展实践教学活动，而且也有必要依托"走出去"战略，在为教师提供进入用人单位开展专业实践的机会基础之上，促使教师对专业发展趋势、岗位胜任能力等做出全面了解，并确保教师所具有的专业实践能力以及双师素养得以与时俱进地发展。

（3）从高校实践教学基础设施建设工作来看。完善的、高质量的实践教学基础设施是实践教学工作取得良好成效的重要保障，在此方面，高校需要重视推进校内实践教学基础设施建设工作与校外实践教学基础设施的协同发展。在校内实践教学基础设施建设方面，高校需要围绕实践教学目标、实践教学方案等，明确校内实践教学基地构建需求，有针对性地完善校内实践教学基础设施。在此方面，高校需要重视对实践教学发展趋势做出研判，确保校内实践教学基地建设、实践教学基础设施建设工作呈现出先进性、前瞻性的特征。在校外实践教学基础设施建设方面，高校需要重视与社会用人单位开展合作，依托产学研一体化的育人方式，有效控制校外实践教学基础设施构建成本、提升校外实践教学基础设施构建水平。在此基础之上，高校所具有的校内外实训基地与基础设施能够从资源类型、覆盖时间等多个层面实现互补，从而为全程实践育人工作的开展以及实践教学成效的提升构建保障。

2. 过程质量保障

在高校实践教学过程中，过程质量保障主要包含实践教学要素控制以及实践教学管理制度建设两个层面。其中，对实践教学要素所开展的控制，包含对实践教学内容要素的控制，对实践教学方法要素的控制以及对实践教学考核方式要素的控制，而实践教学管理制度则要求高校能够构建完善的管理体系，并为实践教学的有效开展提供规章制度作为保障。

（1）从实践教学要素控制工作来看。教师需要对实践教学内容、实践教学方法进行合理的选择，并构建起完善的实践教学考核机制。在教学内容的选择方面，教学工作者需要重视做好学情调研工作，以此为依据选择能够与学生专业实践素养基础以及学习能力相适应的教学内容。与此同时，教学工作者需要重视提升教学内容所具有的趣味性、重视引导学生参与到教学内容的选择以及相应教学方案的制定当中，从而有效激发学生的学习动机。在教学方法的选择方面，教学工作者需要重视强化自身创新理念，提高自身对现代教育技术所具有的应用能力，通过将现代教育理念以及现代教育方法渗透到实践教学工作当中，促使实践教学工作呈现出更高的效率并展现出与时俱进的特征。如在实践教学工作中，教学工作者可以将多媒体教学技术和基于互联网教学资源所开展的微课教学、慕课教学等引入实践教学体系当中，从而推动实践教学吸引力与有效性的协同提升。在教学评价方面，高校需要重视通过邀请社会用人单位参与实践教学评价，充分发挥教师与学生在实践教学评价中的作用，推进教学评价主体展现出多样化的特征。与此同时，高校需要重视对实践教学目标进行细化，构建起完善的评价指标体系，促使评价工作展现出全面性的特征。另外，高校需要重视对教学评价结果进行充分运用，将其作为对教师开展奖惩的依据，对实践教学方案进行调整的依据，从而推进教师教学能力以及实践教学成效可以持续提升。

（2）从实践教学管理制度建设来看。完善的实践教学管理体系与实践教学规章制度，是推进实践教学工作得以规范化开展的重要保障。在实践教学管理体系的构建工作当中，高校需要从组织保障层面体现出对实践教学所具有的高度重视。这则要求高校能够在主管校长的协调与引领下构建起校级管理机构、院级管理机构、系部管理机构以及基层教研室。各级管理机构需要对高校在实践教学工作中的方针战略进行贯彻与落实，而基层教研室则不仅需要负责开展实践教学组织与管理工作，而且需要对实践教学过程进行监督，对其优化策略进行探索，从而促使各个专业所开展的实践教学工作能够得以持续地优化。另外，在实践教学管理机构的人员配备方面，高校不仅需要组织具有丰富实践教学经验、较高专业实践技能的教育工作者参与实践教学管理，而且可以邀请用人单位优质人才加入实践教学管理机构当中，从而促使他们为实践教学规划开展方案的制定出谋划策，推进基于实践教学所培养出的复合型人才能够满足社会岗位所提出的胜任能力要求。在实践教学规章制度的构建工作当中，实践教学规章制度不仅需要具备指导性，而且需要体现出对实践教学各个环节的关注，与此同时，实践教学规章制度的构建需要与地方院校其他管理工作制度体现出匹配性，从而避免管理制度之间产生冲突，确保不同的管理制度都能够得以有序有效地实行，进而为实践教学管理工作成效的提升提供保障。

（3）管理学生实践过程，促进高校实践教学。高校应该借助"互联网+"的发展趋势，对学生专业技能训练进行管理，通过信息素养竞赛活动，鼓励全部的学生借助"互联网+"背景下的网络软件进行课程平台学习与网络平台演练，激发学生实践学习的兴趣和热情，培养学生的信息素养的精神，形成互联网时代学习意识。在信息素养竞赛过程中，提高学生对信息获取的关注度，培养学生对信息的分析能力和整理能力，妥善地通过互联网技术，强化学生信息素养。由此落实"以赛促学、以赛促教、以赛促改、以赛促建"的思想，借助能力竞赛，明确学生职业技能掌握情况，体现高校的办学地位。技能竞赛教师在训练实践中运用互联网技术，全方位管理和指导实践流程，争取使得学生在竞赛中得到最佳成绩。与此同时，高校实践教学过程中，应该管理好学生校内课程实训，进一步凸显岗位成才的重要性，实现教师在"互联网+"背景下全过程监督实践流程，潜移默化地增强学生实践技能。除此之外，管理实践教学过程中涉及顶岗实习，新时期大学生顶岗实习的岗位实践成为高校管理质量的影响因素，怎样对学生进行顶岗规范管理是至关重要的。"互联网+"背景下，高校动态掌握学生顶岗实践流程，借助顶岗实习管理平台，使得校内导师、学生以及企业师傅在实习平台中互动，对学生存在的实践不足进行实效化改正，体现顶岗实习的全过程和全方位管理。

三、全方位构建实践教学信息管理平台体系

（一）形成先进的管理工作理念

基于新时代背景下，高校实践教学管理工作能否得到顺利且高效的开展取决于内部实践教学管理人员是否具备先进的管理工作理念。这就需要高校在建立信息化平台的基础上，指导实践教学管理人员形成先进的管理工作理念，以此保障后续的管理工作能够顺利且高效地运行。例如，摒弃传统落后的管理方式以及管

理理念，提高改革实践教学管理工作的力度，在创新管理方式与管理理念的过程中融入信息技术，进而提高整体管理工作的准确性，提升互联网平台管理实践教学的效率与质量，使得学生以及教师享有更加高水准的教育和管理，以此切实有效地展现实践教学管理在高校教学中的真正价值水平。与此同时，高校内部实践教学管理人员还可建立起良好的实践教学管理信息化平台氛围，从而活跃高校管理的气氛，促使学生以及教师都能认识到实践教学管理信息平台的重要性与实际意义，为后续顺利开展高校实践教学管理工作提供有效的保障。除此之外，创建高校实践教学信息管理平台，在一定程度上可以充分收集高校全体人员的管理意见。例如，倘若实践教学管理人员在管理高校工作时遇到一些瓶颈，或是不能明确某种信息的真正含义，就可在该平台上发布大量征求建议的帖子，并大力提倡高校全体人员出谋划策，设立奖励机制，大范围提高人们参与的积极性，从而为高校实践教学管理提供珍贵的意见与建议。

（二）创新人才培养模式

根据新一轮基础教育课程改革的相关要求，高校在培养人才时应当采用"理论与实践"相结合的教学方式与管理模式，以此使得学生更能适应新时代发展的需求，提升行业竞争力。因此，高校在人才的培养和管理方面不能采取以往传统落后的教学思维与管理理念，需要根据新时代信息化的特征创新人才培养模式，在依据市场所需的职业和岗位的基础上，全方位且多角度地调整和改进人才培养方案，构建实践教学信息管理平台。

笔者以高职院校为例，高职院校是为社会输送大量技术性人才的机构，为了确保培养人才的高效性，有效地构建实践教学信息管理平台，高职院校需要不断优化创新人才培养模式，提升管理人员的综合素质，主要表现为以下几个方面。一是体现在实践教学管理人员需要将充分了解教学管理的知识和技能作为工作的首要任务，只有实践教学管理人员熟悉教学管理的知识和技能才能够为后续培养创新型技术性人才提供有力的支撑。二是体现在实践教学管理人员间的通力合作。这就需要高校建立一批综合素质过硬的教学信息化管理团队，从而使得整体的工作过程更具信息化、规范化，在真正意义上实现信息化管理。例如，加强对高校内部实践教学管理人员的培训。由于地方条件以及经济水平的制约，高校内部实践教学管理人员的工作能力存在一定的差距。如发达地区的院校相较于落后地区的院校具有更为丰厚的资金以及更为优质的教学和管理资源，况且创建网络平台的成本较高，落后地区院校的实践教学管理人员无法参与具有实际利用价值的培训活动，久而久之自然使得管理人员的专业素质水平产生较大的差距。

基于上述情况，实践教学管理人员就需利用信息化平台进行充分的沟通与交流，分享彼此的经验，通过不断的学习，弥补自身的不足，进而逐步提升管理能力，从而使得师生享有更加优质的管理模式。而高校则可以打造一批综合素质过硬的教学信息化管理团队，进而使得学生具备更丰富的专业知识，培养实践能力，使其在社会市场就业当中更加具备竞争力。

四、高校实践教学的绩效测评机制

绩效测评机制作为高校实践教学的最后一项机制，不仅是一个完整机制链的"终端"，还是下一轮机制运行的"起点"和"依据"，与上述的动力发生机制、协调运行机制和质量监控机制共同形成闭环系统。通过构建对高校、教师、学生的三元测评机制，迫使高校在办学思想、政策设计、领导体制、教学管理、实践条件等多方面进行创新优化，不断提高实践教学质量。要在学生、教师与学校之间建立良好的沟通渠道和反馈机制，形成以学生素质测评、教师业绩测评、学校综合测评为主要内容的科学测评体系与长效测评机制，认真查找和切实解决实践教学过程中存在的困难与问题，促进实践教学工作的顺利运行。

（一）学生素质测评机制

学生是学校实践教学工作的对象，是实践教学活动的参与者和体验者，对实践教学工作实施测评的落脚点在于建立科学性、规范性和可操作性的学生综合素质测评体系。要建立完善以立德树人与创新实践为导向，以思维知识、实践能力为重点，包括德育素质、智育素质、创新精神与技能素质、身心素质等在内的一级指标综合素质测评体系，注重把创新精神、实践能力和德智体美劳等素质列为一级指标，并赋予一定的权重比例保证，确保与实践教学效果的考核目标一致。对学生综合素质进行测评的关键是二级测评指标的细化，使测评工作更具科学性和系统性。在思想政治与德育素质测评方面，要体现学生理想信念、政治态度、道德文明和社会责任感的测评内容，并将其作为二级测评的重要指标。在创新精神与技能素质方面，要将实验设计与操作、科研论文与专利、科技创新创业、社会工作以及学科专业竞赛等内容纳入二级指标，其中实验设计与操作的观测点包括实验预设、实验准备、观察记录、整理分析和结论推理等情况以及在实验中取得的成效；科研论文与专利的观测点包括学生发表学术论文、实践教学活动报告和各种发明专利等；科技创新创业的观测点包括学生参与创新性试验设计、科技学术竞赛、创业项目策划等各类科技创新创业活动；社会工作的观测点包括学生从事各级党团组织、学生会、班级、社团事务和服务社会方面的情况；学科专业竞赛包括物理操作竞赛、化学实验竞赛、数学建模竞赛、英语演讲竞赛、工艺设计竞赛等各学科专业竞赛。以上二级指标体系及观测点的确定，可把实践教学各个环节的具体要求和教学成效纳入学生综合素质测评中，为学生参加实践教学活动起到指挥棒的作用。

（二）教师业绩测评机制

教师是高校实践教学的主导者，实践教学的效果如何与教师的指导密切关联。对实践教学进行测评必须强化对教师指导作用的测评，着力点是把教师指导实践教学的情况作为教师业绩考评的重要内容，形成实践教学的动力，为教师职级晋升、聘任、奖励等提供必要的客观依据，是高校强化教师管理工作的有效途径。目前，高校对教师指导实践教学的业绩考评主要包括教学授课、教学建设、教学成效和师德师风等四个方面，将教师实践教学情况测评纳入对其业绩的考评中，必须将测评指标体系分解并纳入上述四个方面。教学活动测评中要纳入教师开展实践性教学、社会调研、课程设计等情况，以及指导学生参与创新创业、实习实训、技术研究、专业竞赛等；教学建设测评中要纳入教师从事实践教学建设与管理等情况；教学效果测评中要纳入学生在学习能力、实践能力、科研能力、创新能力和处理事务能力等方面的提高，以及毕业生的职业发展情况等；师德师风测评中要纳入教师的爱岗敬业、关爱学生和对实践教学工作的态度等情况。在测评方式上，突出定性与定量、动态与静态、过程与结果相结合。同时，在对教师的测评中，应注重完善教师自评与学生评价相结合的测评方式。对于定性考评的内容如教师对实践教学工作的认识与态度、教师实践教学取得的成效等，由学生进行分块评价。在全面测评基础上，高校也要建立与测评相配套的激励机制，把实践教学的测评结果应用到教师职级晋升、评优评先等方面，以激发广大教师投身实践教学工作、培育优秀人才的强大动力。

（三）学校综合测评机制

高校是实践教学的领导者和组织者，其实践教学理念与目标、投入情况及管理水平都决定着实践教学的运行质量与成效。提升实践教学成效必须明确高校在实践教学中的主体责任，不断增强高校推进实践教学的思想自觉与行动自觉。开展高校实践教学综合测评，必须坚持系统思维，把高校实践教学工作纳入高校发展的整体性评估，以高校办学水平评估为手段系统评价高校实践教学效果。第一，办学水平评估的目标导向要体现实践教学的目标。高校办学水平评估的目的是通过评估推动高校转变教育理念，明确办学定位，积极强化内涵建设，完善人才培养体系。在对办学水平评估时，要以学校的办学定位和育人质量为导向，将实践教学纳入学校整个育人体系加以考虑，注重实践能力的培育，增强学生的创新思维和应用技能。第二，把实践教学的理念、内容与成效纳入评估。评估办学思想要凸显实践教学在育人体系中的重要位置，重视把实践教学的理念、内容与成效纳入学校办学评估的考评指标中，把实践教学的顶层设计、实施过程、管理方式、改革与创新等工作及其取得的效果作为对高校实践教学发展水平进行评估的基本要素，促使高校教学从单纯的理论知识讲授向提升学生实际应用能力的转变。第三，把实践教学硬件设施的配置纳入评估。实践教学能否顺利开展以及成效如何与实践教学硬件设施的配置状况密不可分，要把实践教学的课程建设与仪器设施的配备作为高校办学水平评估的重要内容。在考评课程设置的学分和教学时间标准的同时，注重考评实践教学所需的基本器材设施配备与经费投入力度以及器材设施的利用率。

五、虚拟实践教学体系构建

虚拟实践在发展过程中，必然包含基本结构、特征，自成系统。虚拟实践教学体系基于各组成要素的协同、支撑、耦合，依靠各要素功能的发挥，以及运行系统、载体系统、支持系统三个子系统间的相互支撑、良性互动、协同运转，加之外部因素的介入与制约，最终实现功能的最优。其中，运行系统保证教学活动在一定场域内，沿特定路径展开运转；载体系统保证教师将思想政治教育的内容通过一定的媒介传递给学生，并内化为学生的自觉行动；支持系统为学生提供实物支撑或精神支撑，优化操作过程，增强学生可操作性。

（一）运行系统

运行系统主要包括实践路径、管理制度、考评反馈三个环节。实践路径包括两方面。一是虚拟体验，学生基于虚拟现实技术沉浸式、全景式体验虚拟场景。场景模式应选择与教学内容密切相关、与当代大学生发展相契合的代表性的虚拟场景。如教师可引导学生线上体验红色纪念场馆等，接受爱党爱国教育，形成情感认同，并结合相关问题进行理性思考，完成实践目标。软硬件条件不足时，虚拟体验可通过音频、视频等形式进行。二是网络调研。教师设定较为宽泛的选题范围，学生针对选题深入挖掘社会现实问题，通过数据资源库等公共资源获取数据等资源信息；或通过网络调研软件设计问卷，以微信群等传播媒介发放问卷，获取有效问卷信息。对调研结果运用马克思主义的立场、观点、方法进行深度探究与评析，实践成果以虚拟技术形式呈现。

虚拟实践教学体系的运行要有相应的管理制度，即需要形成科学规范的虚拟实践教学管理。学院组织教师围绕教学大纲制定虚拟实践教学计划、筛选教学内容，形成规范文件后发放师生具体执行，并将学生虚拟实践成绩纳入期末成绩；教师在虚拟实践教学过程中对教学计划、教学过程要进行研讨交流、经验总结，巩固实践教学成果。建立监督机制，明确职责，实行专职人员监督、师生互相监督，保障多层次、立体化监督。建立保障机制，可由校级部门牵头、马克思主义学院主导，协调联动其他部门、学院，成立虚拟实践教学中心，统筹资源分配，保障虚拟实践教学活动开展。建立考评机制，期末成绩由平时考勤、实践课成绩、期末考试三部分组成，实践课成绩可通过考试或微电影等新媒体形式进行评定。考评反馈应凸显结果考评与过程考评的结合，以结果评价为主，辅之以过程考评。就考评指标而言，对学生提交的作业，应坚持思想性第一，重点关注内容的科学性、学术性、创新性，同时还要考核其技术含量，如技术难易程度、操作的便利性等，考核指标还包括信息量大小、资源类型的丰富性等因素。

（二）载体系统

虚拟实践教学的载体是五门思政课程和作品大赛。依据五门课程特色与学生认知能力、个性特点分类设置相应的虚拟实践模式。在"马克思主义基本原理""毛泽东思想和中国特色社会主义理论体系概论""形势与政策"课程学习过程中，可以通过微信群、腾讯会议等虚拟形式进行网络热点研讨、网络调研等，通过思想碰撞发掘热点本质，提高学生思维能力、判断能力和解决问题能力，同时实现正确的价值引领。"中国近现代史纲要"涉及中国共产党的奋斗历程，可通过 VR 技术搭建党史相关虚拟场景，打破学生与场景的"第四堵墙"，使学生集中精力沉浸于虚拟体验中。"思想道德与法治"可以开展线上或线下法庭模拟案件审理，培养学生法律意识，提升学生道德素质。

在五门课程的虚拟实践教学之外，可以同时组织全校性的思政课虚拟实践作品大赛。选题应紧紧围绕当代中国重大理论与实践，聚焦社会热议、人民反响强烈的焦点问题；围绕选题运用所学理论知识进行科学分析，针对问题提出自己的独到见解。比赛可以设置多个赛段，从班级海选到最终决赛层层把关，确保高质量作品入围决赛。参赛的项目团队应在教师的全程指导下准备作品，以弥补学生理论素养的相对不足。作品形式应丰富多样，近年来，学生作品形式已由 ppt 为主拓展到电子书、网页设计、视频制作、微电影拍摄等。作品评选既可请经验丰富的高年级学生参加，也可邀请校内外专家参加。学生点评可以锻炼学生自身能力，校内外专家点评可以促进赛事质量的提高。

（三）支持系统

虚拟实践教学的支持系统主要指利用互联网技术建设的虚拟实践教学资源库与专题网站，主要包括虚拟实践教学经典案例库、网络实践资源库、虚拟实践教学选题库、虚拟实践教学成果库等。该资源库不同于思想政治教育与研究专业网站，也不同于思政课线上课程中心，而是直接服务于校内思政课虚拟实践教学的一种新型资源库。网站搭建方面，需聘请专业技术人员，在教师、学生的协作下三方共同搭建专题资源库；资源库设计上宜采用模块化集成的方式排列，即以课程内容的若干微教学单元为轴心和统领，配置相应的案例库和问题库，并定期维护与更新，优化虚拟实践教学平台。资源库与专题网站可建设成一体化模式，方便教师、学生等利用电脑、手机等在不同操作环境下使用，为用户提供个性化服务。内容服务方面，资源库应当包括两个层次。一是集成单元库，包括微教学单元、网络经典案例库、经典问题库等。集成单元库的功能是为师生选定的虚拟实践教学中的具体问题提供帮助。二是基础素材库，包括文本库、图形图像库、动画库、音频库、视频库、参考资料库、相关资料网站链接等。基础素材库的作用是提供虚拟实践教学所需资料以及学生制作实践作品必备的素材。资料的搜集与更新要动态对应于集成单元库的需要。支持系统除资源库与网站外，还包括基于虚拟仿真技术搭建而成的软硬件相结合的虚拟实践教学基地。基地除可满足感官沉浸外，还可满足意识沉浸，实现具身化沉浸，师生可通过移动端、一体机、外接式等 VR 设备体验清晰生动、直观可感的虚拟场景。技术更迭换代、信息更新周期加快的客观现实也要求支持系统新益求新，循环改善设备设施。

第二节　加强高校师资队伍建设

一、影响高校教师队伍建设的因素

目前，国内高校教学团队建设面临多重障碍或问题，主要有组织障碍、产教融合障碍和科研与教学比重失衡等问题。

（一）组织障碍

现有研究认为教研室组织管理现状阻碍了教学团队的建设，主要分析了组织形式、文化建设与内部管理等三方面问题。一是组织形式松散。教研室主要是按照专业设置。由于专业方向过于精细，同一教研室内的教师具有的知识与技能趋同性强，并且教师个体之间的联系也趋于松散，平时工作习惯于"单打独斗"，他们很难胜任教学团队成员的资格要求。二是文化建设薄弱。教研室组织文化呈现明显的"封闭性"特征，教师较少与本教研室以外的人交往，同时过于强调个人作用的发挥，缺乏良好的团队文化与人际氛围，难以实现人与人之间的隐性知识传递。三是内部管理不完善。教研室内部管理机制不完善，缺乏明确的工作目标，没有很好地将每位教师通过任务与管理制度等联系在一起，教师只是单纯地完成课堂教学工作，没有动力与兴趣自主或合作开展教学改革研究。

（二）产教融合障碍

目前校企混编教学团队的发展面临着制度或活性不足的困境。一是产教融合关系处于探索阶段，重视合作框架协议的签署，忽视了激励、评价等配套制度的建设，使得企业主动参与意愿不高。多数企业只是提供些实践场所或实习机会，较少有企业选派优秀人员参加本科院校混编教学团队。二是缺乏产教对接的长效制度。混编教学团队建设较少从学校专业方向与区域产业结构等角度进行深度考量。不少混编教学团队是为了满足短期项目需求所设立，企业人员与校内教师只是简单临时组合。三是团队文化不强。学校"双师型"教师偏少、实践经验匮乏，与企业人员之间缺少共同语言，相互沟通交流偏少，难以实现产教之间的隐性知识传递。四是团队建设内容与产业衔接度不够，无法培养出符合区域产业经济发展需求的应用型人才。

（三）科研与教学比重失衡问题

现有研究还着重强调了国内高校"重科研、轻教学"现象严重，高校与教师都在教学团队的建设上投入意愿不足，而是把更多的资源投向科研团队建设。它的出现既与教学工作特性有关，又与高校现行制度有紧密联系。教学成果培育和教学改革见效都需要较长时间，这种滞后性很难满足教师对即时成效的要求，不会优先将主要精力用于教学。目前考核评价指标主要是科研指标，考核评价制度的指挥棒作用将指引教师将资源投向科研活动。教学水平评价多采用了易量化的指标，比如教学工作量、发表教研论文数目、立项教研教改项目等，而缺乏对教师为什么教、如何教和教得怎么样的评价工具，而这些恰好是提高教学质量的关键，也需要教师投入大量的精力。付出了而不能获得回报，长此以往，没有人会有在教学上继续努力的动力，只会对教学产生应付、敷衍的态度。

现有研究指出了教学团队建设面临的三方面障碍，其中组织障碍、科研与教学比重失衡是老大难问题，如果高校现行管理体制与管理制度没有大的改变，问题很难得到根本解决；而学者较少关注产教融合障碍，这与本科院校办学定位有很大关联。不过随着地方本科院校办学定位调整，消除产教融合障碍的重要性将逐步凸显。以往文献多是简单描述了障碍的具体表现，没有进一步分析其对教学团队建设的影响机理。

（四）互联网信息技术的快速发展

互联网信息技术的快速发展给整个人类社会的发展与进步带来了巨大的改变。空间之间的距离因为网络信息技术变得越来越小，国与国之间因为网络信息技术的应用也没有了界限。近几十年随着中国经济的快速发展，网络信息技术在人们的工作、生活、学习中变得越来越普遍。特别是在高校中，高校大学生正处在学习与接受新鲜事物的黄金时期，他们思想活跃，乐于接受互联网这种新鲜的事物。在我国没有网络信息技术的时期和网络信息技术还不普遍的时期，高校教师深受学生信赖，教育实效性也很强，但是随着网络信息技术的普遍应用，在很大程度上削弱了高校党团教育的效果。网络信息技术有利于世界经济的发展，但同时如果应用得不恰当也会给人类社会带来很多疑难问题。正如200多年前马克思和恩格斯就一方面充分地赞誉了技术在人类社会发展中所发挥的巨大作用，但另一方面也指出了事实上技术所产生的异化现象，这种异己的力量，使人受到了压榨和奴役，人类最后也失去了自由，成了机械式的工具。

出生在网络信息技术时代的"90"后"00"后高校大学生，他们追求个性、追求自主化的生活和学习主要手段，与"80"后追求经济物质还不同。得益于近年来中国经济的发展，在这一时期成长起来的"90"后和"00"后高校大学生，他们更注重个人的情感体验与价值体验，对政治普遍不太关注，有着强烈的个人意识，从小习惯从网络技术中获得知识和信息。因此，他们从小已经养成网络思维，在生活和学习中都与网络技术分不开，尤其是"00"后高校大学生具有较强的网络社交、网络学习和网络消费的能力。网络词语如佛系、吃鸡在其生活中很普遍，网络购物、网络游戏也为他们的生活带来了很多方便，使其生活更快捷和便利。但事实上是西方国家却利用当代高校大学生普遍使用网络信息技术的特点，在网络中通过各种形式渗透他们的政治理念、文化理念和生活主要手段。

在信息网络技术产生之前，高校大学生接收信息主要是通过高校教师，在教师的思想和行为影响下形成自己的世界观和价值观。但事实上，信息技术作为"静悄悄的革命"在当今以不受人们控制的速度发展起来，真正地实现了中国人所说的"秀才不出门，便知天下事"，全方位地改变了学生的生活和学习方式，提供了新的认识世界的方式，高校大学生对网络的依赖加深，以往高校教师的教育方式显然已经不适应当代学生的新特点和新的需要。高校大学生对教师的心理需求也转向了网络，当人们从依赖媒介而获得了相应的满足，便越指望再次获得有用的信息，对媒介的依赖性就越强烈。高校大学生对网络的依赖使其思维方式发生了一定的变化，以往高校党团的教育可以有效培养学生发散的思维方式，但事实上网络信息技术呈现出来的信息是直观和具体的，容易使学生不再去思考，只是直观地去看，从而不利于学生多维思维方式的形成。通过网络信息技术可以快速地查找所需要的信息，使高校党团教育面临挑战，需要高校党团方面的教师及时更新观念，利用网络信息技术对学生进行合理的教育和引导。高校教师必须转变思维方式，首先，由传统的教学模式向网络信息技术下的教学模式转变。高校党团教师要根据学生特点不断研究和探索，重视校园网络安全的建设，加强对学生进行网络安全教育。其次，教师也需要掌握一定的网络信息技术，当前高校党团工作者有再深的理论功底，一旦网络信息技术不行，也很难走进学生心里，对其进行指导和教育。高校党团工作者要利用互联网技术，在网络中通过各种形式与学生聊天、谈心，使青年形成正确的世界观和价值观。最后，高校要不断重视对教师网络信息技术的培养，给教师创造时间和条件去学习，在新形势下不断更新教师的理念，在新的背景下，利用网络信息技术更好地发挥高校党团教育的效果和作用。

二、高校师资队伍建设策略

（一）加快教学团队的建设

教学团队建设策略是以往研究关注的重点，主要从教学学术、团队文化、组织管理、产教融合等四个方面给出了相应的策略建议。

1. 应用教学学术理论

教学学术理论的应用是提高教学地位的重要突破口。一是提升团队成员的教学能力。教学学术研究的是为什么教、教什么和如何教的问题，通过团队合作，教师之间的交流研讨增多，促进不断反思自身教学实践，实现隐性知识的转移，帮助发展青年教师的教学专业，促进老教师观念与知识的更新。二是平衡团队科研与教学的矛盾。高校管理者需要更新传统学术观念，用学术的理念来看待教学，承认教学也是一种学术，并从制度设计上真正将教学作为学术概念的应有成分，赋予团队成员促进自身发展的动力。三是给团队成员赋权增能。通过规章制度赋予团队成员一定程度的自主权，不再局限于做一名好的执行者，而是努力提高自身能力，尽可能按照自己的思考推进教学改革。

2. 倡导教师合作文化

教学团队的发展需要建立教师自然合作文化。目前教学团队内部个人倾向突出，团队成员之间的有限合作，基本上是人为合作文化发挥作用的结果。由于教师专业发展水平较大程度上受到人为合作文化的影响，今后向自然合作文化转型成为必然。首先，激发合作愿景。教学团队负责人要向每位成员阐述团队的奋斗目标，清晰勾勒出团队未来的图景，使每名成员都认清团队对自身的价值，将与他人合作演变成为教师的内在需求。其次，保持团队的开放性。教学团队对学生、同行与管理部门保持开放，使自己可以从外界获取更优秀的资源。最后，保持团队成员活力。团队内部不存在等级关系，每名成员都有充分的发言权与参与权，在合作中进行有限的、和谐的竞争，他们乐于分享自己的教学经验，愿意彼此共同开展教学研究。

3. 创新组织管理模式

高校现行组织结构及其相应的管理模式约束了教师之间的交流与合作。首先，创新教学团队的运行模式。教学团队的运行模式选择必须要认真考虑其成员的独特性，认为协同模式比较适合教学团队的发展。要发挥协同模式的作用，必须具有明确的目标导向和建立相对独立的组织体系。在此基础之下，不同学科专业教师之间的交流更加顺畅，融合更加频繁。其次，创新绩效评价制度。目前绩效评价制度呈现滞后状态，在评价内容、评价指标、激励机制等方面存在问题。学者建议同等看待教学与科研，评价内容必须包括教学学术；设置教学学术评价指标，包括教学工作中产生的学术活动、发表的学术成果、未发表但有实际价值的学术成果；扩大教学成果奖励的数量与范围，充分体现教学学术成果的价值。

4. 构建新型教学团队

许多地方本科院校转型培养地方支柱或优势产业所需的应用型人才。面向产业培养人才要求教学团队产业化，即引入"外部"教学力量，构建应用型或校企混编教学团队。现有研究主要从顶层设计、运行机制与保障措施三方面探讨了新型教学团队的构建。首先，做好顶层设计。学校调整办学定位，明确培养应用型人才，强调服务导向理念，为建立与发展新型教学团队提供保障。其次，建设长效运行机制。校企之间通过构建互利共赢机制，实现利益共谋；通过完善互聘共培机制，实现人才共谋；通过建立产教文化融合机制，实现文化共谋。最后，完善保障措施。构建扁平化团队，提升对产业变化的响应；推进培训体系升级，满足团队成员差异化的培训需求；创新评价方式，促进校内教师实践教学能力提升。

国内学者已开展了大量研究，给出了"四新"策略，即应用新理论指导团队创建、倡导新文化促进团队发展、引入新力量构建新型团队、打造新模式护航团队建设，这些有助于国内高校教学团队建立、发展与做强。但是对于地方本科院校而言，一个关键问题没有给出答复，即如何让企业愿意积极参与教学团队建设。如果这一问题得不到解决，校企合作只能停留在低水平层次，应用型人才培养目标就无法真正实现。

（二）增强教师政治素养

高校要落实立德树人任务，就要以思政教育为主要切入口，而要想做好思政教育这项工作，教师队伍建设是关键，首先要强化对教师思想引导，使其拥有崇高的理想信仰和正确的信念，并能始终坚持不动摇。思政理论课教师要有比较强的政治敏锐性，在教育工作中能够从政治角度上去分析问题，在任何情况下都不能受干扰，保持自己的立场。教师要拥有扎实的专业素质，对马克思主义理论、中国特色社会主义、党的方针政策、社会主义制度优越性等应有全面了解和深入掌握，在面向学生进行思想政治教育过程中，做好传播，使大学生能够领会和掌握马克思主义重要思想，明确科学方法，坚定信仰在政治上毫不含糊，跟着党中央走社会主义发展道路。

（三）强化教师专业能力和科研能力

思政理论课教师队伍建设中要强化专业能力，尤其是专业理论知识，以先进的理论知识武装自己，才能在教育工作中以理服人，使学生信服，达到更好的教育效果。目前来看，高校思政理论课教师队伍存在着专业理论掌握情况不一的问题，所以就要着手解决，提高所有思政课教师理论水平。拥有扎实理论基础，才能从正确角度上分析问题，也能用专业理论去回应社会热点问题。在这种基础上，学生就能更好地了解马克思主义理论，明确其包含的真理性，进而坚定马克思主义信仰，积极学习核心思想和科学方法，思政理论课教育成效会全面提升。思政理论课专业性强，对教师专业理论素养的要求高，因为只有这样才能胜任理论课教学。基于此，高校要抓好教师专业理论的教育，使其不断自我学习，扎实理论基础，不断进行研究，提高自己的学术能力。这样不仅能保证教师专业素养持续提高，还能推动高校思政教育的发展。

（四）做好对思政理论课教师培训

高校在平时要开展多种多样的学习和教育活动，通过有效的培训，促进教师专业理论水平和学术能力提升。在实际操作中，应结合党中央和教育部对强化思政教育的要求，确定对思政理论课教师培养目标，然后在思政理论课教师队伍中挑选骨干教师，为其提供出去交流学习的机会，也可让骨干教师去一些党校或者是马克思主义学院深造和培训。这些人员在学习过程中，专业理论水平和政治素养会得到更好的提高，认知也会更为全面和深入，将自己在培训中所学习到的知识，传递给高校其他思政理论课教师。也可组织专题教研活动，相互学习，也可采取帮带的方式，帮助基础理论知识比较薄弱的教师讲授理论学习等。根据新时代高校思政理论课教育实际需求以及教育目标，做好专题教研，将理论和实践融合起来，摸索出有效的教育办法。

（五）提高思政教育能力

强化思政理论课教师队伍建设，主要是为了提高教师教育能力，使其更好地服务于高校思政教育，为国家培育出既有专业技能，又有良好思想道德与政治素养的人才。所以说，思政理论课教师队伍建设中，一定要提高教师教育能力和水平。首先，思政理论课教师要转变思维，明确这门课程的教育价值和意义，在此基础上结合思政教育总体目标，做好教育设计和安排。过去思政理论课教师采取灌输方式，不能契合兴趣需要，学生学习积极性不够高。所以新时期思政理论课教师要加强对这项教育工作的研究，创新思维和方法，构建良好的思政教育环境，增强思政理论课吸引力，促使学生积极参与，在体验与实践中领会相关内容，从而坚定信仰和政治立场，践行核心价值观。教育中既要突显思政教育核心价值，又要具有将思政教育与专业教育结合起来的能力，促进学生身心健康与职业素养发展。思政理论课还要联系实际，引入一些社会热点，将其与教学内容结合，使学生认识到思政教育的价值和作用，能够从政治角度上辩证看待问题。思政理论课教师在教育中应当提高运用信息技术和网络技术能力，打造情境，将思政理论融入具体场景中，促使学生更好地分析和理解。平时可借助网络，开展碎片化教学，借助微课、翻转课堂、研究性学习等，坚持以生为本，增强思政理论教学互动性，使学生更好地掌握相关理论，形成共鸣，进而更好地吸纳知识。

（六）完善教师考核制度

高校思政理论课教师队伍建设中，需要完善考核制度。考核一定要全面化，针对政治素养、专业理论水平、思政教育能力、科研贡献、职业道德素养、师德师风、与实践结合能力等，展开全方位评价。确定好考核和评价指标，可从五个方面着手，分别是德、能、勤、绩、廉。同时还要完善配套的激励机制和保障机制，根据考核对教师进行物质和精神奖励，或者是将其和教师福利、晋升、评职称等联系起来。这样可对思政理论课教师起到很大的激励作用，促使其不断提升各个方面能力，进而提高思政理论课教师队伍整体素质。

（七）加快教学管理人员专业化建设

1. 转变观念，提高认识

一是教学管理工作本身就决定着教学是否能够有序的运行以及是否能提高教学质量，所以高校必须要及时转变对教学管理工作的传统观念，对教学管理工作的地位和作用有清晰的认识。高校工作的开展是以教学工作为重心，教学管理工作的顺利推进可以使教学工作质量得到保证。所以，作为教学管理人员必须要重视专业化建设，树立正确的教学管理人员专业化理念，还要为教学管理人员队伍专业化建设制定完整可行的方案，从招聘选拔、编制配置、继续教育、评职晋级晋升等方面着手，确保为教学管理人员的专业化发展提供多方面保障。此外，政策方面一定要有所倾斜，给予教学管理人员人文关怀，并且为他们的发展提供一个良好的外部环境，用感情打动人、用政策激励人，使教学管理人员的工作热情可以被彻底地激发出来。二是教学管理人员要正确认识本职工作，对自己进行正确的定位，认识到自己所从事的工作本质就是要求理论与实践相结合、事务性与学术性相统一的，要做到对教学管理研究努力践行，业务上做到精通、钻研，使自身的综合素质以及管理能力都能得到一定程度的提高，形成职业认同。通过自身的努力以及有利的外部环境，逐步地成长为专业人员，为促进教学管理工作的开展做出正确决策，并严格执行。

2. 招聘选拔培训环节必须要严格

从当前的高校教学管理人员的整体队伍来看，特别是基层教学秘书队伍，校内辅导员和人才的家属等在队伍中占了很大一部分，还有一些是不在编的人员，由此就出现了参差不齐的知识背景、学历层次、管理能力等。基于此，高校要重视教学管理人员的招聘环节，确保此环节的严格性，并制定出科学合理的政策，以公开招聘选拔的方式将更多优秀人才吸收进来，对教学管理队伍加以扩充。在对教学管理人员进行选拔时应该注意以下方面：一是严格考察和把关，选拔人才时应该注意其是否具备较高的政治素质和心理素质、是否有责任心、是否具备管理能力等；二是高度重视教学管理人员的数量与学生总数之间的比例，配备教学管理人员一定按比例进行，达到定岗定编的目的；三是教学管理队伍中可以适当地纳入本校毕业的比较优秀的研究生或是教师，进而能更好地为教学服务。为了能加强对教学管理人员的培训，高校要保证建立的培训机制必须完善合理，用人机制的重点在于培养与使用两个方面。整体来说，高校制定的教学管理人员培训体系要涵盖两个方面，一个是职前培训，另一个是职后培训。在职前培训阶段，重点是要培养教学管理人员的专业知识、教学管理知识、业务知识、职业道德等，使教学人员可以深入地了解教学管理涉及的基本内容，还能更好地掌握教学管理方法。任何一个新入职的教学管理人员都要先参加职前培训，考核合格后才可上岗。在职后培训阶段，高校应保证采用多样化的培训形式。利用讲座的形式向教学管理人员讲授教学管理方面的业务知识，并培训有关技能，加强教学管理人员之间的交流；高校还可以多组织教学管理人员一起去参观兄弟高校，加强学习和交流，更好地吸取他校的教学管理成功经验；为了开拓教学管理人员的眼界和思路，也要重视教学管理理念的更新，组织他们参加一些教学管理年会等。总之，不管是职前培训还是职后培训，都要避免流于形式，要保证各项工作真正落到实处。

3. 建立教学管理队伍评价指标体系与反馈机制

为了能够进一步提升高校教学管理人员的工作效能，就要有科学的评价指标体系，这是必不可少的。除此之外，还必须要借助反馈机制。目前，在我国高校中，主要是由领导去评价教学管理人员，因评价内容不够完善、评价主体过于单一，同时评价结果又不具有足够的应用性，这些因素都影响了教学管理人员的工作积极性，使他们无法主动热情地投入工作。因此，必须要努力建设一支水平极高的教学管理队伍，促进教学管理人员的专业化发展。高校要在教学管理队伍的评价指标体系建设上下功夫，确保其科学、规范，评价主体应多元化。评价指标要能充分体现出教学管理队伍的方方面面，比如，配备教学管理人员、设置教学管理组织机构、建设相关制度、特色服务、业务管理流程等方面，从而将所具有的激励、导向作用体现出来。另外，注意对考核结果的科学利用，对考核合格的人员及时给予奖励，对不合格人员则要给予惩罚。

第三节　借鉴国外高校教学经验

一、德国高校学生文化事务育人机制

（一）实施模式及其特征分析

（1）以实践为导向，组织开展多样化的文化实践活动。多样化的文化实践活动是德国高校文化领域人才培养模式的集中体现。学生服务中心不仅为学生提供实现文化创意的平台与资源，同时也作为组织者统筹开展艺术、人文、科技、体育等各类文化活动。如德累斯顿学生服务中心组织策划的德国中部最大的学生文化节"德累斯顿学生日"，通过邀请当地的学生俱乐部、各类艺术和文化协会，开展德累斯顿夜游、中世纪节日、学生乐团演出等形式多样的文化实践活动，吸引了众多高校学生和游客共同参与，已成为德累斯顿最具特色的城市文化名片之一。

（2）以学生为主体，培育发展自组织化的学生文化社团。高度自组织化的学生社团是德国高校学生文化活动主阵地之一，学生社团采取会员制，通过向团员收取一定的费用，维持其在组织、宣传、活动开展等方面日常运行；由学生服务中心提供场地、活动策划与推广、经费等方面的支持；发起人和团员自发形成规范、系统有序地进行社团管理，具有鲜明的社会自组织特征。这些学生社团秉持理想主义和奉献精神，践行"提供的灵感应来源于学生自身"理念，通过多元合作组织各类文化实践项目，开展了音乐会、美食主题之夜等多种文化活动，拓展了个人发展的多样性，激发了学生的创新潜力。

（3）以激励为方式，推进文化创新传播互动机制。人才培养与文化创新是文化传播和文化建设的需要，德国学生服务中心的文化事务部门承担了这个重要职责，通过建设文化互动平台、设置文化类奖项等，激励优秀文化人才不断成长，并引领当地文化的创新传播发展。例如，慕尼黑学生服务中心设立了"金色白香肠"奖项，每年颁发总额为三千欧元的奖金，以激励在小型舞台剧创作与表演方面的优秀文化人才。该奖项已逐渐成为年轻人进入专业舞台剧发展的重要平台，多位获奖者已成为该领域的杰出人才。

（4）以资源为联结，统筹构建城校协同育人的文化生态。德国高校以高质量的教育资源支撑多领域、多样化的文化实践教育发展。德国在人文艺术领域有着悠久的历史与璀璨的成就，尤其在音乐领域，由政府资助的交响乐团、歌剧院的分布情况等都充分体现了德国在艺术教育资源方面有着得天独厚的优势。为了给学生提供多元文化活动平台与优质文化教育资源，学生服务中心通常与城市、州内的教育部门、文化机构等建立长期合作，进一步拓宽教育渠道，统筹教育资源，形成城校协同的文化育人生态。例如，波茨坦大学学生服务中心通过与本土剧院、音乐厅签订合作协议，低价购入高质量的文艺演出门票，以免费或低价的形式发放给有需要的学生；德累斯顿学生服务中心与艺术家团体和知名文化机构合作，为学生开设艺术类短期课程等。

（二）对我国高校教育的启示

（1）推进文化学习与生活实践的良性互动，回归育人实践本质，拓展"柔性融入"的文化育人路径。文化源于生活，教育源于实践。艺术活动在平衡学生综合发展的过程中起到了重要的调节作用，使得来自不同领域的学生在充分交流中不断创新。德国学生服务中心扎根本土，联动所在地区的市政文化机构、研究所等教育部门，甚至将整个地区的自然人文景观也一并纳入，共同构筑学生文化学习的生活实践场域；在文化事务中鼓励学生实现文化学习与生活实践的良性互动，注重学生学习体验和文化实践活动的构建，通过组织多样化的文化交流活动激发学生的兴趣，提升学生的文化修养。

这就启示我国高校在文化教育工作中，应充分认识文化的潜隐性、渗透性等特征，统筹与文化相关的教育、社会、自然等资源来构建沉浸式的育人环境，将教育舞台从以知识获取为目标的课堂延展至无处不在的现实生活，使文化教育的内容与形式更加紧贴学生的生活实际，营造出开放、自由、生动的文化学习实践体验情境，在潜移默化的文化浸润中实现教育的柔性发展。

（2）激活学生社团自组织化管理的内在活力，强化主体成长意识，增添"主动成长"的文化育人动力。在以教学与研究为主要任务的背景下，德国高校社团与学校在育人层面上形成互补，即"大学教育人、社团塑造人"的格局，其管理上的自组织化、资源上的有力支持、注重"性格培养"的制度使其职能远远超出一般学生组织。中共教育部党组、共青团中央于2020年颁发了《高校学生社团建设管理办法》，明确了高校学生社团的定位和自组织化的性质，凸显了大学生的主体成长意识，但在具体实践中，高校对学生主体性的调动和激发不足，社团的引领作用不突出。因此，以"共同兴趣"为内驱力生长点，激发学生自我成长的主体意识，在强调社团价值引领的同时激活学生社团管理的内在活力；以"协同育人"为抓手，从顶层设计、制度体系、组织建设、资源保障、经费支持等方面形成学生社团发展内驱力与外驱力的联动，在提升学生综合素养的同时探索自组织社团文化实践活动的路径与机制，强化对学生社团的指导与支持，对于我国高校改进育人方法、提升育人实效意义十分重大。

（3）建立高校文化与城市文化的互融机制，引领文化创新发展，营造"城校协同"的文化育人生态。高校是优秀文化的传承地与创新地。师生共同创造、凝练的高校文化，不仅是一所学校的文化精神，也应成为所在城市的文化名片，对文化创新发展发挥导向功能。在开展文化事务时，德国学生服务中心一方面与所在城市的文化机构建立长期合作，整合优质文化艺术教育资源；另一方面充分动员本土众多学生社团的力量，使其成为学校和城市文化活动的主要参与者和受益者，在让更多学生、市民、游客受益的同时，亦成为构筑城市文化服务的特色与亮点，体现出城校协同的文化育人生态。目前我国高校文化活动的主体对象是校内师生，文化场馆等鲜少向社会开放，高校文化与城市文化的互动交流偏少，难以起到引领城市文化创新发展的导向作用。同时，高校现有的文化教育资源与学生日益增长的文化需求之间存在不平衡的问题，亟须整合所在城市的文化教育资源，改善资源问题。因此，应大力推行高校文化与城市文化的互融机制，从人才培养的角度统筹规划高校文化育人体系。高校应与文化机构等建立长期合作，在文化活动、文化资源、文化场馆等方面与城市进行资源共享、文化共建，充分发挥科研与学科优势，扎根本土文化特色，形成"城校协同"的文化育人生态。

二、美国高校混合式教学模式

（一）美国高校混合式教学模式的教学设计

混合式教学实施于美国高校的专用平台，平台上有众多教学资源可服务于混合式教学，包括国家级精品在线开放课程、虚拟仿真实验教学资源和各个学校已完成录制的视频课程。为了使教学资源顺应当代科技的发展，在规定的时间内不断地补充和完善教学资源，并将新兴的科技元素融入教学资源中，特别是课程领域出现的重大发现和历史性事件，引领时代进步的重要的科技成果。教学设计的开展围绕所讲授课程的课程目标，根据课程目标确定课程进行时需要学生掌握的知识和技能，分配好重点内容、次重点内容和了解内容所占学时比重，针对不同的教学内容投入相应的精力，在时间上做好科学的分配。混合式教学设计分为课前准备、课上探索和课后拓展等三个部分，教学实施的重点在于教师要精心设计在线学习程序和学习内容，根据教学内容设定有效的学习模式。

以每次课为一个单元，在课前准备阶段，教师通过混合式教学平台发布学习任务，预习课件主要以前导性、激发兴趣的内容为主，同时辅以预习检测练习题，教师会设定预习课件完成的时间，预习课件截止时间一般会在正式上课之前，学生在教师指定的时间内完成预习课件及预习检测练习，进而对知识有了初步认知，同时教师可以在后台随时看到学生的预习情况，包括预习进度、检测题的正确率等，教师也可以根据预习情况适当做教学内容的调整，对于预习中学生理解困难的部分在课堂讲解中适当加强，而对于预习中学生表现较轻松的内容在课堂中可以适当减弱。课上探索阶段即为课堂教学阶段，教师根据学生课前学习的反馈结果实时了解学生的学习动态，有目的地进行与学生的交流活动，通过互联网技术全程实现师生互动、生生互动、全员互动，进一步解决课前预习中学生反映的共性问题及教学中的难点，针对重点内容，有目的地讲解并展开讨论，拓展教学内容，使学生明确知识点之间的联系，课堂已经翻转为以学生为中心的全员研讨互动课堂。课后拓展部分通过混合式教学平台开展课程项目，以巩固单元知识点为目的，进行主题讨论、答疑等各种活动，引导学生积极思考、踊跃发言，逐步让学生具备用已有的知识体系解决实际工程问题的能力，激发学生的学习兴趣，并开发学生的无限潜能。依据授课内容提供反映学科前沿性的科研成果和目前尚待解决的复杂工程问题，这些线上扩展资源使学生对知识深入探索，促进了学生科研能力的培养。

（二）美国高校混合式教学模式的考核评价方式

美国的高校建设并拥有一流的师资和相关的设施，在人才培养方面注重工程人才理论和实践能力的培养，培养具有一流的学习能力、科研能力、创新思维、应用学科及工程相关的知识解决问题的能力、团队合作能力的人，服务于世界未来的工程科学及技术等领域。美国高校对学生的学习效果评价有多种方式，在教学过程中，教师为了随时了解学生学习情况而进行的学习效果评价为形成性评价，此评价的目的是让教师随时了解学生的学习情况，并及时给予学生反馈并做出教学调整，以促使学生更有效地学习。高校传统的教学评价目的是学生学习成绩的认定，评价主要是通过期中考试和期末考试给予评定分数，没有办法实时反馈学生并进行教学调整。现今的教学评价多以包括平时、小考、中考和期末考在内的终结性评价为主，对学生的学习过程和学习结果来进行评价。

美国高校从课程教学角度对学习效果进行评价，以此来检查教学活动达标情况，根据目标检查行为，以便调整行为，确保最终达到预定目标。美国高校的实践课程形式很多，在课题的进行中，注重学生的个人观点，以学生为主导，充分发挥学生的想象力，引导学生敢于发表自己的见解，以此提高学生学习知识的积极性。针对不同性质的课程细化考核模式，美国混合式教学模式的考核方式为线上考核和线下考核相结合、理论考核与实践考核相结合，注重进行全程化考核。根据专业培养目标分解后的课程教学目标发展而组成评价指标，以此评价学生的计算能力、写作能力、编程能力、工程能力、审辩思维能力、创造能力、问题解决能力、合作交流能力、领导能力。采用笔试考核与论文考核等多种方式相结合的方法，其中，案例学习论文和学期论文共占总成绩的50%，笔试成绩占30%，学习小组讨论占10%，课堂参与占10%。美国高校不仅重视学生学习的过程考核，而且特别重视教学考核后的信息反馈，根据存在的问题对学生进行个别辅导。采取有效措施来确保学生发生有效学习行为，使学习视频资源、参与课堂讨论和课程项目等诸多学习过程全部转换为平时成绩，增加平时成绩的比重，激励学生积极参与各种教学活动，每次考试的反馈对教师掌握学生的学习情况都是有效的参考。依据反馈内容，教师有目的地去调整后部分内容的讲解，有效引导学生对薄弱的知识进行梳理、总结归纳，同时也推动了课堂教学的改革，体现混合式教学的有效性。

（三）反思与借鉴

我国高校在课程内容上也注重短视频质量和知识点的嵌入式问题，在学习方式上注重师生间、学生与材料间的多种互动关系。根据学校发展的实际情况,将混合式教学建设的工作重点和研究方向放到校内慕课和翻转课堂建设中,根据课程自身的特征和授课特点,设计合理的教学模式,服务于基于线上线下的混合式教学。国内的高校在各专业教学的支撑下,可以借鉴美国混合式教学的考核方式实施对学生的过程考核。对课程教学目标加以分类,探寻深度学习与各类目标整合程度密切相关,探寻评价方法选择与课程教学目标性质相关,在不同类型的教学目标下有计划地采用不同类型的评价方法,以此更好地掌控学生学习的全过程,通过分析数据来更好地达到授课目的。学校领导肩负着重大责任,在学校战略、资源、教师绩效评估、教师发展、教学技术提供、教学环境营造、学校政策与管理等方面给予支持,真正体现专业与使命的指导作用,高质量确保本科教学效果和质量。混合式教学模式较好地满足了个性化学习的要求,具有开放、移动的学习优势,这种优势是传统远程教育课程无法比拟的。学习者可以利用智能手机、笔记本电脑和平板电脑等移动设备,选择方便的时间与地点访问学习材料,增强了移动应用体验。线上线下相结合的混合式教学模式能有效地解决传统教学模式存在的问题,整合了在线教育与面对面教学的优点,是提高教育教学效果的一个机遇。在混合式教学中提供了多样化的教学内容,学生获得了更好的学习体验,使学生依靠网络优势,完成自主学习,借助虚拟图书馆资源阅读相关的知识,以此拓宽知识视野,通过创设问题情境,在网络上设计探究性问题,使学生提高自主探究能力。这种模式的实施进一步提升了教师的信息技术教学素养,使教与学的效果得到升华。

参考文献

[1] 金宜洛. 高校学生教育管理中加强人文关怀的路径 [J]. 佳木斯职业学院学报, 2018（3）：256；258.

[2] 丁大勇. 谈新时期高校学生教育管理工作 [J]. 才智, 2018（17）：108.

[3] 朱念超. 柔性管理理念在高校学生教育管理中的运用对策 [J]. 当代教育实践与教学研究, 2018（6）：76-77.

[4] 闫成家, 黄成龙, 杨会科. "互联网+"视阈下高校学生服务与管理平台路径探析 [J]. 科学技术创新, 2018（24）：63-64.

[5] 周郁. 新时代高校学生教育管理模式的创新研究 [J]. 智库时代, 2018（25）：55；57.

[6] 范华莉. 大数据背景下高校学生教育管理模式创新及探究 [J]. 现代商贸工业, 2018, 39（32）：178-179.

[7] 卓如彩. 赏识教育在高校学生教育中的运用 [J]. 智库时代, 2018（36）：78；80.

[8] 郭自立. 互联网背景下高校学生教育管理研究——评《高校学生事务管理模式创新》[J]. 新闻战线, 2018（23）：166.

[9] 陈雅洁. 校园文化建设对高校学生教育的影响 [J]. 短篇小说（原创版）, 2018（32）：99-100.

[10] 李青松. 高校学生教育和管理中应提倡"柔性管理"构建 [J]. 考试周刊, 2018（97）：7.

[11] 吴科旭, 谢磊. 大数据时代的高校学生教育管理模式转变与应对策略 [J]. 记者观察, 2018（9）：35.

[12] 杜晶. 大数据视野下的高校教育管理发展路径 [J]. 课程教育研究, 2018（33）：35-36.

[13] 张刘. 大数据技术在高校学生教育管理工作中的应用 [J]. 智库时代,

2018（50）：277-278.

[14] 杨阳，苏力，石城. 大数据背景下高校学生教育管理工作创新研究 [J]. 大学教育，2018（12）：207-209.

[15] 王欣. 人文关怀在高校学生教育管理中的渗透研究 [J]. 文化创新比较研究，2018，2（34）：148-149.

[16] 袁晓晨. 探析"微时代"下高校学生教育管理的新思考 [J]. 普洱学院学报，2018，34（6）：121-122.

[17] 董思思. 微信对高校学生教育管理的影响及应对策略 [J]. 戏剧之家，2018（30）：130-131.

[18] 文迪. 高校学生教育事务管理 EAT 培养计划 [J]. 亚太教育，2016（1）：237.

[19] 武艳. 高校学生教育开展家校协同方法的研究 [J]. 泰州职业技术学院学报，2016，16（1）：16-18.

[20] 李周. 高校学生教育与管理工作的动力机制探究和分析 [J]. 科技风，2016（10）：77.

[21] 郑建芸. 高校社会工作导入学生教育工作研究 [J]. 湖南城市学院学报（自然科学版），2016，25（4）：385-386.

[22] 相楠，崔楠楠. 教育心理学在高校学生教育教学工作中的应用 [J]. 黑龙江科学，2016，7（14）：98-99.

[23] 郑建芸. 学校社会工作导入高校学生教育工作研究现状分析 [J]. 科教文汇（中旬刊），2016（8）：126-127.

[24] 刘姝. 新时期高校学生教育工作的方法探究 [J]. 明日风尚，2016（21）：107.

[25] 丁一，李铭. 高校学生教育体系的构建 [J]. 山西青年，2017（18）：30；29.

[26] 李萌欣. 高校学生教育教学工作中教育心理学的应用研究 [J]. 中国多媒体与网络教学学报（电子版），2017（5）：236-237.

[27] 肖志亮. 马克思主义教育思想及其对民办高校学生教育的启示 [D]. 延吉：延边大学，2012.

[28] 吴恒仲. 高校学生教育管理中人文关怀研究 [D]. 苏州：苏州大学，2011.

[29] 黄长洵. 导生制在我国高校学生教育管理工作中的应用研究 [D]. 福州：福建师范大学，2008.

[30] 王飞. 高校学生组织管理科学化研究 [D]. 南京：南京师范大学，2014.